Johannes Kopp

Bildungssoziologie

Johannes Kopp

Bildungssoziologie

Eine Einführung
anhand empirischer Studien

Bibliografische Information der Deutschen Nationalbibliothek
Die Deutsche Nationalbibliothek verzeichnet diese Publikation in der Deutschen
Nationalbibliografie; detaillierte bibliografische Daten sind im Internet über
<http://dnb.d-nb.de> abrufbar.

1. Auflage 2009

Alle Rechte vorbehalten
© VS Verlag für Sozialwissenschaften | GWV Fachverlage GmbH, Wiesbaden 2009

Lektorat: Frank Engelhardt

VS Verlag für Sozialwissenschaften ist Teil der Fachverlagsgruppe
Springer Science+Business Media.
www.vs-verlag.de

Das Werk einschließlich aller seiner Teile ist urheberrechtlich geschützt. Jede Verwertung außerhalb der engen Grenzen des Urheberrechtsgesetzes ist ohne Zustimmung des Verlags unzulässig und strafbar. Das gilt insbesondere für Vervielfältigungen, Übersetzungen, Mikroverfilmungen und die Einspeicherung und Verarbeitung in elektronischen Systemen.

Die Wiedergabe von Gebrauchsnamen, Handelsnamen, Warenbezeichnungen usw. in diesem Werk berechtigt auch ohne besondere Kennzeichnung nicht zu der Annahme, dass solche Namen im Sinne der Warenzeichen- und Markenschutz-Gesetzgebung als frei zu betrachten wären und daher von jedermann benutzt werden dürften.

Umschlaggestaltung: KünkelLopka Medienentwicklung, Heidelberg
Druck und buchbinderische Verarbeitung: Krips b.v., Meppel
Gedruckt auf säurefreiem und chlorfrei gebleichtem Papier
Printed in the Netherlands

ISBN 978-3-531-14093-3

Inhaltsverzeichnis

Vorwort   7

1. Vorbemerkung: Was ist Bildungssoziologie?   11

2. Zur historischen Entwicklung des Bildungswesens   23

3. Die erste deutsche Bildungskatastrophe   39
3.1 Zum Zustand des Bildungswesens in den 1950er und 1960er Jahren in der Bundesrepublik   40
3.2 Warum ist die Situation eine Katastrophe? Drei Argumente aus verschiedenen Richtungen   52

4. Einige theoretische Perspektiven   59
4.1 Modernisierungstheoretische Überlegungen zur differentiellen Bildungsbeteiligung   62
4.2 Humankapitaltheorie oder die Entscheidung zur Bildung   64
4.3 Bildungsprozesse als Ergebnis sozialer Konflikte und Schließungstendenzen   70
4.4 Interne Mechanismen: Ein erster Blick in eine Black-Box   73

5. Zur Bildungsungleichheit in Deutschland   81
5.1 Zur Entwicklung des Bildungswesens und der Bildungsbeteiligung in der Geschichte der Bundesrepublik: einige deskriptive Befunde   85

5.2	Gesamtschule und soziale Ungleichheit	90
5.3	Die Entwicklung im Überblick: Soziale Ungleichheiten bei den verschiedenen Übergängen innerhalb des Bildungswesens	109
5.4	Bildungsungleichheit im internationalen Vergleich	118
5.5	Bildung und die „feinen Unterschiede" – oder: Führt eine Angleichung der Bildungsabschlüsse wirklich zu einer Verringerung der sozialen Ungleichheit?	134
6.	Bildung und ethnische Schichtung	149
6.1	„Equality of Educational Opportunity". Eine Untersuchung und ihre Folgen	151
6.2	Ethnische Unterschiede im deutschen Bildungssystem. Der Beginn einer neuen Dimension sozialer Ungleichheit?	163
6.3	„The Shape of the River" oder: Ist die ‚affirmative action' ein Mechanismus zur Verringerung ethnischer Ungleichheiten?	174
7.	Nachbemerkung	189
Literatur		193
Sach- und Stichwortverzeichnis		209

Vorwort

Das nun vorliegende und bereits lange angekündigte Einführungsbuch in die Bildungssoziologie ist das Ergebnis einer längeren, aber leider aus verschiedenen Gründen häufig unterbrochenen soziologischen Beschäftigung mit dem Bereich der Bildung. Im Laufe dieser Bemühungen änderte sich der Plan des Manuskriptes häufiger. Während ganz zu Beginn die Idee vorherrschte, mit der Schilderung einiger zentraler und heute nahezu klassischer empirischer Untersuchungen wäre der Bereich der Bildungssoziologie zumindest hinreichend umrissen, wuchsen mit den Jahren die Zweifel an einer derartigen Sichtweise. Einerseits erschienen die interessanten Phänomene zu zahlreich, um sie auf diesem Wege abzudecken und andererseits war häufig die zugrunde liegende theoretische Fundierung so nicht oder nicht deutlich genug erkennbar. Immer wieder erschien es notwendig und sinnvoll, die verschiedensten Ergänzungen und Verzweigungen zu berücksichtigen. In der Zwischenzeit hat das Buch seinen ursprünglichen Charakter jedoch in Wesentlichen wieder erhalten. Dies ist sicherlich zum Teil darin begründet, dass seit den ersten Anfangsideen eine ganze Reihe von einführenden Lehrbüchern erschienen sind, die viele vorab offene und unbehandelte Bereiche sehr gut abdecken (Löw 2006; Fend 2006a; 2006b; Brüsemeister 2008). Hinzukommt die sich immer wieder verstärkende Erfahrung, dass einerseits gerade Studierende mit der abstrakten und rein theoretischen Behandlung von Problemen Schwierigkeiten haben, dass andererseits aber auch empirische Studien häufig nur unzureichend wahrgenommen, rezipiert und – ich befürchte ab und an: auch – verstanden werden. Aus diesem Grunde ist dem Buch seine anfängliche Intention wieder verstärkt anzumerken und aus diesem Grund sind die wahrscheinlich von dem ein oder anderen Leser oder Leserin zu kritisierenden Lücken und Mängel nicht nur auf die sicherlich vorhandene Unachtsamkeit oder gar das Unwissen des Autors zurückzuführen, sondern insofern beabsichtigt, da dadurch der Blick auf einige wichtige Studien deutlicher und klarer werden sollte. Ebenso ist die Kritik an einigen Abschnitten, hier würden nur relativ alte Studien diskutiert und der aktuelle Stand der Forschung dadurch nicht reflektiert, teilweise berechtigt. Ich hoffe jedoch, dass durch eine Beschäftigung mit den in diesem Buch diskutierten Studien einerseits die Grundlage bildungssoziologischer Fragestellungen deutlich, andererseits aber auch der selbständige und vor allem kritische Umgang mit neueren Arbeiten erleichtert wird.

Wie bereits im Titel dieser Monographie deutlich wird, stehen empirische Studien im Mittelpunkt. Selbstverständlich haben auch rein theoretische Betrachtungen innerhalb der Soziologie ihren gerechtfertigten Platz, eine nun aber mehr als zwanzig Jahre dauernde professionelle Beschäftigung in diesem Fach hat die Meinung gestärkt, dass es letztlich die empirischen Studien – selbstverständlich fußend auf theoretischen Überlegungen – sind, die die Soziologie reizvoll, interessant und vor allem spannend machen. Einen Teil dieser Spannung zumindest für den Bereich der Bildungssoziologie zu vermitteln, soll Aufgabe dieses Buches sein. Dieser Überzeugung verpflichtet, erfolgte auch die Auswahl der Studien. So mag es auf den ersten Blick verwundern, dass dieses Buch ohne eine wirklich ausführliche Darstellung der vielfältigen PISA-Studien auszukommen glaubt. Die Darstellung der PISA-Studien und anderer Schulleistungstests wie etwa TIMSS und der daran anschließenden Diskussionen sprengt jedoch bei weitem den Rahmen dieser Einführung – und vielleicht auch einer einzelnen Monographie, zudem sind diese Studien an anderen Stellen hinreichend dokumentiert und diskutiert. Schließlich sind – wie die Lektüre dieses Buches zeigen wird – die soziologisch interessanten Ergebnisse von PISA nicht wirklich überraschend, sondern bestätigen zumindest in der Fachöffentlichkeit altbekannte Befunde (vgl. ausführlicher den Exkurs vor Kapitel 5.4). Statt eines enzyklopädischen, alles oder doch zumindest vieles umfassenden Ansatzes wurde vielmehr versucht, besonders reizvolle, interessante und vielleicht überraschende Studien vorzustellen.[1]

---

[1] Diese Überlegungen führten auch dazu, einige im Laufe der Entstehungsgeschichte einstmals aktuelle, aber in der Zwischenzeit zum Teil antiquiert wirkende Diskussionen nicht zu behandeln. Dies betrifft beispielsweise die Überlegungen zur so genannten „Bell Curve", wie sie von

Fast zwangläufig ist bei einer so langen Entstehungsgeschichte die Zahl der Personen groß, die zum letztlich erfolgreichen Abschluss des Projektes beigetragen haben und ich befürchte, doch den ein oder anderen zu vergessen – dies möchte ich entschuldigen. Zuerst ist dem Lektor des VS Verlags für Sozialwissenschaften, Frank Engelhardt, zu danken. Er hat – zu Zeiten, da der Verlag in dieser Form noch nicht existierte – diese Einführung angeregt und in den Jahren danach, immer und zu meinem Bedauern immer wieder Geduld beweisen müssen und bewiesen, als sich der Abgabetermin des Manuskriptes aus verschiedenen sachlichen und persönlichen Gründen erneut verzögerte. Die ersten Manuskriptideen entstanden während meinen Beschäftigungen an der TU Darmstadt sowie der Universität Landau. Über die Universitäten Konstanz, München und wieder einmal Mannheim führte mein Weg schließlich an die TU Chemnitz. An all diesen Stätten fand ich interessierte, aber auch kritische Studierende sowie Kollegen und Kolleginnen. Stellvertretend für viele andere möchte ich Michael Hartmann, Herrmann Gukenbiehl, Bernhard Schäfers, Alfred Bohnen, Gerd-Günter Voß, Frank Kleemann und Bernhard Nauck danken. Ohne die umsichtige Arbeit vieler studentischer Hilfskräfte hätte sich die Veröffentlichung des Buchs wohl noch weiter verzögert. Stellvertretend seien Franziska Schork und Nico Stawarz dankend genannt. Ganz besonders erwähnen und danken möchte ich darüber hinaus Rainer Schnell, Paul Bernhard Hill und Anja Steinbach. Sie alle haben mir nicht nur fachlich zur Seite gestanden und sich unter anderem der Mühe unterzogen, eine erste Version dieses Buches zu lesen und mich so vor vielen Irrtümern, Fehlern und Sprachverwirrungen bewahrt,

---

Richard Herrnstein und Charles Murray (1994) vorgetragen wurden. Neben den mehr als anzweifelbaren politischen Folgerungen scheint diese Studie auch einfachen wissenschaftlichen Ansprüchen nicht zu genügen (vgl. etwa Goldberger/Manski 1995; Fraser 1995; Jacoby/Glauberman 1995; Kincheloe/Steinberg/Gresson 1996). Ebenso wurden Diskussionen nicht berücksichtigt, die zwar ausgesprochen spannend sind, deren empirische Aufarbeitung jedoch noch weitgehend offen ist – wie beispielsweise die Frage nach den Vor- und Nachteilen einer koedukativen Schulbildung (vgl. einleitend hierzu Faulstich-Wieland 1991).

sie standen mir vor allem immer auch freundschaftlich zur Seite.

Ebenso möchte ich Anna, Theodoros und Evangelia Argiantzis danken. Meine Kinder erinnern und bestärken mich nahezu täglich darin, keine Einführung in die Bildungs- und *Erziehungs*soziologie schreiben zu wollen und damit die Diskrepanz zwischen Theorie und Praxis in diesem zweiten Bereich immer wieder erfahren zu müssen. Sie haben allerdings auch auf ihre jeweils sehr eigene, eigenwillige, aber immer liebenswerte Art ihren gewichtigen Anteil zur Verzögerung bei der Fertigstellung des Manuskriptes beigetragen.

1. Vorbemerkung: Was ist Bildungssoziologie?

Die Beachtung der Bildungssoziologie unterliegt in der wissenschaftlichen Diskussion recht großen konjunkturellen Schwankungen. Nachdem Bildung, ihre Institutionen und Verwertungen über lange Zeit innerhalb der Soziologie eine untergeordnete Rolle gespielt haben – über die Ursachen dieser Tatsache zu spekulieren, erscheint müßig – setzte in den 1960er Jahren in der Bundesrepublik im Anschluss an einige wichtige Studien eine erste große wissenschaftliche und öffentliche Diskussionswelle ein, die ihren Niederschlag auch in der praktischen Politik und in verschiedenen Reformprojekten und – zumindest teilweise auch als Ergebnis dieser Projekte – einem wohl unvergleichbaren Ausbau des Bildungswesens gefunden hat.[2]

Selbstverständlich finden sich auch in diesem Bereich frühe Vorarbeiten und entsprechende Studien. Wenn man sich jedoch diese Entwicklung für die Bildungssoziologie und die dabei zu findenden Arbeiten zu einer Pädagogischen Psychologie näher betrachtet, so muss man festhalten, dass neben einigen durchaus interessanten empirischen Studien vor allem definitorische Arbeiten zu finden sind (vgl. als ersten Überblick Geiger 1930 sowie Mangold 1978). Aus diesem Grunde kann man davon ausgehen, „daß eine eigenständige Soziologie der Erziehung sich bis zur Mitte der 50er Jahre noch nicht ausdifferenziert hat" (Mangold 1978: 210).[3]

---

[2] Wenn im Folgenden auf die Historie der Bildung und der Bildungsforschung in Deutschland nach 1945 Bezug genommen wird, liegt der Fokus dabei nahezu immer nur auf der alten, westlichen Bundesrepublik. Auch wenn diese Perspektive häufig unhinterfragt zu finden ist, so ist sie letztlich heute doch begründungspflichtig und kann mit den Fehlen einer unabhängigen Bildungsforschung in der DDR gerechtfertigt werden (vgl. zu dieser Einschätzung auch Reuter 2002: 173; vgl. aber Dilger 1986).

[3] Zu einer ähnlichen Schlussfolgerung muss man kommen, wenn man die Übersicht über die so genannte Erziehungssoziologie von Brookover (1959) betrachtet, der hinsichtlich der Lage in der Bundesrepublik zu dem Fazit kommt, dass entsprechende Forschungsarbeiten nur vereinzelt

Erstaunlicherweise verebbte das öffentliche, aber auch wissenschaftliche Interesse ab den 1970er Jahren für eine längere Zeit (Müller 1998) und selbst eine Evaluation der entsprechenden Politikmaßnahmen und -ergebnisse erfolgte nicht oder zumindest nicht in einem ausreichenden Maße. Erst ab den 1990er Jahren finden sich in der Fachdiskussion vermehrt Studien, die sich mit dem Erfolg – oder genereller: den Konsequenzen – der Veränderungen des Bildungssystems auseinandersetzen. Unter anderem in Anschluss an die vor allem in der öffentlichen und veröffentlichten Meinung Aufsehen erregenden PISA-Studie und ihren Folgeuntersuchungen erlebt die Bildungsforschung wieder einen erneuten Höhepunkt, der sich in einer Fülle publizistischer Beiträge, öffentlicher Diskussionen, aber eben auch wissenschaftlicher Studien niederschlägt und deren konjunkturelles Abflauen zumindest im Moment noch nicht abzuschätzen ist.[4]

Ziel dieser Einführung ist es, einen ersten Einblick über die verschiedenen Diskussionslinien und -ergebnisse der Bildungssoziologie zu geben. Hierbei wurde absichtsvoll darauf verzichtet, den Titel dieser Einführung um den Bereich der Erziehungssoziologie zu erweitern, obwohl die Verkopplung dieser beiden Bereiche nicht nur relativ häufig in der Literatur zu finden (Grimm 1987; Krais 1994; 2003; Sommerkorn 1997; Löw 2006), sondern sogar namensgebend für die entsprechende Sektion der Deutschen Gesellschaft für Soziologie ist. Diese Beschränkung ist vor allem darauf zurückzuführen, dass neben der sicherlich schon an sich problematischen und im Folgenden zu leistenden Aufgabe einer Abgrenzung der Bildungs-

---

vorliegen. Auch die sonstigen in diesem Band zu findenden Beiträge (vgl. Heintz 1959) bestärken dieses Urteil.

4 Neben den erwähnten PISA-Studien (vgl. Deutsches PISA-Konsortium 2001; 2002; PISA-Konsortium Deutschland 2004; 2005) und den daran anschließenden nahezu unzähligen Arbeiten und Kommentaren (vgl. etwa Allmendinger/Dietrich 2004) ist in der Bundesrepublik vor allem das so genannte Bildungspanel zu nennen. Hierbei handelt es sich um ein Projekt, bei dem in einem Zeitraum von mehr als 10 Jahren Längsschnittdaten zu Kompetenzentwicklungen, Bildungsprozessen, Bildungsentscheidungen und Bildungsrenditen in formalen, nicht-formalen und informellen Kontexten über die gesamte Lebensspanne erhoben werden sollen (http://www.uni-bamberg.de/neps/).

soziologie nicht noch die ebenso komplexe Abgrenzung der Erziehungssoziologie vorgenommen werden sollte, denn in diesem Rahmen müssten neben sozialisationstheoretischen Arbeiten zweifelsohne auch die entsprechenden familiensoziologischen Untersuchungen mit dem Schwerpunkt der Eltern-Kind- oder genereller der Generationenbeziehungen[5] sowie entsprechende Studien über die Schule (vgl. etwa Fend 2008) und die dort zu beobachtende Schüler-Schüler- und Schüler-Lehrer-Interaktionen (vgl. etwa Krappmann/Oswald 1995) sowie die vorschulische Betreuung in Krippe und Kindergarten behandelt werden. Ein derart umfassender Anspruch soll hier nicht formuliert werden und kann sinnvoller Weise in einer einzigen Abhandlung auch nicht erfüllt werden – selbst wenn sich einzelne Überschneidungen sicher nicht vermeiden lassen.[6]

Aus diesem Grunde erscheint es sinnvoll, zu Beginn die Frage näher zu behandeln, was eigentlich Bildungssoziologie ist und wodurch sie sich von anderen Bereichen der Bildungsforschung unterscheidet. Hierbei ist vor allem zu berücksichtigen, wie Bildungssoziologie und die pädagogische Bildungsforschung zu differenzieren sind, denn normalerweise gelten die Bereiche der Bildung und des Bildungswesens als genuines Feld der Erziehungswissenschaften (vgl. als Überblick Zedler 2002 sowie kritisch Krais 2003). Wie im Folgenden deutlich werden wird, soll in dieser Arbeit die Tradition der empiri-

---

[5] Innerhalb der Familiensoziologie wird unter dem Begriff der Generationenbeziehungen in der letzten Zeit vor allem das Verhältnis sowie der Ressourcenfluss zwischen erwachsenen Kindern und ihren Eltern verstanden (Rossi/Rossi 1990; Szydlik 2000). Im Sinne einer Erziehungssoziologie müsste dieses Verständnis um die letztlich klassische Thematik der frühen Sozialisationsverhältnisse und der Beziehungen zwischen Eltern und ihren kleinen Kindern erweitert beziehungsweise aktualisiert werden. In diesen Bereich wären dann auch die Überlegungen zum Wert von Kindern (Nauck 2001) beziehungsweise der attachment theory (vgl. Bowlby 1975) zu integrieren.

[6] So ist es beispielsweise selbstverständlich, dass Schule als Organisation und Institution Thema der Bildungssoziologie ist und dass innerhalb der Schule sicherlich auch Erziehungsaufgaben erfüllt werden. Ein darüber hinaus gehender Überblick würde jedoch den Rahmen dieser Einführung sprengen, zumal in diesem Bereich bereits eine Reihe entsprechender Schriften zu finden sind (Hurrelmann 1998; Tillmann 2000).

schen Bildungsforschung verfolgt und die Tradition einer geisteswissenschaftlichen Pädagogik anderen Einführungen überlassen werden (vgl. für diese Unterscheidung Fend 1990).

Um dieser sicher komplexen und nie letztlich zu klärenden Frage nachzugehen, wird ein möglichst einfacher Weg eingeschlagen – auch da definitorische Fragen wie seit langem bekannt, wenn auch nicht immer anerkannt, für inhaltliche Fragestellungen wenig Relevanz besitzen und zur Klärung kritischer empirischer und somit spannender Fragen prinzipiell nicht hilfreich sein können. Eine gewisse Klärung scheint aber doch notwendig zu sein, denn gelegentlich entstehen inhaltliche Missverständnisse aufgrund unterschiedlicher Definitionen. Wie soll also vorgegangen werden? Der einfachste Weg scheint es zu sein, sich entsprechende Monographien, Handbücher und ähnliches zu betrachten, um sich einen Überblick, über die bislang behandelten Fragestellungen zu verschaffen. Selbstverständlich ist es dabei angebracht, den Blick auch über die (sprachlichen) Grenzen hinaus schweifen zu lassen.

Bei diesem Unterfangen sieht man sich jedoch zwei Problemen gegenübergestellt. Erstens suchte man innerhalb des deutschen Sprachraums über lange Zeit relativ vergebens nach entsprechenden Übersichtsartikeln oder Monographien, ein Zustand, der sich dankenswerter Weise deutlich verbessert hat. Bei neueren Publikationen stößt man schnell auf das von Rudolf Tippelt herausgegebene Handbuch der Bildungsforschung (Tippelt 2002), das auch einen Beitrag zur soziologischen Bildungsforschung beinhaltet (Allmendinger/Asenbrey 2002). In einem Überblick über Spezielle Soziologien (Kerber/Schmieder 1994) findet sich ein Beitrag zur Erziehungs- und Bildungssoziologie (Krais 1994) und in einem Lehrbuch zur Soziologie von Hans Joas (2001) ein eigenständiges Kapitel zur Bildung (Lenhardt 2001), ebenso in dem Band zu Stand und Perspektiven der soziologischen Forschung (Krais 2003). Dagegen stößt man in dem Sammelwerk „Grundbegriffe der Soziologie" (Schäfers/Kopp 2006) unter dem Stichwort Bildung nur auf einen Verweis auf das Thema Sozialisation. In dem immer noch lesenswerten, als Fischer-Lexikon erschienenen Überblick von René König über die Soziologie (König 1958) sucht man das Stichwort Bildung sogar vergeblich. Einführende Monographien in die Thematik fand man lange Zeit so gut wie nicht und jahrelang war neben dem Beitrag von Strzelewicz (1979) die Monographie von Susanne Grimm (1987) der einzige Hinweis. In der Zwischenzeit hat sich diese Situation deutlich verbessert, so erschien 2003 eine Einführung von Martina Löw, die nun sogar schon in zweiter Auflage vorliegt (Löw 2006), Thomas Brüsemeister veröffentlichte 2008 ein Lehrbuch der Bildungssoziologie und ein weiteres Lehrbuch ist angekündigt (Becker 2009).

Wenn man versucht, den Blick über die Grenzen hinaus auf die internationale Diskussion zu richten, so stößt man auf ein zweites Problem: In der englischsprachigen Literatur kann die feinsinnige Unterscheidung zwischen Bildung und Erziehung nicht getroffen werden, da beides mit dem Begriff ‚education' erfasst wird. Dafür scheint die Literaturlage deutlich besser zu sein. So finden sich eine Reihe von älteren Einführungsbüchern (Musgrave 1965; Banks 1968; Halsey/Floud/Anderson 1961), aber auch von neueren Überblicksdarstellungen (Hallinan 2000a).

Lässt sich nun aber aus diesen verschiedenen Schriften ein Kanon bildungssoziologischer Fragestellungen herausfiltern? Was sind die Themen der soziologischen Bildungsforschung? Lassen sich Konvergenzen finden oder ist die Bildungssoziologie je nach Autor oder Autorin unterschiedlich zu konzeptionalisieren? Lenhardt (2001: 312) sieht vor allem vier wichtige Themenfelder: „(1) das Verhältnis zwischen Bildung und Arbeit, (2) Bildungsfunktionen der Schule, (3) Bildungssystem und soziale Ungleichheit und (4) Reformprobleme". Nach Allmendinger und Aisenbrey (2002: 43) stehen vor allem der Stellenwert der Bildung für die Gesellschaft, die Auswirkungen expandierter Bildungssysteme für die Chancengleichheit im Zugang zu Bildung, die Veränderungen der Bildungserträge sowie die Bedeutung von Bildungssystemen auch im internationalen Vergleich im Mittelpunkt der Bildungssoziologie.

Eine derartige Aufführung bestimmter Themenschwerpunkte lässt sich relativ lange fortführen, aber trotz aller Unterschiedlichkeiten und persönlicher Vorlieben bestimmt sich Bildungssoziologie vor allem durch ein Thema: Das wesentliche Charakteristikum der Bildungssoziologie besteht darin, eine der sicherlich ältesten und interessantesten soziologischen Fragen nach den Ursprüngen der sozialen Ungleichheit und dabei nach den Gründen für die erstaunliche Persistenz dieser sozialen Ungleichheit im historischen Ablauf über die Generationen hinweg, zu ergründen (vgl. als neueren Überblick Berger 2005). Sicherlich finden sich innerhalb der Bildungssoziologie auch andere Forschungstraditionen oder -fragen, den Schwerpunkt bilden jedoch Arbeiten zum Zusammenhang zwischen Bildung und sozialer Ungleichheit und die damit in Verbindung stehenden Fragestellungen (vgl. auch Krais 2003).

Dieser Schwerpunktsetzung soll auch in dieser Einführung gefolgt werden. Schnell wird dann deutlich, dass der besondere Reiz bildungssoziologischer Studien bei der herausfordernden Verbindung theoretischer Argumente mit empirischen Arbeiten liegt. Selbstverständlich spiegeln sich in den bildungssoziologischen Untersuchungen – wie in anderen so genannten Bindestrichsoziologien auch – die Entwicklungen der allgemeinen soziologischen Theoriegeschichte wider. Während längere Zeit Bildung beispielsweise hinsichtlich der Funktionen für die Gesellschaft im Prozess der internen Differenzierung oder im Rahmen von Modernisierungstheorien als notwendiges funktionales Requisit untersucht wurde (vgl. etwa Parsons 1979), stehen heute individuelle Entscheidungskalküle im Mittelpunkt der entsprechenden Theoriegebäude. So bildet sich also auch in der Bildungssoziologie der Wandel allgemeiner soziologischer Theorien von einem eher beschreibend strukturfunktionalistischen Ansatz hin zu einer erklärenden Sozialforschung ab.

Obwohl es eine reizvolle Aufgabe wäre, zuerst die verschiedenen soziologischen Traditionen vorzustellen (vgl. hierzu Brüsemeister 2008) und sie dann anhand ihrer Erklärungskraft für reale empirische Entwicklungen zu evaluieren, soll hier ein anderer Weg eingeschlagen werden: Im Mittelpunkt dieser Einführung steht die Entwicklung des Bildungswesens und der damit verbundenen soziologischen Fragestellungen und vor allem die diese Entwicklungen beschreibenden und erklärenden empirischen Studien. Nicht so sehr der Theorienvergleich, sondern vielmehr die konkreten Probleme und ihre empirische Umsetzung sollen im Zentrum stehen. Bezugspunkt ist dabei immer die soziale Ungleichheit und deren Reproduktion im Bildungsbereich.

Dabei kann man die Darstellung dieser Thematik jedoch nicht einfach mit dem 20. Jahrhundert oder der Gründung der Bundesrepublik beginnen lassen. Eine entsprechende Analyse ist ohne die Berücksichtigung der historischen Entwicklungen des Bildungswesens nicht denkbar oder zumindest nicht sinnvoll. Viele, für das heutige Bildungssystem in Deutschland wesentliche Charakteristika – wie beispielsweise die dreistufige Gliederung der Sekundarbildung und die frühe und vor allem relativ strikte Aufteilung der Schüler und Schülerinnen auf die einzelnen Bildungspfade, aber auch die Länderhoheit in Bildungsfragen oder das so genannte duale Berufsbildungssystem – sind nicht verstehbar, wenn man die historischen Entwicklungen vernachlässigt. Genau diese strukturellen Charakteristika stehen im Mittelpunkt der Bildungssoziologie. Demnach soll keine Entwicklungs- oder Sozialgeschichte des Bildungswesens skizziert werden.

Wichtiger ist es vielmehr, einige der noch heute strukturbildenden und vor allem auch strukturerhaltenden Mechanismen sozialer Selektivität und ihre historischen Ursprünge vorzustellen. Ausgangspunkt dieser Darstellung ist also eine soziologische Diskussion der historischen Entwicklung der jeweiligen Bildungsinstitutionen. Woher kommen beispielsweise die Besonderheiten des bundesdeutschen Bildungssystems, die in der Diskussion immer wieder für die aktuellen oder vermeintlichen Probleme verantwortlich gemacht werden? Derartige Strukturen sind nicht das Ergebnis blinder Zufälligkeiten, sondern vielmehr die Konsequenz bestimmter Interessen einzelner sozialer Akteure, deren Ressourcen und der daraus bestimmbaren Durchsetzungsfähigkeit der jeweiligen sozialen Gruppen. Diese Überlegungen sollen im zweiten Kapitel vorgestellt werden.

Eng mit dieser Darstellung der historischen Entwicklung des Bildungssystems ist eine Diskussion verbunden, die – unter anderem ausgelöst durch Arbeiten von Ralf Dahrendorf – in den 1960er Jahren eine ‚Bildungskatastrophe' in der Bundesrepublik Deutschland diagnostizierte und damit für einen im historischen Vergleich einmaligen Ausbau des Bildungswesen führte – wobei ein genauerer Blick an der gerade unterstellten einfachen Kausalität zweifeln lässt. Eine derartige Krisendiagnose wurde mindestens durch drei Motive gestärkt: Gerade vor dem Hintergrund der historischen Erfahrung sollte erstens eine verstärkte Bildung – wohl meist verstanden im klassisch-humanistischen Sinne – Tendenzen der Barbarei entgegenwirken. Bildung erscheint in dieser Tradition als notwendige Universalie moderner und zivilisierter Gesellschaften. Zweitens erschien und erscheint es aber auch volkswirtschaftlich wenig sinnvoll, in sich wandelnden und immer mehr auf den Faktor Mensch angewiesenen Organisationsstrukturen große Potentiale ungenutzt zu lassen. Entsprechende ökonomische Modelle zur Entwicklung von Humankapital wurden in den 1950er und 1960er Jahren vor allem in der u.s.-amerikanischen Ökonomie entwickelt (Becker 1975; Schultz 1961; 1986). Drittens wurden aus einer makrosoziologischen Perspektive die häufig extrem ungleichen Chancen auf über ein Mindestmaß hinausgehende Bildung als Tradierung sozialer Ungleichheitsstrukturen erkannt, die sich gut in konflikttheoretische Überlegungen einfügen. Die Darstellung dieser Analysen und Diskussion bildet das dritte Kapitel des vorliegenden Buches.

Auch wenn die Bildungssoziologie in der hier gewählten Perspektive eine vor allem empirisch geprägte Disziplin ist, so werden eine ganze Reihe sozialwissenschaftlicher Theorieansätze bei der Erklärung der empirischen Phänomene herangezogen und geprüft. Es erscheint sinnvoll, diese theoretischen (Hintergrund-) Annahmen in einem eigenständigen Abschnitt etwas ausführlicher zu diskutieren. Dabei sollen die jeweils bildungssoziologischen Teilaspekte im vierten Kapitel im Mittelpunkt stehen.

Wie bereits erwähnt war die bildungspolitische Folge der ersten Diagnose einer Bildungskatastrophe ein deutlicher Um- und vor allem Ausbau des Bildungswesens – eine Entwicklung, die sich in fast allen modernen Gesellschaften im Verlauf ihrer Geschichte beobachten lässt. In einem fünften Kapitel sollen deshalb zuerst in groben Zügen die soziostrukturellen Veränderungen des Bildungswesens vorgestellt werden (vgl. einleitend Arbeitsgruppe Bildungsbericht 1994) und dabei vor allem die erhöhte generelle Bildungsbeteiligung, aber auch die entsprechende soziale, geographische und geschlechtsspezifische Diskriminierung diskutiert werden. Dabei zeigen sich deutliche Veränderungen hinsichtlich räumlicher, geschlechtsspezifischer, aber auch konfessioneller Barrieren. Besondere Bedeutung kommt dabei der Frage zu, inwieweit der systematische Umbau des Bildungssystems etwa durch die Einführung der Gesamtschule diese soziale Selektivität beeinflusst hat (Fend 1982). In der Zwischenzeit finden sich eine ganze Reihe von Beiträgen, die die eigentliche Zielsetzung der bildungspolitischen Reformvorhaben – eine Verbesserung der Bildungschancen der unteren sozialen Schichten[7] – summativ bewerten.

Rasch wird bei diesen Beiträgen klar, dass man zwischen den einzelnen Übergängen des Bildungssystems und deren sozialer Selektivität unterscheiden muss, wenn man hier ein zusammenfassendes Urteil fällen will. So kann man zuerst den Übergang zur Sekundarstufe I, also den Bildungsweg nach der vierten Schulklasse betrachten. Verbleiben die Kinder hier auf der Hauptschule als unterstem Bildungsgang oder besuchen sie eine weiterführende Schule? Neben dieser ursprünglichen Differenzierung kann jedoch auch nur der Übergang auf das Gymnasium kontrastierend betrachtet werden oder der jeweilige erfolgreiche Abschluss bestimmter Schulkarrieren.[8] Neben dieser schulischen Karriere kann man jedoch auch den Übergang in weitere Qualifikationsphasen betrachten. Hierbei ist neben dem Studium schon an entsprechende Lehrstellen oder andere weiterführende Bildungseinrichtungen zu denken.

Der Schwerpunkt der hier vorgestellten Überlegungen und Studien liegt sicherlich bei der Entwicklung in der Bundesrepublik. Es erscheint jedoch ratsam, diese Entwicklung zumindest kontrastierend mit anderen Ländern zu vergleichen. Glücklicherweise kann hier auf einige wichtige Arbeiten zurückgegriffen werden (vgl. zusammenfassend Shavit/Blossfeld

---

[7] Trotz aller sicherlich berechtigten Debatten um die Unterschiede zwischen Schichten und Klassen werden in diesem Text die Begriffe meist synonym verwendet.
[8] Es zeigt sich, dass neben dem Einschlagen einer bestimmten schulischen Karriere auch die Abbruchsquoten bestimmter Bildungsgänge sozial selektiv sind.

1993). Schließlich ist zu diskutieren, inwieweit bestimmte Bildungszertifikate wirklich noch den Übergang in die Berufs- und Arbeitswelt determinieren oder ob in der Zwischenzeit vielleicht andere, feinere Unterschiede (vgl. Bourdieu 1982) entscheidend sind.[9] In einem letztem Abschnitt dieses Kapitels soll deshalb der Frage nachgegangen werden, ob die intendierten Veränderungen des Bildungswesens überhaupt die gewünschten Konsequenzen zeitigen würden oder konkreter: Führt eine Angleichung der Bildungsabschlüsse einzelner sozialer Schichten wirklich zu einer Verringerung der sozialen Ungleichheit?

Ein immer wichtigerer Punkt betrifft die ethnische Dimension sozialer Ungleichheit. Während diese Diskussion in den Vereinigten Staaten schon seit mehreren Jahrzehnten von zentraler Bedeutung ist und sich in einer Vielzahl empirischer Studien und einer Reihe von Sozialexperimenten niedergeschlagen hat, wird dieses Thema in der Bundesrepublik erst seit rund einem Jahrzehnt diskutiert und hat vor allem durch die Ergebnisse der PISA-Studie neuen Aufschwung gefunden. Zuerst sollen hier sowohl die Ursprünge der Diskussion in der amerikanischen Literatur (vgl. Coleman et al. 1966) und die damit verbundenen politischen Maßnahmen beziehungsweise sozialpolitischen Experimente (vgl. einleitend Hunt 1991) vorgestellt werden. Danach können die in der Zwischenzeit vermehrt erschienenen Untersuchungen ethnischer Bildungsunterschiede in der Bundesrepublik betrachtet werden (vgl. Hopf 1987; Alba/Handl/Müller 1994; Kristen 2002). Den Abschluss dieser Darstellungen über die ethnische Dimension sozialer Ungleichheiten im Bildungswesen bildet eine Studie aus den Vereinigten Staaten, die dort auf große, weit über die Fachkrei-

---

[9] Auch wenn die Frage der geschlechtsspezifischen Selektion bei vielen dieser Analysen mit untersucht wird, so muss dieser Problematik sicherlich noch einmal gesondert Beachtung geschenkt werden. Dies gilt beispielsweise für die Frage, ob die ab den 1960er Jahren eingeführte Koedukation wirklich zu einer Verminderung geschlechtsspezifischer Unterschiede beigetragen hat (vgl. etwa Faulstich-Wieland 1991). In der Zwischenzeit ist die geschlechtsspezifische Benachteiligung zumindest der schulischen Bildung Vergangenheit – im Gegenteil: In der Regel schneiden die Mädchen in vielen Bereichen deutlich besser ab als die Jungen (vgl. Diefenbach/Klein 2002).

se hinaus reichende Resonanz gestoßen ist. In dieser Untersuchung behandeln Bowen und Bok (1998) die Frage, ob die durch die so genannte ‚affirmative action' bedingte Quotierung einzelner ethnischer Gruppen beim Zugang zu bestimmten Colleges eine erfolgreiche Strategie zur Verminderung ethnischer Unterschiede sein kann. Diese in der Bundesrepublik nur wenig rezipierte Untersuchung kann dabei sicherlich auch Hinweise für die Lösung der hiesigen Probleme geben. All diese Untersuchungen bilden zusammen das sechste Kapitel dieses Buches.

Auch wenn – wie ja schon bei diesem kurzen Abriss deutlich geworden ist – die zumindest deutschsprachige Bildungssoziologie und damit auch diese Einführung den Schwerpunkt auf die empirische Bearbeitung bestimmter Probleme legt, so ist es dann eben doch möglich, aufgrund der einzelnen empirischen Modelle und ihrer Erklärungskraft auch theoretische Schlussfolgerungen zu ziehen.

Wenn man sich die gerade skizzierten Studien noch einmal vor Augen führt und mit der Fülle an bildungssoziologischen Arbeiten vergleicht, die im Laufe der Zeit, vor allem aber in den letzten Jahren erschienen sind, so ist schnell der Vorwurf mangelnder Aktualität oder einer gewissen Willkür bei der Auswahl formuliert. Beide Vorwürfe sind dabei nicht falsch: Das Auswahlkriterium war nicht – und kann meines Erachtens auch gar nicht – der Versuch sein, einen möglichst allumfassenden und aktuellen Einblick in die empirische Forschung zu geben. Bei diesem Versuch hätte man schnell die Rolle des Hasens bei seinem Wettlauf mit dem Igel inne. Zielsetzung ist vielmehr, besonders interessante und spannende Studien auszuwählen. Ob es dabei gelungen ist, trotzdem ein möglichst breites Spektrum abzubilden und grundlegende Überlegungen und empirische Erkenntnisse zu vermitteln, müssen die Leser und Leserinnen entscheiden.

2. Zur historischen Entwicklung des Bildungswesens

Gerade in neueren Diskussionen über die Vor- und Nachteile einzelner Bildungssysteme fällt auf, dass sich im internationalen Vergleich für die Bundesrepublik einige Besonderheiten beobachten lassen. Ganz unabhängig davon, ob diese Besonderheiten – oder genereller die feststellbaren Systemunterschiede – wirklich für die entsprechenden Leistungsunterschiede etwa bei internationalen Vergleichsstudien verantwortlich zu machen sind, so stellt sich doch die Frage, warum denn beispielsweise fast nur in der Bundesrepublik eine frühe und relativ strikte Trennung in verschiedene Bildungsgänge festzustellen ist oder warum gerade hier eine konsequent landesstaatliche Organisation des Bildungswesens zu finden ist.[10] Wenn man hierzu den Blick über die heutige Situation hinaus erweitert, so kann man beobachten, dass die meisten dieser Besonderheiten des Bildungssystems eine lange Tradition ausweisen und durch dessen spezifische historische Prozesse und Entwicklungen bedingt sind. Wenn man dann aber an der Erklärung der erwähnten oder anderer Systemspezifika interessiert ist, so muss man zwei Fragen beantworten: Wie sind erstens die spezifischen institutionellen Eigenheiten entstanden und warum haben sie zweitens auch noch heute Bestand? Mit beiden Fragen setzt sich die historische Bildungsforschung auseinander, die „an die Stelle der alten Ideengeschichte und der Exegese klassischer Texte (...) die Perspektiven von Sozial- und Strukturgeschichte" (Tenorth 2002: 123) gestellt hat.[11]

---

[10] Für eine genauere Situationsbeschreibung des deutschen Bildungssystems und seiner Besonderheiten vgl. Arbeitsgruppe Bildungsbericht am Max Planck-Institut für Bildungsforschung (1994) sowie Cortina et al. (2008); für einen Vergleich des deutschen Bildungssystems und seiner Entwicklung mit Frankreich, England und den Vereinigten Staaten siehe Ringer (1977). Einen kurzen Überblick über die Entwicklung mit einem Schwerpunkt bei der aktuellen Situation findet sich auch bei Klemm (2000).

[11] Aus der Fülle der hier zu findenden Literatur sei auf die Beiträge von Herrlitz, Hopf und Tietze (1998), Tenorth (2002) und vor allem von von Friedeburg (1986; 1992) hingewiesen, auf die sich die folgenden Ausfüh-

Ziel der vorzustellenden Ausführungen ist es, die verschiedenen Formen des Bildungswesens in Deutschland und ihrer historischen Entwicklungen zu skizzieren. Mit dieser deskriptiven Aufgabe ist jedoch fast zwangsläufig der Versuch verbunden, bestimmte Entwicklungswege und deren Besonderheiten nicht nur vorzustellen, sondern auch eine Erklärung für diese Geschichte zu liefern. An dieser Stelle lassen sich zumindest auf eine sinnvolle Art und Weise historische und soziologische Erklärungsansätze nicht mehr unterscheiden, da sie letztlich auf die gleiche Methodologie und zumeist auch gleichwertige und ähnliche Erklärungsmuster rekurrieren (vgl. hierzu allgemein Stegmüller 1983: 389ff.; Meier 1978 sowie spezifisch für die historische Bildungsforschung Tenorth 2002 oder Schriewer 1984). Um diesen methodologischen Punkt noch einmal deutlich zu machen: Ob man eine derartige Analyse nun in den Bereich der Geschichtswissenschaft oder der Soziologie einordnen sollte, erscheint eine müßige Diskussion – beide Perspektiven sind zu eng miteinander verknüpft und nicht umsonst ist beispielsweise ein Überblickswerk über die Bildungsreform in Deutschland mit dem Untertitel „Geschichte und gesellschaftlicher Widerspruch" (von Friedeburg 1992) versehen.

Diese Übereinstimmung in der zugrunde liegenden Zielsetzung wird gerade im Bereich der historischen Bildungsforschung deutlich. So versucht etwa Ludwig von Friedeburg (1986: 173), „die Funktion, die das Bildungswesen für die Entfaltung und Erhaltung staatlicher Herrschaft in Deutschland hatte, und deren Interesse, es für seine Zwecke zu instrumentalisieren", herauszuarbeiten. So kann man bereits die Gründungen der ersten Universitäten in Italien und Frankreich im 12. Jahrhundert als Versuch des deutschen Kaisers und der römischen Päpste, der beiden wichtigsten Machtpositionen im Mittelalter, verstehen, Bildung als Mittel zur Durchsetzung von Herrschaft und Herrschaftsansprüchen anzuwenden und

---

rungen auch schwerpunktmäßig stützen. In diesen Arbeiten findet sich zudem eine Fülle weiterführender Hinweise.

zu legitimieren.[12] Nur aus diesem spezifischen historischen Konflikt heraus lässt sich verstehen, warum in Deutschland Hochschulen Landesuniversitäten sind. Auch die noch heute gültige Bezeichnung von Hochschulen, wie beispielsweise der ‚Universität *zu* Köln' ist nur verstehbar, wenn man die entsprechenden Interessengruppen – Kirche, Staat und in diesem Fall besonders das Bürgertum, also etablierte und aufkommende Eliten – und deren spezifischen Zielvorstellungen genauer analysiert.[13]

Im Rahmen einer kurzen Einführung in die Bildungssoziologie soll der Schwerpunkt der Darstellung dieser historischen Prozesse auf der Entwicklung im 19. und 20. Jahrhundert liegen – trotzdem soll ein kurzer Blick auf die Vorgeschichte geworfen werden, ohne dabei unendlich weit zurückblicken zu müssen:[14]

„In Deutschland ist Schule im christlichen Mittelalter neu entstanden, mit anderer Aufgabe und ohne Verbindung zur weltlichen Stadtschule der Antike, die das römische Reich über Europa verbreitet hatte und die nördlich der Alpen zusammen mit seiner Stadtkultur in der Völkerwanderung unterging" (von Friedeburg 1992: 15).

Erst im Frühmittelalter, in einer Phase relativer politischer Stabilität durch die Karolinger sind eine Wiederaufnahme dieser Traditionen und eine Kopplung der christlichen Überlieferung mit den klassischen Künsten zu beobachten. Diese beiden Traditionen lassen sich mit Fuhrmann (2002: 10ff.) als

---

[12] Fried (2001) arbeitet in seiner Studie „Aufstieg aus dem Untergang" die individualpsychologischen Motive heraus, die die Entstehung der modernen Naturwissenschaft im Mittelalter ermöglicht hat.

[13] Die Bezeichnung als ‚Universität zu Köln' wurde zwar erst in der Amtszeit von 1944 bis 1949 durch den damaligen Rektor Joseph Kroll institutionalisiert, geht jedoch zurück auf die Umschrift des Kölner Universitätssiegels aus dem Jahre 1392 (nähere Informationen finden sich auf den Internetseiten der Universität zu Köln unter "www.uni-koeln.de") und soll die Einbindung der Universität in die Stadt und vor allem das kölner Bürgertum zum Ausdruck bringen.

[14] Die folgende Darstellung orientiert sich an dem Beitrag von Ludwig von Friedeburg (1992: 15ff.). Für weitere Darstellungen vgl. Fuhrmann (2002), Herrlitz, Hopf und Titze (1998) sowie die dort jeweils zitierte Literatur.

Kanones, als Regelwerk, bezeichnen. Dabei bestand „der christliche Kanon (im weiteren Sinne) (...) neben der Bibel im Wesentlichen aus Bibelkommentaren sowie aus Schriften, die für die Liturgie benötigt wurden. Der weltliche Kanon setzte sich vor allem aus den Werken der klassischen römischen (und später, seit humanistischer Zeit, auch der griechischen) Autoren zusammen sowie aus Lehrbüchern der so genannten Artes liberales, der ‚Freien Künste', mit der Grammatik und der Rhetorik an der Spitze" (Fuhrmann 2002: 11). Beide Kanones dienen gemeinsam als Fundament der europäischen Kultur.

Der Unterricht fand in Kloster- und später in Domschulen statt, wobei dieser mittelalterliche Lateinunterricht weder Schulstufen noch Jahrgangsklassen kannte. „Der Zögling wurde oft erst im zweiten Lebensjahrzehnt aufgenommen und hatte Mitschüler verschiedenen Alters. Elementarbildung war anfangs nicht Gegenstand des Unterrichts, sondern Sache der Familie oder einer handwerklichen Lehre. Im Hochmittelalter kann in der Schulbildung eine erste Stufe des Elementarunterrichts für Kinder ab etwa sieben Jahren von einer zweiten Stufe unterschieden werden, der höheren Schule für Jugendliche, die sich mit fünfzehn Jahren abschließen konnten" (von Friedeburg 1992: 16). Hauptzweck der Ausbildung war das Erlernen der lateinischen Sprache und diese war auch gängige Schulsprache. Besondere Unterschiede zwischen den von verschiedenen Trägern abhängigen Schulen traten dabei nicht auf.

Die Erfordernisse der gesellschaftlichen Entwicklung – Bevölkerungswachstum, Urbanisierungsprozesse, die Bildung von Staaten, wachsender Handel und die Entstehung einer frühkapitalistischen Geldwirtschaft, technologischer Fortschritt, eine Zunahme der Quantität, Diversität und Komplexität der Produkte und ganz generell eine zunehmende Komplexität der sozialen Organisation und der sozialen Differenzierung und damit einhergehend auch eine zunehmende sozialer Ungleichheit[15] – und die damit verbundenen Probleme auch für die Verwaltung und Organisation der entsprechenden Staaten führten zu einer Erweiterung des Bildungssystems durch

---

15 Eine übersichtliche Darstellung dieser makrosoziologischen Entwicklungen findet sich in den Arbeiten von Lenski (1973; Lenski/Lenski 1987) oder Sanderson (1988).

die nun neu entstehenden Universitäten. Bildung war dabei zumindest faktisch Elitenbildung, eine breite Volksbildung fehlte. „Seit der Erfindung der Schrift war die Lese- und Schreibkundigkeit für Jahrtausende das Privileg sakraler und bürokratischer Eliten" (Flora 1972: 294).

Um sich jedoch nicht gänzlich im Dickicht historischer Details und einzelner Entwicklungen zu verlieren, soll die Analyse zeitlich eingeschränkt werden und erst in der Mitte beziehungsweise dem Ende des 18. Jahrhunderts einsetzen. Man muss sich dabei vergegenwärtigen, dass in Europa drei große gesellschaftliche Umbruchsituationen im Gange waren:

- Zuerst ist hierbei selbstverständlich die politische Veränderung zu nennen, die fast reflexhaft mit der französischen Revolution und damit einhergehend mit der politischen Emanzipation zumindest bestimmter Bevölkerungskreise verbunden wird.
- Ein zweiter Gesichtspunkt, der sicherlich viele Verbindungslinien mit den politischen Veränderungen aufweist, ist die so genannte industrielle Revolution und damit ganz allgemein die Modernisierung. In diesem Zusammenhang, kann die Bedeutung einer realistischen, praxisbezogenen Ausbildung fast nicht hoch genug eingeschätzt werden.
- Einen dritten Aspekt bildet die so genannte intellektuelle, wissenschaftliche und philosophische Revolution, die einerseits durch die Aufklärung, andererseits aber vor allem durch den Siegeszug der Naturwissenschaften und der prinzipiellen Einsicht in die Veränderbarkeit der Welt einhergeht – und nicht zufälligerweise fällt in jene Zeit auch die Gründungsphase der Soziologie (vgl. zu deren aber eher konservativen Rolle Nisbet 1966).

Diese verschiedenen Entwicklungen führten zu einem Umbau der gesamten gesellschaftlichen Ordnung und damit zu einer sozialen Revolution. In diesem Zusammenhang spielte die Bildung in Deutschland eine bedeutsame Rolle und wurde immer mehr zur Verteidigung bislang erreichter Herrschaftspositionen gegen die inneren Impulse der Aufklärung und der von außen herangetragenen Revolution eingesetzt. Denn:

„Im Ausgang des achtzehnten Jahrhunderts wurde klar, daß die monarchischen Territorialstaaten um ihres Fortbestandes willen eine erweiterte, tragfähige Oberschicht benötigten. Zu ihr mußte der Adel als geborene Elite und sollte eine Auslese des Bürgertum gehören, sowohl um der für den Staatsapparat erforderlichen Qualifikationen wie um der Identifikation des dritten Standes [Bürgertum] mit der Monarchie willen. Aus der bisherigen, überlebten geburtsständischen Ordnung sollte eine berufsständische Gesellschaftsorganisation (...) werden, in der das bürgerliche Leistungsprinzip neben den Privilegien standesgemäßer Geburt zur Geltung kam, jedoch nicht in erster Linie ausgewiesen durch erworbenen Besitz, sondern durch erworbene Bildung, die staatlicher Kontrolle eher zugänglich war als das Kapital" (von Friedeburg 1986: 175).

Bildung und vor allem die entsprechenden Bildungszertifikate dienten sowohl als Qualifikationsnachweis wie als Mechanismus der sozialen Schließung. Mit dieser Entwicklung geht zwar die zumindest prinzipielle Möglichkeit der sozialen Mobilität einher, die entsprechenden Chancen sollten jedoch nicht allzu hoch eingeschätzt werden. Denn: „In der vorindustriellen Gesellschaft waren die Entfaltungsmöglichkeiten des einzelnen in der Regel auf den Lebenskreis beschränkt, in den er zufällig hineingeboren wurde" (Herrlitz/Hopf/Titze 1998: 13). Nun bestand aber zumindest prinzipiell die Möglichkeit, über Bildung eine neue soziale Position zu erreichen.

Trotz alledem war das Bildungswesen jedoch weiterhin ein funktionaler Bestandteil für die Entfaltung und Erhaltung staatlicher Herrschaft – wobei dies natürlich immer bedeutet, dass bestimmte Interessen einzelner sozialer Schichten besonders berücksichtigt wurden.[16]

Das oben skizzierte schon im frühen Mittelalter zu findende länderspezifische Prinzip der Organisation von Bildung in Deutschland wurde durch die Reformation und die damit einhergehenden politischen und gesellschaftlichen Veränderungen bestärkt, da hier die muttersprachliche Elementarbildung als Religionserziehung begründet ist. Muttersprachlicher Unterricht in den Stadtschulen und den neu einzurichtenden Dorf-

---

[16] An dieser Stelle ist kein Platz für ausführliche methodologische Diskussionen über die richtige oder zumindest hinreichende Erklärung historischer und sozialer Entwicklungen. Es sei aber trotzdem darauf hingewiesen, dass sich derartige Analysen immer auf eine individuelle Ebene zurückbinden lassen sollten und dass ab und an zu findende Erklärungen, die beispielsweise auf bestimmte System- oder Klasseninteressen rekurrieren nur als Abkürzungen komplexerer Erklärungsmodelle verstanden werden können. Besonders interessant sind konflikt- und handlungstheoretische Modelle wie sie etwa für die Erklärung der französischen Revolution in Lindenberg (1989) zu finden sind. Im Bereich der Bildungsforschung ist besonders auf die Arbeiten von Raymond Boudon (1974; 1979; 1980) hinzuweisen.

schulen diente gleichzeitig als Religions- und Untertanenerziehung. Bildung und Bildungspolitik standen bereits damals im Dienste einer ständischen Auseinandersetzung mit dem Adel und den Städten. „Im Jahrhundert der Aufklärung, das wie kein anderes vorher sich dem Glauben an die Erziehung und dem Segen der Nützlichkeit verschrieben hatte, waren die fortgeschrittenen Pädagogen zunächst mit der Obrigkeit im Bunde, die öffentliche Erziehung schon vordem als Mittel der Modernisierung verstanden hatte" (von Friedeburg 1986: 174). Auch hier sieht man also, dass die gerade geschilderten verschiedenen fundamentalen Umbruchsituationen nicht getrennt analysiert werden können. Dies wird noch deutlicher, wenn man sich die Entwicklung im Anschluss an das Jahr 1789 betrachtet: Die Revolution in Frankreich veränderte die gesellschaftliche Funktion öffentlicher Bildung. War sie bis zu diesem Zeitpunkt eher Mittel der Entfaltung einer neuen, der territorialen, Staatsgewalt in ihrer Auseinandersetzung mit dem konservativen Ständen, aber teilweise auch zur Integration neuerworbener Gebiete, so diente sie nun vor allem dem Erhalt der vorliegenden Herrschafts- und Machtstrukturen. Bildung war also nur zu Beginn und auch dann nur teilweise ein modernes, aufklärendes Element. Häufig diente sie bereits in diesen Tagen dem Statuserhalt, der Abgrenzung gegenüber anderen sozialen Schichten und damit insgesamt der sozialen Schließung.

Diese hier nur skizzierten Entwicklungen lassen sich durch zwei bedeutende Folgen für die Organisation des Bildungswesens charakterisieren: einerseits die berufsständische und andererseits die konfessionelle Organisation der Bildung. Auf diese beiden Organisationsprinzipien soll nun etwas näher eingegangen werden.

Gegen Ende des achtzehnten Jahrhunderts benötigten die monarchisch organisierten Territorialstaaten eine im Vergleich zu vorigen Jahrhunderten erweiterte und tragfähige Oberschicht, um ihren Fortbestand zu sichern. Diese berufsständische Gesellschaftsorganisation umfasste neben dem Adel nun eine Auswahl des Bürgertums und erfolgte über Bildungszertifikate. Neben einer standesgemäßen Geburt tritt die Leistung – dokumentiert durch Bildung und kontrolliert durch staatliche Institutionen. Materiell geht damit eine zumindest teilweise Abkehr von der so genannten ‚realistischen Wende' einher, die durch die Industrialisierung und die damit hervorgerufenen Bedürfnisse angestoßen wurde. Ganz im Gegenteil: Ein an reiner Nützlichkeit oder Produktivität orientiertes Streben und Handeln geriet in den Verdacht der politischen Subversion, da das Verhältnis zu Herrschaftsbeziehungen unbestimmt war. Diese politische Bewegung erhielt Unterstützung durch die entsprechenden Standesverbände, die – wie etwa die Vertretung der Philologen – ihre eigenen Interessen durch die Verschiebungen der Curricula gefährdet sahen. Reines Nützlichkeitsdenken wurde etwa durch die neuhumanistische Reform im deutschen Idealismus aufgegriffen, die die Prinzipien formaler Bildung wieder zur Geltung bringen wollte und die Rolle klassisch humanistischer Bildung und vor allem der lateinischen und der griechischen Sprache betonte.

Inhaltlich bedeutete dies, dass für die Ausbildung in einer Natur- oder Ingenieurwissenschaft die Tatsache bedeutsam wurde, ob man des klassischen Griechisch mächtig war. Diese aus technologischer Sicht widersinnige Verengung wird nur dann verstehbar, wenn man die Funktion der sozialen Auslese bestimmter Eliten im Auge behält. Trotz alledem ging mit dieser institutionalisierten Regelung ein nicht geringes Konfliktpotential zwischen vorhandenen Herrschaftseliten und der aufkommenden Industrie einher, die vor allem ein technologisches Interesse verfolgte. Als dritter kollektiver Akteur ist zudem der Staat zu berücksichtigen, dessen Interessen etwa an Militärtechnologie ebenfalls zu beachten sind. Die skizzierte Regelung bleibt jedoch auch nicht ohne Folgen für die weitere Organisation des Bildungswesens: „Um der berufsständischen Gliederung willen galt es einmal, die Trennung zwischen dem niederen und dem höheren Schulwesen strikt zu wahren, zum anderen sollten die Anforderungen an die Propädeutik der Hochschulbildung vom Staat gesetzt und kontrolliert werden" (von Friedeburg 1986: 175).

Bereits hier wird also deutlich, dass die relativ rigide Trennung der einzelnen Bildungswege in Deutschland und der fehlende oder zumindest nur schwer mögliche Übergang zwischen einzelnen Bildungskarrieren auf eine lange, aber auch erklärbare Tradition zurückblicken. Der Hochschulzugang und damit der potentielle Zugang zu Führungspositionen wurde vom Staat reguliert. Die Einführung des staatlich reglementierten Abiturs kann dann als weitere konkrete soziale Selektionsinstanz verstanden werden. Auch dies hatte bestimmte Konnotationen und Konsequenzen.

Wenn nur der Hochschulzugang, aber nicht die Hochschule selbst reglementiert wurde, so bedeutet dies, dass eben kein direkter Eingriff des Staates in den zum Teil relativ liberalen Hochschulbereich notwendig war und damit auch keine negativen Auswirkungen auf die durchaus erwünschte Entwicklung von Wissenschaft an den Universitäten zu befürchten waren. Des Weiteren ist zu bedenken, dass der über Sozialisation und Selektion in frühen Phasen erreichbare Einfluss deutlich höher ist und die eigentlichen Ziele besser verwirklicht. Notwendig dafür war aber ein bestimmter neuer Lehrertyp, der Gymnasiallehrer mit eigener Ausbildungsstätte an den Universitäten.

Auch hier spiegeln sich also Strukturen wider, die sich bis heute im deutschen Bildungssystem finden: die strikte Trennung zwischen der Ausbildung der Lehrer der unterschiedlichen Bildungsgänge und die besondere Bedeutung von Bildungszertifikaten als notwendige Bedingung für eine staatliche Laufbahn. Durch die Einführung dieser Bildungszertifikate und eines eigenständigen Bildungsganges wurde bereits das Fundament für die noch heute zu findende Struktur des deutschen Bildungssystems und damit auch der Unterschied zu dem relativ allgemein zugänglichen College in angelsächsischen Ländern als Vorbereitung für die Universität gelegt.

Im Rahmen dieser Entwicklung entstand eine neue soziale Schicht: die höheren Beamten, die – ähnlich wie bei der Offizierslaufbahn – durch Bildungspatente abgesichert waren. Durch strikte Laufbahnregelungen, die ebenfalls bis in die heutige Zeit hineinreichen, entstand eine fast perfekte soziale Trennung.

„Den Zugang zum neunjährigen Gymnasium erleichterte für die Kinder der oberen Schichten in den meisten deutschen Ländern eine eigene dreijährige Vorschule, die eigens auf das Gymnasium vorbereitete. Hochbegabte Kinder aus der unteren Mittelschicht konnten nach den ersten vier Jahren der Volksschule aufs Gymnasium gelangen, wenn dort noch Platz war und sie eine Aufnahmeprüfung bestanden. Der Ausschluß der Arbeiterklasse von höhere

Schule und Universität, und damit vom Staatsdienst und den akademischen Professionen, gelang nahezu perfekt" (von Friedeburg 1986: 177).

Zielsetzung dieser verschiedenen institutionellen Schritte war der Versuch, moderne Elemente, die mit der industriellen Revolution eine notwendige Voraussetzungen für den Fortbestand der Gesellschaft waren, mit alten Herrschaftsstrukturen zu verbinden. Dies gelang zumindest für eine gewisse Zeit mit großem Erfolg und hinterlässt seine Spuren bis in die heutige Zeit hinein.

Im Gegensatz zu dieser in vielerlei Hinsicht notwendigen Auslese und Ausbildung einer Elite stand die so genannte Volksbildung. Die Zielsetzung dieser Volksbildung bestand, wie oben bereits angedeutet, in der Religions- und Untertanenerziehung, in einer ‚Gemütsbildung' (Oelkers 2006: 20), und hatte so recht beschränkte Aufgaben. Im Nachklang an die französische Revolution, der napoleonischen Kriege und der damit verbundenen Idee, Volksbildung als Nationalerziehung zu verstehen, sowie den Vorstellungen der Aufklärung und der liberalen Vorstellung der Chancengleichheit entstanden zwar bereits früh Pläne für eine gemeinsame und gestufte schulische Ausbildung, derartige Ideen verschwanden jedoch recht schnell wieder und kamen nicht zur Verwirklichung (Herrlitz/Hopf/Titze 1998: 29ff.). Im Zuge der Restauration ging es also eher um eine Begrenzung der Bildung statt um eine Ausweitung, eher um eine Stärkung der Ungleichheiten und deren Legitimation als um soziale Fragen oder allgemeine Ideen der Gerechtigkeit. Der Zusammenhang zwischen liberalen politischen Forderungen und den Ideen einer allgemeinen Schulbildung brachten spätestens mit den Fehlschlagen entsprechender politischer Veränderungen in den Revolutionen von 1848 und 1849 auch die Vorstellung einer gemeinsamen und allgemeinen Bildung in Verruf und etablierte und stabilisierte die alte Trennung und damit auch die soziale Ungleichheiten.

„Vor allem auf dem Lande sollte die auch künftig, weil aus Prinzip, einklassige Volksschule wie früher durch die Religionserziehung bestimmt sein. Ihrem Zweck war das Lesen und Lernen, Schreiben und Singen unterzuordnen" (von Friedeburg 1986: 177).

Mit der strikten Trennung der verschiedenen Schultypen ging auch eine ebenso strikte Trennung der Lehrer und ihrer Ausbildungsgänge einher (Herrlitz/Hopf/Titze 1998: 40ff.). Bis in die heutige Zeit hinein ist in den meisten Bundesländern die Ausbildung von Grund- und Hauptschullehrern und -lehrerinnen nicht an der Universität, sondern an pädagogischen oder erziehungswissenschaftlichen Hochschulen angesiedelt und damit von der universitären Ausbildung der Gymnasiallehrer institutionell getrennt. Das gesamte primäre Bildungssystem war somit von der so genannten höheren Bildung abgesondert (vgl. Ringer 1979: 32ff.).

Für die Entwicklung aus einer gesamtgesellschaftlichen Perspektive ist diese Trennung jedoch alles andere als unproblematisch, denn „das Bildungssystem in Deutschland leistete keinen spezifischen Beitrag zur Industrialisierung, abgesehen von der allgemeinen Sozialisation der Heranwachsenden zu gehorsamen, pünktlichen und fleißigen Untertanen" (von Friedeburg 1986: 178). Die bestehenden Anreize für eine Ausweitung des Bildungssystems wurden durch klassen- oder schichtspezifische Interessen konterkariert, hinzukommen die nicht unerheblichen Kosten einer allgemeinen Bildung. Die entstehenden Konflikte wurden durch verschiedene Maßnahmen – von einer sicherlich zur damaligen Zeit beispiellosen Sozialgesetzgebung über die politische Verfolgung etwa durch die so genannten Sozialistengesetze bis hin zu ‚feineren' Methoden der sozialen Spaltung durch die Schaffung spezifischer Anreize für bestimmte soziale Schichten und die damit einhergehende und, man ist versucht zu sagen: natürlich bis heute zu findende Spaltung in Arbeiter und Angestellte (vgl. Kocka 1981; Krakauer 1980) – begleitet.

Anstelle einer tief greifenden Reform des Bildungswesen finden sich im Laufe des 19. Jahrhunderts eine ganze Fülle neuer Ausbildungsgänge, denn selbstverständlich blieb der äußere Druck und die verschiedenen Interessen an einer zunehmenden Bildung nicht ohne Folgen: Realgymnasium, Oberrealschule, ein Mittelschulwesen – Schulformen, die alle als Entgegenkommen an die Anforderungen der zunehmenden Industrialisierung und dem damit einhergehenden Personalbedarf verstanden werden können, entwickelten und etablierten sich. Trotz alledem gilt: „Während des gesamten 19. Jahrhunderts ist es dem aufstrebenden Wirtschaftsbürgertum nicht gelungen, eine neben dem humanistischen Gymnasium gleichberechtigte, auf die Bedürfnisse der wachsenden Industrie zugeschnittene höhere Bildungsanstalt zu etablieren" (Herrlitz/Hopf/Titze 1998: 65).[17]

Trotz all dieser Entwicklungen muss man sich jedoch immer darüber im Klaren sein, dass die Volksschule gleichsam eine Art ‚Einheitsschule' darstellte, da wohl mehr als 90 Prozent aller Kinder diese Schule besuchten. Wenn man sich nicht nur die Besuchsquoten, sondern die Anteile der Schulabschlüsse betrachtet, verstärkt sich dieses Bild noch mehr (Oelkers 2006). Die entsprechenden Klientel bleiben dabei jeweils unter sich, da ja – bei allen historisch zu beobachtenden Unterschieden – eine gemeinsame Grundschule erst in der Weimarer Republik verpflichtend wurde und dabei lange Zeit sehr umstritten war (Oelkers 2006: 43ff.).

Doch nicht nur das heutige schulische Bildungssystem ist durch einen Blick auf die historische Entwicklung besser zu verstehen, auch die Veränderungen in der handwerklichen Ausbildung lassen sich äquivalent erklären. Die in ganz Europa im Zuge des Wirtschaftsliberalismus abgeschafften Zünfte mit ihrer Lehrlingsausbildung wurden mit den Innungen und Handwerkskammern neu institutionalisiert und dienten als ‚Bundesgenossen' im Kampf gegen die Sozialdemokratie. Diese Ausbildung folgte dem berufsständischen Prinzip, wobei das duale Ausbildungssystem als staatlicher Eingriff zum Ausgleich der Volksschulen verstanden werden kann. Hier wurde die fehlende technische Grundausbildung geliefert.

Es soll an dieser Stelle nun jedoch nicht der Eindruck hinterlassen werden, dass sich das Bildungssystem seit rund zwei

---

[17] Dies vertritt auch Ringer (1979: 37), wenn er festhält: "The emerging nine-year Realgymnasium was little more distinguished, academically, since it represented a compromise between the classical and the nonclassical curriculum. Some of the six or seven-year higher burgher schools came to serve as lower Realgymnasien or Realprogymnasien, officially acquiring that name in 1882. The graduates of the whole Realgymnasium stream, however, earned few academic privileges before 1870" (vgl. dort auch für eine kurze Geschichte der vielfältigen anderen Schulformen).

Jahrhunderten in einer Stagnation befindet – sozialhistorische Studien über die Bildungsentwicklung sprechen eine ganz andere Sprache (vgl. etwa Flora 1972; Schneider 1982; Meyer/Ramirez/Soysal 1992). Denn: „Die Beteiligung der Bevölkerung am weiterführenden Schul- und Hochschulbesuch hat seit dem letzten Drittel des 19. Jahrhunderts in allen westeuropäischen Ländern mit wachsender Geschwindigkeit zugenommen" (Schneider 1982: 207). Betont werden soll nur, dass trotz dieser quantitativen Zunahme der Bildungsbeteiligung einige wesentlichen Qualitäten und Strukturparameter des deutschen Bildungssystems nahezu unverändert geblieben sind.[18]

Bislang wurde letztlich nur über die höhere (Aus-) Bildung von Jungen beziehungsweise Männern gesprochen. Der Streit um die höhere Mädchenbildung fand erst zu Beginn des 20. Jahrhunderts zu einem vorläufigen Ende. „Auch für Frauen wurde damals das Tor zum Abiturientenexamen und zum Studium ein Stück weit geöffnet und damit eine Entwicklung eingeleitet, die in der Weimarer Republik, erst recht aber seit der Bildungsexpansion der 60er Jahre unseres Jahrhunderts in Richtung auf zunehmende Chancengleichheit zwischen den Geschlechtern ausgebaut werden konnte" (Herrlitz/Hopf/Titze 1998: 87; vgl. dort auch für eine kurze Schilderung der verschiedenen Konfliktlinien).

Zu dieser geschlechtsspezifischen Organisation kommt im deutschen Bildungswesen ein zweites Charakteristikum: die konfessionelle Segmentierung. Vor allem nach dem Umsturz der kaiserlichen Verfassung und dem Ersten Weltkrieg bewahrte die konfessionelle Organisation der Volksschulen die bislang bestehende Bildungsorganisation und sicherte so auch die standespolitischen Interessen. Über lange Zeit findet sich in Deutschland eben keine Trennung von Kirche und Staat. Zwar war bereits im 19. Jahrhundert die höhere Bildung meist überkonfessionell organisiert, „aber das Gewicht der Religionserziehung in der Aufgabenstellung für das niedere Schul-

---

[18] Die Erklärung dieser Prozesse wird häufig mit dem Begriff der Modernisierung verbunden (Parsons 1979; Schneider 1982) oder in Zusammenhang mit der Staaten- und Nationenbildung gebracht (Flora 1972). Für eine kritische Auseinandersetzung mit diesen Tradition vgl. Kapitel 4.1 der vorliegenden Einführung.

wesen bewahrte dessen konfessionelle Organisation in Bekenntnisschulen" (von Friedeburg 1986: 180). Auch die Ausbildung der Lehrer war entsprechend organisiert, die Schulaufsicht war meist in geistlicher Hand. Auch wenn die höhere Bildung in Staatshand lag, so war die Volksbildung weiter religiös segmentiert. Zwar finden sich ab 1918 Versuche, diese Organisationsprinzipien zu ändern, diese fielen jedoch den politischen Entwicklungen zum Opfer. Als Ergebnis vielfältiger Konfliktlinien kann der so genannte Weimarer Schulkompromiss verstanden werden, der vier gemeinsame Grundschuljahre aller Schüler vorsah (vgl. auch Herrlitz/Hopf/Titze 1998: 121ff.). Es sei noch einmal daran erinnert, dass bis dahin – also bis 1920 – eine deutliche Klassensegregation der Bildung zu beobachten war. Der Zugang zu höheren Bildungsinstitutionen erfolgte durch eine eigenständige Vorschule. Wenn man die aktuelle Diskussion um die Verlängerung gemeinsamer Schulzeiten und damit eine zeitliche Verschiebung des Auswahlprozesses verfolgt, muss man sich wohl mit Blick auf diese Entwicklung einen langen Atem bewahren. Die gemeinsame Schulbildung aller Kinder über mindestens vier Jahre in einer so genannten Grundschule hat also eine Tradition von nicht einmal 100 Jahren. Auch hier ist also deutlich zu sehen, dass einige heute immer noch strukturgebenden Gegensätze tiefe historische Wurzeln haben. In diesem Zusammenhang wurde auch die weiterhin getrennte Lehrerausbildung fortgeschrieben.

Zwar war mit der Verfassung von 1919 einer grundlegenden Bildungsreform der Weg geebnet worden, „aber im Widerspruch der gesellschaftlichen und konfessionellen Interessen, von den politischen Parteien im Konzert der Länder wirkungsvoll vorgetragen, und unter dem Druck wirtschaftlicher Schwierigkeiten und leerer Haushaltskassen kamen im Reich insgesamt nur die weltliche Schulaufsicht, die gemeinsame Grundschule und die erweiterte Mädchenbildung zustande. Was in einzelnen Ländern vor allem für die Lehrerbildung mehr erreicht wurde, ebnete die restriktive Bildungspolitik des nationalsozialistischen Regimes wieder ein. Sie schränkte nicht nur wegen der Rassenpolitik, sondern, gegen die säkulare Expansion gerichtet, generell höhere Schulbildung ein, zu Lasten vor allem der Mädchen, der Kinder unterer sozialer Schichten und der auf dem Lande Heranwachsenden" (von Friedeburg 1992: 281).[19]

Selbst im Anschluss an den Zusammenbruch im Jahre 1945 wurde ein Neuaufbau des Bildungssystems in der Bundesrepublik letztlich versäumt (vgl. Kapitel 5 oder Herrlitz, Hopf und Titze 1998: 173ff. für einen kurzen Abriss der Entwicklungen in der DDR). Anstelle neuer Strukturen stand die Restauration alter Regelungen und damit einhergehender sozialer Interessenlinien im Mittelpunkt (vgl. auch Herrlitz/ Hopf/Titze 1998: 159ff.). Die grundlegenden Strukturen und institutionellen Regelungen auch des aktuellen deutschen Bildungssystems sind tief in den Konflikten und Gegensätzen des 18. und 19. Jahrhunderts verankert.

Die Situation der jungen Bundesrepublik in den 1950er und 1960er Jahren spiegelt dann auch die sozialen Ungleichheiten und Diskrepanzen deutlich wider. Diese Situation ist der Ausgangspunkt einer Diagnose, die unter dem Stichwort der Bildungskatastrophe diskutiert wird. Zuvor sollen aber noch einmal stichwortartig die historisch erklärbaren Strukturen des deutschen Bildungssystems zusammengefasst werden:

- die Länderhoheit der Bildung,
- das gegliedertes Bildungssystem mit relativ früher und rigider Trennung in die einzelnen Bildungsbereiche,
- die Trennung einer vierjährigen Grundschule und verschiedenen, weiterführenden Bildungsmöglichkeiten,
- die lange Zeit zu beobachtende Vorherrschaft klassischer Bildungsgegenstände in der höheren Schulbildung und die späte und zögerliche Einführung realer Bildungsinhalte,

---

[19] Es mag überraschen, dass die Zeit der nationalsozialistischen Herrschaft nicht gesondert behandelt wird. Mit Herrlitz, Hopf und Titze (1998: 145ff.) kann man jedoch vermuten, dass das Bildungssystem auch zwischen 1933 und 1945 eine erstaunliche Stabilität aufgewiesen hat. Zwar lässt sich eine rasche und sehr bereitwillige Gleichschaltung des Schulsystems und der Hochschulen beobachten, „die propagandistisch behauptete Planmäßigkeit nationalsozialistischer Schulpolitik kann nicht darüber hinwegtäuschen, daß der Nationalsozialismus im Grunde keine schulpolitische Gesamtkonzeption besaß und daß Schule und Unterricht in seinem Indoktrinationssystem ohnehin nur eine untergeordnete Rolle spielen sollten" (Herrlitz/Hopf/Titze 1998: 156).

- eine getrennte Ausbildung der Lehrer für den primären und sekundären Schulbereich
- sowie schließlich das duale Ausbildungssystem.

All diese Punkte werden immer wieder zumindest zum Teil für die aktuell beklagte Misere des deutschen Bildungssystems, die sich anscheinend in dem nur höchstens mittelmäßigen Abschneiden deutscher Schüler in verschiedenen internationalen Leistungstests zeigt, verantwortlich gemacht. Ob es diese Zusammenhänge wirklich gibt, soll gar nicht diskutiert werden. Wichtiger ist es mit Blick auf die historische Entwicklung zu sehen, dass diese Strukturen nicht zufällig entstanden sind und deshalb wohl eine nicht zu unterschätzende Beharrlichkeit besitzen werden.

3. Die erste deutsche Bildungskatastrophe

Der Blick auf die Geschichte des Bildungswesens in Deutschland hat gezeigt, dass viele Charakteristika des heutigen Bildungssystems ihre Wurzeln in Interessen und daraus folgenden Konfliktlinien haben, die weit zurück reichen: Die Länderhoheit im Bildungswesen, die Trennung in verschiedene Schultypen im Rahmen der Sekundarstufe und – die vor allem im internationalen Vergleich – frühe Aufteilung der Schüler in diese verschiedenen Schultypen, die deutliche Trennung der Ausbildung der Lehrer für diese einzelnen Schularten, aber auch das duale Bildungssystem der beruflichen Ausbildung sind Phänomene, die ohne den Rückbezug auf die historischen Interessen einzelner sozialer Akteure nicht verstanden werden können. In diesem Abschnitt soll zuerst die Geschichte des Bildungswesens in den ersten zwei Jahrzehnten der Bundesrepublik skizziert werden (für einen Abriss der Geschichte des Bildungswesens in der DDR vergleiche den Exkurs in Kapitel 5), um danach auf die ersten – auch öffentlich wahrgenommenen und diskutierten – bildungssoziologischen Studien einzugehen (Kapitel 3.1). Die in diesem Zusammenhang immer wieder diagnostizierte Bildungskatastrophe kann dabei aus drei unterschiedlichen Perspektiven begründet werden (Kapitel 3.2).

Die oben dargestellte Entwicklung beziehungsweise Konstanz wichtiger Strukturelemente ist umso erstaunlicher, als im Zuge des Zusammenbruchs des nationalsozialistischen Systems auch im Bildungswesen nach 1945 deutliche Veränderungen – etwa nach dem angelsächsischen Vorbild – initiiert und vor allem durchgesetzt hätten werden können. Eine Umerziehung der Bevölkerung gehörte dabei durchaus zum Programm der Besatzungsmächte. Die allgemeine – auch wirtschaftliche – Situation führte jedoch dazu, dass die unmittelbare Bildungsverwaltung an politisch unverdächtige Fachleute übergeben wurden, die die alten, sowohl konfessionellen wie auch politischen Konfliktlinien wieder vertraten. Aus diesem Grunde wurden in den einzelnen Regionen fast unabhängig von den jeweiligen Besatzungsmächten die alten Strukturen wieder aufgebaut beziehungsweise übernommen: „So wurde in der britischen Besatzungszone im katholisch dominierten Nordrhein-Westfalen die Konfessionsschule wiedereingeführt, in Hamburg und Schleswig-Holstein aber die gemeinsame Grundschule erweitert, ebenso in Bremen unter amerikanischer Regie. Dagegen wurde im gleichfalls amerikanisch kontrollierten Bayern sowie im französisch besetzten Rheinland-Pfalz und Württemberg-Hohenzollern die Bekenntnisschulen wiederhergestellt, nicht aber im angrenzenden Baden" (von Friedeburg 1992: 283).

Als Folge dieser Entwicklung zeichnete sich das Bildungssystem in der neu gegründeten Bundesrepublik durch eine erstaunliche Konstanz – im Vergleich zur Weimarer Republik – aus. Dabei ist diese Ähnlichkeit sowohl hinsichtlich der konkreten Organisation des Bildungswesens wie auch den grundlegenden Interessengruppen und ihren Widersprüchen festzustellen. Durch die daraus nochmals verstärkte föderale Struktur des Bildungswesens entstanden konkrete Probleme, etwa bei einem Schulwechsel zwischen einzelnen Bundesländern, die zur Schaffung einzelner Institutionen wie beispielsweise der Ständigen Konferenz der Kultusminister führte.

Wenn man die Entwicklung des Bildungswesens nach 1945 zusammenfassend betrachtet, so kann man ohne Zweifel von einem versäumten Neubeginn (von Friedeburg 1992) oder einer Restauration des Schulwesens (Herrlitz/Hopf/Titze 1998: 159ff.) sprechen. Es erscheint damit aber fast zwangsläufig, dass diese institutionellen Lösungen im Bildungsbereich für eine sich wohl immer rascher wandelnde und modernisierende Gesellschaft nicht passend sind und zu deutlichen strukturellen Problemen führen. Eine solche Diagnose lässt sich unter dem Schlagwort der ‚Bildungskatastrophe' zusammenfassen.

3.1 Zum Zustand des Bildungswesens in den 1950er und 1960er Jahren in der Bundesrepublik

Als ein erstes wichtiges Strukturelement soll untersucht werden, wer überhaupt welche Schule besucht hat und wie sich diese Zahlen im Laufe der frühen Geschichte der Bundesrepublik verändert haben. So einfach diese Frage auf den ersten Blick klingen mag, so ist sie dennoch nicht einfach zu beantworten beziehungsweise jede einfach anmutende Antwort ist mit einer Vielzahl methodischer Einschränkungen versehen, die sie nur schwer interpretierbar macht.

Dies wird schnell deutlich, wenn man sich die einfachste Antwort für die gerade gestellte Frage betrachtet und die Zahl der Schüler in den einzelnen Schultypen im Laufe der Jahre miteinander vergleicht, denn hier ergeben sich rasch seltsam anmutende Ergebnisse: So ging etwa die Zahl der 14-jährigen Schüler und Schülerinnen an höheren Schulen, wobei vor allem Gymnasium gemeint sind, in der gesamten Bundesrepublik von 108.600 im Jahr 1953 auf 89.000 im Jahr 1960 zurück.[20] Ist dieser Rückgang um mehr als 18 Prozent als sinkende Bildungsbeteiligung – zumindest hinsichtlich der höheren Bildung – in der Bundesrepublik zu interpretieren? Vielleicht als eine Rückbesinnung auf manuelle Arbeit, die ohne große intellektuelle Ausbildung möglich ist und durch die Rahmenbedingungen des deutschen Wirtschaftswunders verstärkt wurde? Die Antwort auf diese Fragen und Vermutungen heißt eindeutig nein. Es ist wie in vielen anderen Bereichen der Soziologie wenig nützlich, absolute Daten zu betrachten, für eine sinnvolle Interpretation muss man diese Informationen in eine besser interpretierbare Relation, in ein Verhältnis setzen. Die einfachste Lösung bei dem hier betrachteten Problem ist die Berücksichtigung der jeweils überhaupt in Frage kommenden Grundgesamtheit. Schulbesuchszahlen zu betrachten macht nur Sinn, wenn man sie in Bezug auf die jeweiligen Kohortengrößen betrachtet (vgl. hierzu schon von Carnap/Edding 1962: 8). Diese Behauptung gewinnt um so mehr an Bedeutung, wenn man berücksichtigt, dass aufgrund der historischen Entwicklung gerade die Geburtenzahlen und damit eben auch die Kohortenbesetzungen deutlichen Schwankungen unter-

---

[20] Die Grundlage dieser Zahlen bilden Veröffentlichungen des Statistischen Bundesamtes, die übersichtlich von Roderich von Carnap und Friedrich Edding in einer durch die Hochschule für Internationale Pädagogische Forschung herausgegebenen Band zusammengestellt worden sind, der leider nur als so genannte graue Literatur zur Verfügung steht (von Carnap/Edding 1962).

worfen waren. Hinzu kommt der generelle Trend des langfristigen Geburtenrückgangs. Wenn man nun aber kohortenbezogene Daten betrachten will, muss man seine Aufmerksamkeit auch auf bestimmte Geburtsjahrgänge richten. Natürlich können dann später diese Einzelindikatoren wiederum zu zusammenfassenden Maßzahlen kombiniert werden, im ersten Schritt erscheint es jedoch sinnvoll, sich auf bestimmte Altersgruppen zu konzentrieren.[21] Welche Kohorten sollte man aber auswählen? Um überhaupt eine Differenzierung in den verschiedenen Bildungsgängen messen zu können, sollte der Übertritt in die Sekundarstufe bereits erfolgt sein. Andererseits muss der Schulbesuch auch noch andauern und nicht bereits durch die Aufnahme einer Erwerbstätigkeit oder Ausbildung beendet worden sein. In der Praxis werden deshalb häufig die 13-Jährigen und ihr Bildungsverhalten untersucht.[22]

Eine Aufbereitung und Analyse der amtlichen Daten zeigt, dass die Volksschule in den ersten beiden Jahrzehnten der Bundesrepublik immer noch als hauptsächliche Bildungsinstitution bezeichnet werden kann. Mehr als drei Viertel eines Jahrgangs besuchen zu Beginn der 1950er Jahre diese Schulform. Nur etwa jedes achte Kind besucht eine höhere Schule und die restlichen Kinder verteilen sich auf Sonder- und Mittelschulen. Wenn man nun die Entwicklung dieser Verteilung und damit des Schulbesuchs untersucht, so zeigen sich schon für die Zeit bis 1960 deutliche Veränderungen. So sinkt der Anteil der Schüler auf Volksschulen von den genannten 78,4 auf 72,4 Prozent und der Anteil von Schülern auf der Mittel- und höheren Schulen steigt von zusammen 19,4 auf 24,2 Prozent. Der Anteil von Kindern, die eine weiterführende Schule besuchen, steigt also bereits in diesem Zeitraum um nahezu ein Viertel (vgl. für die entsprechenden Daten von Carnap/Edding 1962: Tabelle 3).

---

21 Häufig ist in diesem Zusammenhang von Generationen die Rede, wobei dieser Begriff in der Soziologie aufgrund der Arbeiten von Karl Mannheim einen wesentlich weitergehenden Bedeutungsinhalt hat als in der Demografie.

22 In der Untersuchung von von Carnap und Edding (1962: Tabelle 3) zeigt sich, dass bei dieser Kohorte 98,9 Prozent noch eine der grundständigen Schulen besuchen.

Wenn man sich die weitere Entwicklung in den 1960er Jahren betrachtet, so werden diese Trends fortgeführt: Am Ende dieses Jahrzehnts beträgt der Anteil der Schüler auf Grund- und Hauptschulen nur noch rund 55 Prozent, die Werte für das Gymnasium beziehungsweise die Realschule stiegen weiterhin nahezu kontinuierlich und erreichten am Ende der 1960er Jahre Werte zwischen knapp oberhalb beziehungsweise unterhalb 20 Prozent.

Zwei auch weiter zu beobachtende Trends sind also schon in den ersten Jahrzehnten der Bundesrepublik zu beobachten: Erstens verliert bereits in den 1950er Jahren die Hauptschule ihre alles dominierende Stellung. Die entsprechenden Anteile sinken fast kontinuierlich und 1965 besuchen etwa nur noch zwei von drei Kindern eines Jahrganges die Hauptschule. Gleichzeitig gewinnen zweitens sowohl das Gymnasium wie vor allem die Realschulen deutlich hinzu (vgl. Köhler 1992). Bereits vor der politisch initiierten Bildungsexpansion der 1960er Jahre sind also nicht unbedeutende Verschiebungen zu beobachten, die sicherlich auch als Reaktion auf die gesellschaftlichen Wandlungsprozesse und Anforderungen zu verstehen sind. Bildung und die jeweiligen Bildungszertifikate sichern bestimmte Statuspositionen und die Erfahrungen des Zweiten Weltkrieges und der anschließenden Vertreibungs- und Migrationsprozesse zeigen die Problematik materiellen Besitzes. Trotz der Stagnation des inneren Um- und Ausbaus des Bildungswesens (Herrlitz/Hopf/Titze 1998: 165ff.) finden sich also deutliche Veränderungen der Bildungsbeteiligung.

Eine aus heutiger Sicht vielleicht erstaunliche Dynamik erhielt die bildungspolitische Diskussion jedoch aus einer anderen Perspektive heraus: Eines der überraschendsten Ergebnisse der Studie von von Carnap und Edding waren die deutlichen regionalen Unterschiede. Es stellt und stellte sich nun die Frage, wie diese Unterschiede zu erklären sind.

„Warum sind von den 16 jährigen Saarländern 19 v.H. in Vollzeitschulen, von den 16 jährigen Schleswig-Holsteinern aber 39 v.H.? Warum erreichen im Saarland 4 v.H. einen mittleren Abschluß, in Schleswig-Holstein aber 24 v.H.? Warum machen in Rheinland-Pfalz 4 v.H. der männlichen Jugend das Abitur, im benachbarten Hessen aber 8 v.H.? Warum gelingt das Abitur in Hamburg 3,7 v.H. der Mädchen, in Berlin aber dem doppelten Anteil?" (von Carnap/Edding 1962: 15).

Mit der Betrachtung der regionalen Verteilung bestimmter sozialer Tatbestände schlossen die Autoren an eine alte soziologische Tradition an, die bis auf die Arbeiten von Emile Durkheim zur soziologischen Analyse des Selbstmordes zurückreicht.[23] Wie schon dort, so genügt auch hier die reine Feststellung, dass sich die Bildungsbeteiligung regional unterschiedlich entwickelt, nicht aus, gesucht wird nach einer soziologischen Erklärung dieses sozialen Tatbestandes. Schnell wird klar, dass der Verweis auf wie auch immer geartete erbbiologische Unterschiede, die in Deutschland eine lange und langanhaltende Tradition hatten (vgl. Oelkers 2006: 80) keine Rolle spielen kann.

„Die aus unseren Berechnungen hervorgehenden frappanten Unterschiede im relevanten Schulbesuch und in der relativen Zahl der Schulabschlüsse müssen dann ganz überwiegend aus Ursachen erklärt werden, die mit der angeborenen Begabung nichts zu tun haben. Die oben dargestellten Willensmotive einschließlich der sie bestimmenden Ideologie sind dann entscheidend. Hindernisse im Ausbau der Bildungseinrichtungen sind dann überwiegend in diesen Motiven zu suchen und nicht in der Unzulänglichkeit der angeborenen Begabung" (von Carnap/Edding 1962: 15; vgl. für eine genauere Diskussion entsprechender Überlegungen auch Rolff 1997: 25ff.).[24]

Eine ganz ähnliche Herangehensweise wie von Carnap und Edding wählte Hansgert Peisert in seiner Studie „Soziale Lage und Bildungschancen in Deutschland" (Peisert 1967; vgl. für

---

[23] In einer ebenfalls diese Tradition wiederbelebenden Studie spekuliert Hansgert Peisert (1967: 8): „Die Gründe für das Abbrechen einer Tradition sind hier allerdings ganz andere als bei der strukturbezogenen Sozialforschung. Region, Raum, räumliche Bindung und dann Blut, Boden, Rasse – das ist dank des ideologischen Kauderwelschs der Nationalsozialisten eine Gedankenkette geworden. Doch sind keineswegs alle Glieder dieser Kette notwendig verknüpft". Eine aktuelle Weiterführung findet sich in der so genannten Bildungsgeographie (vgl. beispielsweise Meusburger 1998).

[24] Unter diesen Willenskräften verstehen von Carnap und Edding (1962: 13f.) neben dem Elternwillen, „die Kinder entsprechend lange Jahre in Schulen statt in praktischer Arbeit und in Enkommenserwerb tätig werden zu lassen", ein Tatbestand, der unter dem Begriff der Bildungsaspiration gefasst werden kann, auch den Willen von Parlamenten und Regierungen, „entsprechende Schuleinrichtungen bereitzustellen". Inwieweit diese Zuschreibung auf den Elternwillen wirklich eine soziologische Erklärungsdimension ist, wird weiter unten zu diskutieren sein.

eine Einordnung auch Zapf 1991). Grundlage dieser Untersuchung waren Daten der Volkszählung 1961, die im Gegensatz zu den in den bisherigen Analysen verwendeten Schulstatistiken den Wohnort der Personen beinhaltet und damit die Problematik von Pendelprozessen zwischen Wohn- und Ausbildungsort und die dadurch entstehenden statistischen Schwierigkeiten vermeidet. Diese Studie stellt ein in vielerlei Hinsicht bedeutsames Dokument der Mühen, aber auch der Veränderungen der empirischen Sozialforschung dar. Ausgangspunkt war auch hier eine regionale Analyse der so genannten Bildungsdichte, mit der der relative Schulbesuch, also die an der schulischen Ausbildung Beteiligten in Prozent einer bestimmten Bevölkerungsgruppe (Peisert 1967: 13), erfasst wird. Mit Hilfe dieser Größe werden die sowohl national wie international frappierenden Unterschiede des Bildungsverhaltens deutlich. In der Tabelle 3.1 ist so etwa die Bildungsdichte der 14- bis 19jährigen Bevölkerung in verschiedenen Staaten wieder gegeben.

Inhaltlich wurden diese Unterschiede als ein klarer Beleg einer so genannten ‚Begabungsreserve' verstanden. Auch wenn es den ein oder anderen ‚natürlichen' Unterschied zwischen den verschiedenen Nationen geben mag, derartig krasse Differenzen der Bildungsdichte, die ja etwa in den benachbarten Niederlanden gut doppelt so hoch ist wie in der Bundesrepublik, zeigen, dass es enorme Nachhol- und Bildungsmöglichkeiten für die Staaten mit einer geringen Bildungsdichte gab.

Tabelle 3.1: *Bildungsdichte verschiedener Staaten (1956-1960)*

Staat	Bildungsdichte
Vereinigte Staaten	66,2
Island	57,9
Sowjetunion	48,6
Kanada	45,9
Norwegen	35,7
Niederlande	32,8
Schweden	32,2
Belgien	31,5
Frankreich	30,8
Irland	19,6
Dänemark	18,5
Großbritannien	17,6
Bundesrepublik	17,6
Griechenland	16,9
Jugoslawien	16,9
Spanien	13,3
Österreich	13,1
Portugal	8,8
Türkei	3,3

Quelle: Peisert (1967: 13); die jeweiligen Angaben beziehen sich auf verschiedene Erhebungsjahre zwischen 1956 und 1960

Ein ähnliches Bild zeigt sich, wenn man neben dem internationalen Vergleich die entsprechenden regionalen Unterschiede der Bildungsdichte innerhalb der Bundesrepublik betrachtet. Um hier ein möglichst differenziertes Bild zu erhalten, sollte die Analyse mindestens auf Kreisebene durchgeführt werden. Abbildung 3.1 zeigt die entsprechenden Ergebnisse: je dunkler die Darstellung, umso höher die Bildungsdichte in dem jeweiligen Kreis.

Die erste deutsche Bildungskatastrophe

Abbildung 3.1: *Bildungsdichte der Kreise 1961 (aus Peisert 1967: 33)*

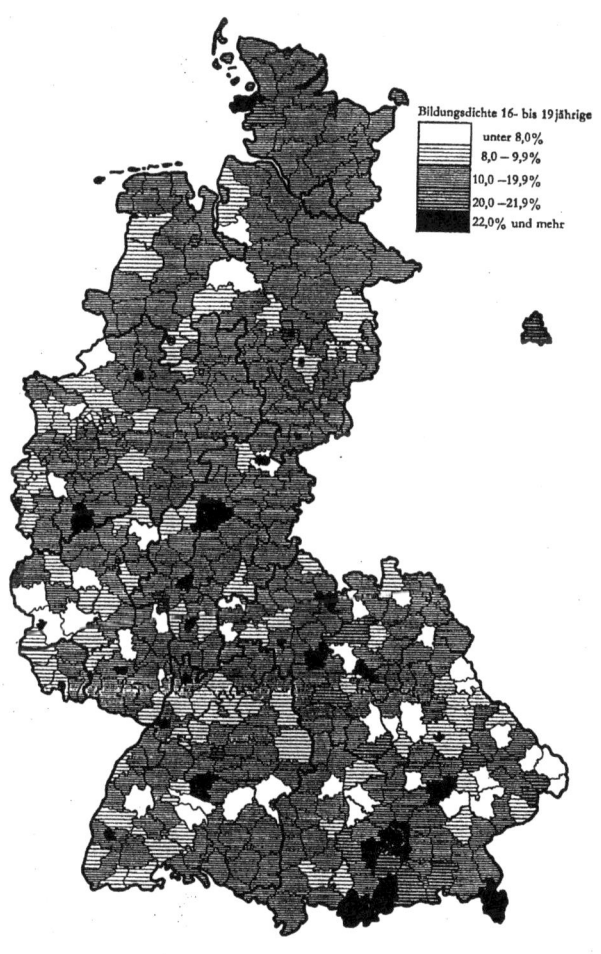

Auch bei dieser regionalen Analyse zeigen sich also deutliche Bildungsreserven, die in einer sich modernisierenden Gesellschaft wohl kaum problem- oder folgenlos brach liegen können. Neben dieser – gleich noch näher zu besprechenden – Begründung einer Beschäftigung mit Bildungsungleichheiten, finden sich in den entsprechenden Untersuchungen jedoch auch noch drei weitere wichtige Dimensionen der Bildungsungleichheit, die die weitere Diskussion zunehmend bestimmen sollten.

Hierbei sind zuerst konfessionelle Unterschiede zu nennen. „Es ist eine bekannte Tatsache, daß Katholiken in Deutschland an der weiterführenden Ausbildung und in den höheren Schichten geringer beteiligt sind, als es ihrem Bevölkerungsanteil entspricht. (...). Mit großer Wahrscheinlichkeit dürfte die Konfessionszugehörigkeit in diesem Zusammenhang jedoch nur ein Sekundärmerkmal anderer sozialer Kriterien sein, über deren Einfluß auf die Ausbildungsbeteiligung weniger Zweifel herrscht: Arbeiter, Landbewohner, Mitglieder aus kinderreichen Familien u.a." (Peisert 1967: 81; vgl. auch Erlinghagen 1965).

Ein anderes, nicht rein methodisches, sondern eher inhaltliches Problem ist die geschlechtsspezifische Bildungsbeteiligung. Hier zeigt sich, dass in allen Bereichen eine kumulative Diskriminierung stattfindet. Der Anteil von Mädchen an der 10-24-jährigen Bevölkerung beträgt zu Beginn der 1960er Jahre etwa 49 Prozent, nach dem Übergang auf eine höhere Schule beträgt ihr Anteil an den Schülern nur noch 41 Prozent, bei den Abiturienten 36 Prozent und bei den Studienanfängern 26 Prozent. Unter den Examensabsolventen finden sich schließlich nur noch 17 Prozent Frauen (vgl. Peisert 1967: 108). Selbstverständlich muss eine Interpretation sehr vorsichtig erfolgen, denn eigentlich sollte der Anteil der Hochschulabsolventinnen mit dem Anteil der Sextaner rund 15 Jahre zuvor in Relation gesetzt werden, wenn man von einer kumulativen Diskriminierung sprechen will. Trotz alledem zeigen genauere Untersuchungen, dass in allen Phasen einer Bildungskarriere Frauen eine geringe Chance aufweisen – sei es, dass die Eintrittswahrscheinlichkeiten für einen bestimmten Bildungsweg geringer sind oder sei es, dass die Abbruchsquoten größer sind oder, und das ist die wahrscheinlichste Möglichkeit, dass beide Prozesse gemeinsam wirken.

Noch drastischer als die Bildungsbenachteiligung von Frauen ist die Auswirkung hinsichtlich der sozialstrukturellen Dimension. Während rund die Hälfte der Bevölkerung der Arbeiterschicht angehört, „wird man dagegen bei den Gymnasiasten nur mit ungefähr 12% Arbeiterkindern rechnen können" (Peisert 1967: 66).[25] Hiermit ist die für die weitere Diskussion der Bildungsforschung wichtigste Dimension angesprochen: die soziale Ungleichheit der Bildungschancen.

Trotz des massiven auch öffentlichen Interesses an dieser Thematik, war die Datengrundlage in den 1960er Jahren erstaunlich schlecht. Es fällt „immer noch schwer, diesen sozialen Tatbestand mit Hilfe zuverlässiger Schätzungen darzustellen. Immer noch sind wir hier auf Schätzungen und die Ergebnisse monographischer Einzelerhebungen angewiesen, während wir uns mit einem Griff zum Statistischen Jahrbuch der Bundesrepublik beispielsweise über die Entwicklung der ‚Schnittblumenfläche für Edelnelken im Zierpflanzen-Unterglasanbau' sehr genau orientieren können" (Peisert 1967: 66). Die in dieser Studie von Peisert (1967) zu findenden Analysen sind jedoch mit entsprechender Vorsicht zu interpretieren: Meist werden so genannte Aggregatdaten analysiert, die immer den Verdacht einer ‚ecological fallacy' mit sich bringen (Robinson 1950). Nicht umsonst war es auch eine der ersten Aufgaben des Max-Planck-Instituts für Bildungsforschung für eine solidere Datengrundlage zu sorgen (vgl. Arbeitsgruppe Bildungsbericht am Max Planck-Institut für Bildungsforschung 1994).

So zeigt sich, dass in einer ganzen Reihe größerer Städte – unter anderem Berlin, Hamburg, Dortmund, Stuttgart, Bremen, Mannheim und Karlsruhe – ein sehr deutlicher Zusammenhang zwischen dem Arbeiteranteil und der Bildungsdichte bei den berücksichtigbaren statistischen Einheiten vorliegt. Die

---

25 Auch hier sind wieder methodische Fußangeln zu berücksichtigen: Wichtig sind selbstverständlich die jeweiligen Anteile von Arbeiter- beziehungsweise etwa Beamtenkindern, die eine weiterführende Schule besuchen. Schichtspezifisch unterschiedliches Fertilitätszahlen könnten zu Verzerrungen führen. Es sei jedoch gleich angemerkt, dass bei einer diesen Einwand berücksichtigenden Analyse die Diskrepanzen höchstwahrscheinlich noch größer ausfallen würden.

entsprechenden Korrelationskoeffizienten sind durchweg deutlich negativ: je höher der Arbeiteranteil in einem Stadtteil, desto geringer die jeweilige Bildungsbeteiligung.

Besonders beeindruckend sind die Bildungsunterschiede, wenn man die verschiedenen Ungleichheitsdimensionen miteinander kombiniert. So berechnet Hansgert Peisert (1967: 19) zuerst die Relation der Bildungsbeteiligung zwischen jeweils 18- und 19jährigen Jungen und Mädchen. Die Chancen einer weiterführenden Bildung für Jungen liegen etwa um 54 Prozent über den entsprechenden Zahlen für Mädchen. Wenn nun Jungen in Stadtkreisen mit Mädchen in Landkreisen verglichen werden, steigt die Relation auf 2,97. Ein Vergleich von Jungen in Stadtkreisen mit einem relativ geringen Anteil an katholischer Bevölkerung mit Mädchen in Landkreisen mit einem hohen Anteil an Katholiken ergibt ein Verhältnis der Bildungschancen von 5,8 zu 1. Wenn man schließlich noch den Faktor „Universitätsstadt oder ‚Region geringer Bildungsdichte' als Wohnort" (Peisert 1967: 20) mit hinzunimmt, wächst das Verhältnis auf 44,7 zu 1 an.

Diese sozialen Unterschiede der Bildungsbeteiligung finden sich auf allen Stufen der möglichen Bildungskarriere. Besonders gut dokumentiert ist die soziale Zusammensetzung der an Hochschulen Immatrikulierten. Nicht umsonst kann ein Vortrag von Ralf Dahrendorf über „Arbeiterkinder an deutschen Universitäten" (Dahrendorf 1965a), der auch in der „Stuttgarter Zeitung" sowie „Der Zeit" veröffentlicht wurde, als Auslöser der entsprechenden Diskussion verstanden werden.

Basis dieser kleinen Untersuchung sind die Informationen der Hochschulstatistik. Danach lebt – wie oben bereits erwähnt – zwar rund die Hälfte aller Deutschen in Arbeiterfamilien, doch „unter allen Studenten wissenschaftlicher Hochschulen sind nach wie vor kaum mehr als 5% Kinder von Vätern aus diesen Berufen. Die Hälfte der Bevölkerung liefert nicht mehr als ein Zwanzigstel der Studentenschaft" (Dahrendorf 1965a: 5), wobei zusätzlich die interne Schichtung der Arbeiterschaft zu berücksichtigen ist. Auch andere Vergleiche zeigen die extreme Schichtung. So finden sich in der Bundesrepublik Ende der 1950er Jahren etwa rund eine Million Landarbeiter und eine Million Beamte. Während sich aus diesen

Beamtenfamilien im Wintersemester 1958/59 insgesamt 52.199 Studierende rekrutierten, entstammen genau 80 Universitätsstudenten aus Landarbeiterfamilien. Generell findet sich eine – auch im internationalen Vergleich – sehr starke soziale Schichtung der Studentenschaft. Tabelle 3.2 fasst diese Ungleichheit übersichtlich zusammen (vgl. Dahrendorf 1965a: 9).

Tabelle 3.2: Soziale Schichtung der Studierendenschaft 1955/56

	Gesamtbevölkerung	Studentenschaft
Obere Mittelschicht	4,6	47,2
Untere Mittelschicht	38,6	47,4
Oberer Unterschicht	13,3	5,0
Untere Unterschicht	38,6	
nicht klassifizierbar	4,9	0,4

Quelle: Dahrendorf (1965a: 9; Anmerkung 21)

Diese starke soziale Strukturierung ist – so bemerkt Dahrendorf zu Recht – umso erstaunlicher, da das Schul- und Hochschulwesen ja öffentlich sei und es keine Hochschulgebühren gebe. Auch wenn natürlich die Datenlage der Hochschulstatistik nicht wesentlich positiver ist als gerade besprochen, so kann man doch folgern: „Es sind also relativ weniger Arbeiterkinder für den Übergang zur höheren Schule berechtigt; von den Berechtigten nehmen relativ weniger ihre Chance wahr; von den Arbeiterkindern an höheren Schulen schließen relativ weniger erfolgreich ab" (Dahrendorf 1965a: 11). Bei der Untersuchung der Frage, wie es zu diesem alle Bereich durchziehenden Missverhältnisses kommt, sieht Dahrendorf vor allem zwei Faktoren: einerseits die „Bildungsfreundlichkeit der Arbeiterfamilie" und andererseits „die Arbeiterfreundlichkeit der Bildungseinrichtungen" (Dahrendorf 1965a: 15; vgl. auch Grimm 1966) – wobei streng genommen eigentlich eher von einer fehlenden Bildungsfreundlichkeit der Arbeiterfamilie und einer fehlenden Arbeiterfreundlichkeit der Bildungseinrichtungen zu sprechen wäre. Im einzelnen versteht Dahrendorf hierunter einerseits die ökonomischen Aspekte, wobei er zwischen realen und gemeinten Kosten unterscheidet, die Bereitschaft zur langfristigen Planung und die damit einhergehende Bereitschaft, kurzfristig auf Gratifikationen zu verzichten sowie die schichtspezifische Sozialisation gegenüber Bildungseinrichtungen, die sich sowohl in einer affektiven wie einer informativen Distanz niederschlägt, die dazu beiträgt, dass Bildungsinstitutionen als ‚fremde Welt' wahrgenommen werden (Dahrendorf 1965a: 15ff.). Andererseits – also hinsichtlich der Arbeiterfreundlichkeit der Bildungsinstitutionen und der Schule – sind die Selektion der weiteren Bildungswege durch personalisierte Entscheidungssysteme (Dahrendorf 1965a: 22ff.) zu nennen, die beispielsweise bestimmte Sprachcodes positiv bewerten (vgl. zur Verankerung dieser Sprachcodes in der Sozialstruktur Bernstein 1972 und insgesamt Kapitel 4.4).

Es soll nicht weiter darüber diskutiert werden, ob all diese Erklärungsmuster wirklich soziologische Prozesse berühren, wichtiger ist es zu fragen, warum diese Ungleichgewichtigkeit der Bildungschancen überhaupt eine wichtige Rolle in der soziologischen Diskussion spielen sollte. Hierzu sollen im Folgenden drei unterschiedliche Ansatzpunkte für eine derartige Diagnose vorgestellt werden.

3.2 Warum ist die Situation eine Katastrophe? Drei Argumente aus verschiedenen Richtungen

Wenn man sich mit der ungleichen Bildungsbeteiligung oder allgemeiner mit ungleichen Bildungschancen beschäftigt, so erscheint es fast selbstverständlich, dass diese Beschäftigung eine soziologische Relevanz besitzt. Es ist jedoch eine nicht nur wissenssoziologisch relevante Frage, warum die letztlich seit längerem bekannte soziale Ungleichheit im Bildungswesen erst in den 1960er Jahren eine wissenschaftliche und auch allgemeinere Öffentlichkeit gefunden hat.[26] Im Anschluss an die

---

[26] „Es ist bemerkenswert, wie lange der Tatbestand der schichtenspezifischen Auslese bekannt und statistisch belegt ist, ohne daß daraus erziehungssoziologische oder gar schulreformerische Konsequenzen gezogen wurden. Bereits ein Bericht über eine 1921 in Preußen durchgeführte Erhebung (...) ergab, daß nur 6 bis 10% der Schüler der ‚höheren Lehr-

Darstellung von Beate Krais (1994) lassen sich drei unterschiedliche Argumentationsstränge ausmachen, die jeweils Bildung, die Ausweitung des Bildungssystems und die Rekrutierung in das Bildungswesen zum Thema haben.

Das erste Argumentationsmuster nimmt Bezug auf verschiedene, eher makrosoziologische Entwicklungsmodelle (vgl. etwa Parsons 1975; 1979). Gesellschaftliche Entwicklung ist dabei gekennzeichnet durch die allmähliche Entstehung bestimmter Institutionen und Muster. Sprache, Religion, ein spezifisches Verwandtschaftssystem, Arbeitsteilung sowie eine beginnende Technologie sind hiernach Kennzeichen für einfache Gesellschaften. Frühe Hochkulturen zeichnen sich zusätzlich durch eine ausgeprägtere soziale Schichtung sowie ausgeprägte Herrschaftsstrukturen aus. Den Übergang zu den so genannten vormodernen Hochkulturen bilden die Entstehung und Institutionalisierung der Bürokratie und des Geldes. Moderne Staaten schließlich zeichnen sich des Weiteren durch ein universales Recht, demokratische Partizipation und eben auch Bildung aus. Bildung ist dabei ein Teil des so genannten Treuhandsystems, also auch der Kultur. Dabei lässt sich Bildung – im Sinne Norbert Elias – als eine wichtige Institution im Prozess der Zivilisation begreifen:

„In dieser Argumentation werden die sozialen Subjekte als Träger des Zivilisationsprozesses genommen; eine zivile Gesellschaft erscheint möglich, wenn der Entwicklung der Institutionen der Moderne die personale Ausstattung der Individuen entspricht. Dazu gehören – in unvollständiger Aufzählung – der institutionalisierte Individualismus, die wechselseitige Anerkennung der Individuen als Personen gleichen Rechts, die Anerkennung individueller Verantwortlichkeit, Berechenbarkeit und Handelns, kognitive Rationalität und schließlich die Fähigkeit zur Empathie unter Bedingungen weit aufgefächerter sozialer Differenzierung, d.h. unter sozialen Bedingungen, die ein breites Spektrum unterschiedlicher Lebensverhältnisse implizieren. Es wird also, soll Empathie möglich sein, unumgänglich, Erfahrungen ‚aus zweiter Hand' zu beziehen, da die lebensweltlichen Differenzierungen der modernen Gesellschaft durch Erfahrungen ‚aus erster Hand' nicht mehr einholbar sind. Die moderne Literatur – Romane, Erzählungen, Essays, dokumentarische Berichte, Gedichte –, der Film, Fernsehen, Zeitungen, Museen, Kunstausstellungen, Konzerte liefern reichhaltiges Material, um unterschiedlichste soziale Situationen durchzuspielen, sich probeweise in andere Personen hineinzuversetzen,

---

anstalten' aus den ‚unteren Klassen', die sich aus ‚Unterbeamten' und Arbeitern zusammensetzen, kamen" (Rolff 1997: 15).

Gefühle auszudrücken, sich von Gefühlen forttragen zu lassen usw. – aber die Fähigkeit, dieses Material aufzuschlüsseln und zur eigenen Verwendung zu nutzen, damit die begrenzte eigene Erfahrung zu transzendieren, muß erlernt werden: nicht nur, aber ganz wesentlich in der Schule" (Krais 1994: 559).

Bildung in diesem Sinne – als Mittel für Erfahrungen aus zweiter Hand und damit als Mittel für ein offenes Weltbild – dient der gesamtgesellschaftlichen Entwicklung auf dem Wege der Modernisierung. Gerade in Anbetracht der damals jüngeren deutschen Geschichte erschien vor diesem theoretischen Hintergrund Bildung als Gegengift zur Barbarei – wobei die historischen Entwicklungen die Rolle der Bildungselite eher in einem anderen Licht erscheinen lässt als diese theoretische Position vermuten lässt.[27]

Eine zweite Argumentationslinie wurde bereits bei der Diskussion der empirischen Situation in der Bundesrepublik unter dem Stichwort Begabungsreserve mehrfach angesprochen. Bildung wurde als ein wichtiges Element im ökonomischen Prozess entdeckt und nicht unähnlich der Situation im 19. Jahrhundert (vgl. Kapitel 2) erschien es für die wirtschaftliche Entwicklung unumgänglich, diese Reserven zu nutzen und nicht brachliegen zu lassen. Unter dem Stichwort des Humankapitals (vgl. hierzu Schultz 1961; 1986; Becker 1975; Blaug 1976) wird dies in der Ökonomie diskutiert, wobei der klassische Ansatz von Kapital und Arbeit um Wissen erweitert wird und Bildung als Investition in dieses Humankapital zu verstehen ist. Gerade in modernen Produktionsprozessen ist die Bil-

---

[27] Ausgehend von der Feststellung, „wie wenig wir tatsächlich über die inhaltlichen Auswirkungen der Anhebung des formalen Bildungsniveaus wissen" (Baumert 1991: 336) untersucht Baumert in einer Studie aus dem Jahre 1991 den Zusammenhang zwischen Bildungsabschluss einerseits und kognitiven Fähigkeiten, kulturellen Gepflogenheiten, politischer Teilhabebereitschaft, universalistischer Orientierung und Wertepräferenz andererseits. Baumert selbst (1991: 347) kommt dabei zusammenfassend zu dem Ergebnis, dass die „Bildungsexpansion tatsächlich eine kognitive Mobilisierung eingeleitet" hat, die „auf individueller Ebene verbesserte Teilhabe- und Gestaltungsmöglichkeiten in vielen Bereichen des privaten und öffentlichen Lebens eröffnet und auf kollektiver Ebene ein Element langfristigen gesellschaftlichen Wandels darstellt". Insofern nimmt Bildung also wohl wirklich eine wichtige Rolle im Prozess der Modernisierung von Gesellschaften ein.

dung der Beschäftigten – zumindest in einigen Teilbereichen – eine unabdingbare Voraussetzung für den wirtschaftlichen Erfolg, wobei dieses Argument auch für ansonsten eher tayloristisch organisierte Produktionsbereiche vorgebracht wurde (Kern/Schumann 1985). Fehlende Massenbildung wird dann als Modernisierungsrückstand und Handicap betrachtet.

Auch die dritte bedeutsame Argumentationslinie wurde schon mehrfach angedeutet. Verschiedene Studien zeigten, dass der Bildung eine zentrale Stelle bei der sozialen Positionierung zukommt. So spricht Helmut Schelsky von der Schule als primärer, entscheidender und nahezu einziger Dirigierungsstelle für Rang, Stellung und Lebenschancen des einzelnen in der modernen Gesellschaft. Bis in das 19. Jahrhundert hinein war die familiale Vererbung von Berufen – in Deutschland unter anderem bedingt durch die Zünfte und die weit über ihr formales Bestehen hinausreichenden Bräuche – eine bekannte Tatsache und bei einer relativ gleich bleibenden Nachfrage nach Arbeitskräften wenig verwunderlich. Im Verlaufe der Modernisierung und den Freisetzungsprozessen im Zuge des Abbaus der ständischen Gesellschaftsordnung und der Zunahme individueller privatautonomer Rechte (vgl. hierzu noch einmal Herrlitz/Hopf/Titze 1998: 13ff.) kann man zunehmend mit einem System rechnen, „das Berechtigungen für Berufspositionen nach Maßgabe der formalen Schulleistung erteilt" (Rolff 1997: 11) – also nach einem meritokratischen Prinzip – und damit auch rasche Mobilitäts- und Wandlungsprozesse mit sich bringt. Eine Vielzahl von empirischen Studien zeigt jedoch, dass dies in der Realität nicht zu beobachten war. So stellen etwa Blau und Duncan (1967) in ihrer heute klassischen Studie über das amerikanische Beschäftigungssystem fest, dass zwar der Schulbildung durchaus eine wichtige Rolle zukommt, dass jedoch dieses Bildungsniveau nun wiederum sozial bestimmt wird. In der Abbildung 3.2 ist das Grundmodell dieser Untersuchung wiedergegeben.

Abbildung 3.2: *Grundmodell der sozialen Schichtung (nach Blau/Duncan 1967: 170).*

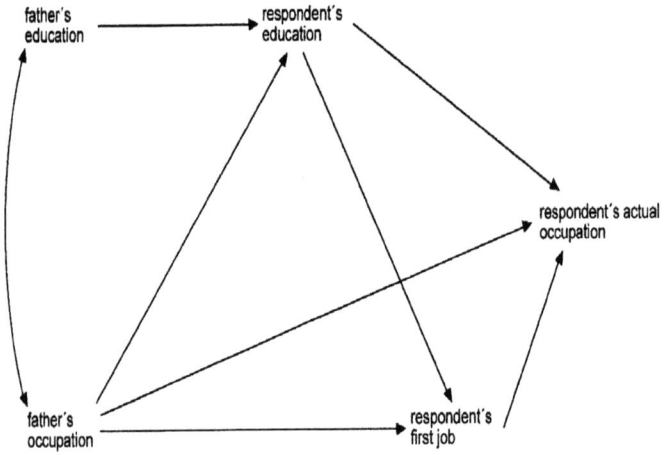

Die empirischen Ergebnisse zeigen, dass der formalen Bildung zwar der größte Einfluss sowohl auf den ersten wie auf den aktuellen beruflichen Status zukommt, dass die schulische Bildung jedoch stark durch die Bildung und die berufliche Position des Vaters determiniert wird.

Durch diese Ergebnisse wird deutlich, dass es weniger die Tatsache der sozialen Ungleichheit an sich ist, die die soziologische Diskussion angeregt hat – wie oben dargestellt wurde, ist ein gewisses Maß an sozialer Ungleichheit oder sozialer Differenzierung ja sogar in einigen theoretischen Perspektiven ein notwendiger Schritt der gesellschaftlichen Entwicklung und eine funktionale Notwendigkeit der modernen Gesellschaft (Davis/Moore 1945). Problematisch ist die soziale Ungleichheit jedoch dann, wenn entsprechende intra- und intergenerationale Mobilitätschancen fehlen, wenn Ungleichheitstrukturen dauerhaft und konstant werden. Derartige Entwicklungstendenzen gefährden auf Dauer den für den Erhalt der Gemeinschaft notwendigen Wertekonsens. Wenn gemeinsam geteilte kulturelle Ziele nicht mehr durch bestimmte institutionalisierte Mittel erreichbar werden – um die Begrifflichkeit der Mertonschen Anomietheorie zu verwenden (vgl. Merton 1968) –, dann kann die gemeinsame Grundlage der Gesellschaft in Frage gestellt werden. Wenn Schichtungs- und Ungleichheitssysteme persistent und undurchlässig werden, wenn Mobilität verringert oder unmöglich wird, dann verliert das Gesamtsystem an kultureller Legitimität und damit auch an Stabilität. Die Beschäftigung mit sozialer Ungleichheit im Bildungssystem verfolgt also durchaus eine makrostrukturelle Fragestellung und schließt damit wieder an die erste, oben vorgestellte Traditionslinie an. Bildung und die Erträge von Bildungszertifikaten spielen dann eine wichtige Rolle bei Prozessen der sozialen Schließung. Die Diskussionen über die Frage „Bildung als Bürgerrecht" (Dahrendorf 1965b) beleuchten genau diese Fragestellung.[28]

Drei unterschiedliche Forschungstraditionen und Diskussionslinien können also das Interesse an der Bildungsungleichheit und den damit verbundenen Folgen begründen. Ein gemeinsamer Ansatzpunkt aller drei Überlegungen war und ist es, dass ein Übermaß an Bildungsungleichheit wenig wünschenswert und gesellschaftlich kontraproduktiv sei. Dieser Auffassung wurde kaum widersprochen und die von allen gesellschaftlichen Gruppen geteilte oder zumindest proklamierte politische Intention war es, diese Ungleichheiten zu vermindern. In einem ersten Schritt sollten die Bildungsmöglichkeiten erweitert werden. Ein im historischen Kontext wohl einzigartiger Ausbau des Bildungssystems, mit einer enormen Erweiterung der Bildungsbeteiligung waren die Konsequenzen der Diskussionen und vor allem der jeweiligen politischen Maßnahmen.

---

[28] Eine derartige Sichtweise hat übrigens auch Konsequenzen für die Entwicklung von Forschungs- und Analysemethoden. Wenn man an der Tradierung von Statuspositionen und der Verwertung von Bildungszertifikaten im Lebenslauf interessiert ist, benötigt man Informationen über die Entwicklungen im Lebenslauf und somit Längsschnittsdaten, die einfacher auch durch Längsschnittsstudien erhoben werden. Zur Analyse derartiger Daten wurden neben Methoden der Mobilitätsanalysen vor allem Methoden zur Analyse zeitbezogener Ereignisdaten fortentwickelt.

Ein Ausbau des Bildungssystems muss nun aber nicht zwangsläufig zu einer Verringerung der sozialen Ungleichheiten führen, vielmehr sind logisch sowohl eine Verringerung wie eine Erhöhung sozialer Ungleichheiten, ebenso natürlich aber auch eine Stagnation der Verhältnisse, mit der Expansion der Bildungsbeteiligung vereinbar. Bevor im Kapitel 5 der Frage nachgegangen werden kann, wie sich die Ungleichheitsrelationen in der Bundesrepublik wirklich verändert haben, sollen zuvor noch einige wichtige theoretischen Perspektiven ein wenig genauer betrachtet werden.

4. Einige theoretische Perspektiven

Die Bildungssoziologie ist eine empirisch orientierte soziologische Teildisziplin – und dies nicht allein in der in dieser Einführung vertretenen Perspektive. Ihr Hauptaugenmerk richtet sich auf die Entwicklung des Bildungssystems – vor allem auf die Veränderung der Bildungsbeteiligung und die Entwicklung der damit verbundenen sozialen Ungleichheit. Im Gegensatz zu einigen anderen soziologischen Teilbereichen macht es in dieser Bindestrichsoziologie wenig Sinn, den Großteil gerade der neueren Arbeiten der Bildungsforschung in verschiedene theoretische Richtungen – etwa beginnend mit einer strukturfunktionalistischen Bildungssoziologie über interaktionistische Ansätze bis hin zu einer ökonomischen Bildungssoziologie – einzuordnen. Das sicherlich berechtigte öffentliche Interesse an bildungssoziologischen Studien entsteht nicht durch die raffinierte Modellierung von Bildungsentscheidungen oder die narrative Rekonstruktion von Schüler-Lehrer-Interaktionen, sondern durch die empirischen Ergebnisse einzelner Studien.

Diese These gilt auch dann, wenn man bedenkt, dass die Beschäftigung mit Bildung schon immer ein Thema auch der soziologischen Theoretiker war. Für Karl Marx war die Schule eine Fortsetzung der allgemeinen Klassenstrukturen. Emile Durkheim untersuchte beispielsweise die Rolle der Erziehung bei der Rollensozialisation von Kindern. Wenn der gesellschaftliche Zusammenhalt von einer gemeinsamen Wertebasis abhängt, so ist es unabdingbar, mit der Vermittlung dieser gemeinsamen Basis bereits im frühen Kindesalter zu beginnen und natürlich auch in der Schule fortzusetzen (vgl. Hallinan 2000b: 1ff.). Der Beitrag von Max Weber zur Bildungssoziologie erscheint hingegen eher indirekt: „Webers's work was less directly related to education. Nevertheless, his writings on organizations, bureaucracies, leadership, and status increased understanding of educational enterprise (...). His writings on status underscored the power of the dominant group and suggested how governing groups shape education and how power produces conflict across groups both inside and outside of schools" (Hallinan 2000b: 2). Im Gegensatz zu dieser Einschätzung sieht Randall Collins (1977) sogar die Grundlagen einer konflikttheoretischen Bildungsforschung in den Arbeiten Webers. Trotz dieser Traditionslinien stellt Hallinan (2000b: 2) aber fest: „Although sociology of education has benefitted from reliance on general sociological theory to develop ideas about schooling processes, this approach is limited. (...). As a result, the general theories have only weak explanatory and predictive power in the analyses of school processes".

Allerdings kann man wohl keine empirische Forschung durchführen, wenn man sich nicht an theoretischen Positionen orientiert. Eine theoriefreie Beobachtung ist ein unmögliches Unterfangen, auch wenn diese theoretischen Fundierungen nicht immer deutlich zu Tage treten und deshalb der Versuch, Theorien sozusagen aus der empirischen Praxis abzuleiten, methodologisch immer wieder propagiert wird, allerdings ohne dafür eine sinnhafte Begründung liefern zu können. Erklärungen ohne den Bezug zu einem theoretischen Argument sind schon rein logisch ebenso undenkbar.

Um nun im Weiteren die verschiedenen Untersuchungen besser einordnen und bewerten zu können, sollen in diesem Kapitel einige grundlegende theoretischen Argumentationsmuster der Bildungssoziologie kurz vorgestellt und diskutiert werden. Nur dann wird verständlich, welche theoretischen Mechanismen beispielsweise dafür verantwortlich zu machen sind, dass die oben skizzierten und immer wieder beobachtbaren sozialen Ungleichheiten entstehen und sich – wie in den folgenden Kapiteln deutlich werden wird – auch perpetuieren. Nur eine Kenntnis der verschiedenen theoretischen Mechanismen ermöglicht es zudem, die Wirksamkeit einzelner bildungspolitischer Maßnahmen einzuschätzen und eventuell evaluieren zu können. Vor allem drei theoretische Orientierungen oder Traditionen sind dabei zu nennen (vgl. für eine ähnliche Einteilung etwa Blossfeld/Shavit 1993a; 1993b; Schimpl-Neimanns 2000):

- Modernisierungstheoretische Überlegungen (Treiman 1970),
- die Humankapitaltheorie (Schultz 1961; Becker 1975) und die entsprechenden Weiterentwicklungen im Rahmen der rational-choice-Theorien (vgl. Hill 2002)

- sowie schließlich die konflikttheoretischen Ansätze (Collins 1971) und die damit verbundene Theorie der kulturellen Reproduktion (Bourdieu 1982).

Modernisierungstheoretische Ansätze stehen in der Tradition der klassisch funktionalistischen beziehungsweise strukturfunktionalistischen Argumentation der Soziologie und versuchen, Bildung und Bildungsunterschiede im Rahmen makrosoziologischer Modelle verständlich zu machen (Kapitel 4.1). Nicht nur in der allgemeinen und methodologischen Diskussion hat diese Vorgehensweise teilweise heftige Kritik hervorgerufen (vgl. zusammenfassend Bohnen 2000), auch in der Bildungsforschung wurden bereits früh entsprechende Alternativen diskutiert. In einem ersten Schritt ist es notwendig auf die Frage einzugehen, warum Bildung überhaupt angestrebt wird. Hierbei sollen vor allem die innerhalb der Ökonomie unter dem Stichwort Humankapital entwickelten Ideen kurz vorgestellt werden. Wenn man dieser Tradition folgt, so sind Bildungsunterschiede das Ergebnis differierender Investitionsstrategien aufgrund unterschiedlicher Rahmenbedingungen der jeweiligen Akteure. Dabei ist aber die Frage zu stellen, warum sich diese Investitionsstrategien systematisch zwischen den Mitgliedern verschiedener sozialer Schichten unterscheiden (Kapitel 4.2). In einer eher konfliktsoziologischen Tradition werden Bildungsunterschiede nicht als das mehr oder weniger natürliche Ergebnis von Investitionsentscheidungen betrachtet. Vielmehr dient Bildung dazu, einmal gewonnene soziale Positionen zu verteidigen (Kapitel 4.3). Wenn jedoch der Zugang zu angestrebten sozialen Positionen nur mit dem Erwerb von bestimmten Bildungszertifikaten möglich ist und der Erwerb dieser Nachweise für einzelne Klassen unterschiedlich möglich ist, dann garantiert dies die jeweilige soziale Position. Im Rahmen einer derartigen Forschungstradition führt die Bildungsexpansion dann zu einer schrittweisen Entwertung bestimmter Privilegien, die nur durch andere Zugangshürden – etwa die Betonung neuer, feiner Unterschiede und damit der Betonung so genannten kulturellen Kapitals – wieder hergestellt werden können.

Neben all diesen Überlegungen soll in diesem Kapitel abschließend auch darauf eingegangen werden, wie diese Prozesse der Transmission unterschiedlicher Bildungschancen in der schulischen Praxis von Statten gehen. Um diese Frage zu beantworten, sollen einige Überlegungen vorgestellt werden, die die Schule als Black-Box und die hier stattfindenden Prozesse genauer betrachten (Kapitel 4.4).[29]

4.1 Modernisierungstheoretische Überlegungen zur differentiellen Bildungsbeteiligung

Modernisierung ist die wechselseitig beeinflussende Strukturveränderung in nahezu allen Bereichen der Gesellschaft: Staaten- und Nationenbildung, Industrialisierung und Veränderung der Produktionsbedingungen, Urbanisierung, Mobilisierung, Rationalisierung, Säkularisierung und vieles mehr. Modernisierung führt zu einer höheren gesellschaftlichen Anpassungs- und Steuerungskapazität (vgl. Zapf 1979; 1996). Bildung gehört in diesem Zusammenhang zu den notwendigen funktionalen Requisiten einer modernen Gesellschaft und entsprechend fehlende Möglichkeiten werden als Modernisierungslücke oder -rückstand diagnostiziert (vgl. Parsons 1975 und 1979 für ein derartiges Modell gesellschaftlicher Entwicklungen). Im Rahmen dieser Überlegungen werden vor allem die Folgen von Industrialisierungsprozessen diskutiert:

„A second concomitant of industrialization is an increase in the level of education in the population (...). Not only does the shifting labor market create increased demand for trained personnel, but educational opportunities tend to be more available in more industrialized countries. Such nations tend to have more extensive educational systems, and are more likely to make education available free of charge to the student" (Treiman 1970: 216).

---

[29] Ein zu dem hier gewählten Vorgehen alternatives Verfahren wäre es, ganz allgemeine theoretische Überlegungen in den Mittelpunkt zu stellen und bildungsbezogene Fragen dann als konkrete Anwendungen zu betrachten (vgl. hierzu etwa Brüsemeister 2008). Selbst bei einer eher historisch-deskriptiven und institutionenbezogenen Vorgehensweise bilden übrigens immer erklärende Momente den Kern, denn nur so lässt sich aus der Fülle der Details das Wichtige herauslesen (vgl. dazu einleitend Kapitel 2 oder die Arbeiten von von Friedeburg 1988, Flora 1972 oder neuerdings wiederum Fend 2006a; b).

Mit der Veränderung von einer handwerklichen zu einer stärker industriellen Produktion verlieren zudem die traditionell in Familien vermittelten Kenntnisse gegenüber einer formalen Ausbildung an Bedeutung. (Formale) Qualifikationen und entsprechende Zertifikate gewinnen in modernen Gesellschaften an Wichtigkeit. All dies sollte dazu führen, dass in modernen Gesellschaften der direkte Zusammenhang zwischen Bildung und Statuserwerb verstärkt wird und damit ein meritokratisches Prinzip zur Geltung kommt. Oder in den Worten des klassischen Strukurfunktionalismus: Anstelle zugeschriebener Merkmale gewinnen immer mehr erworbene Eigenschaften an Bedeutung.

„With the increased specialization of labor which characterizes industrialization, and the concomitant increase in the proportion of professional, technical, administrative, and clerical jobs, formal education probably becomes more important as a mechanism for the learning of occupationally relevant skills, and an increasingly important resource in job competition (...). In more industrialized societies parental status should play a less important role in educational attainment than in less industrialized places. Industrialized countries are more likely to have free mass educational systems; and where education is free the opportunity to continue with schooling tends to depend mainly upon academic success at the previous level of schooling, rather than upon financial capability" (Treiman 1970: 218).

Der unterstellte direkte Zusammenhang zwischen Modernisierung und dem Abbau von Bildungsungleichheiten ist jedoch vielfach kritisiert worden, zumal für einen wirklichen Abbau der Ungleichheiten, deren historische Entstehung oben diskutiert wurde (vgl. Kapitel 2), sogar eine überproportionale Steigerung der „Bildungsbeteiligung der unteren Klassen im Vergleich zur oberen Klasse" (Schimpl-Neimanns 2000: 639) notwendig wäre, weil sich ansonsten nur parallele Verschiebungen bei gleich bleibenden Ungleichheitsstrukturen beobachten ließen.[30] Rein modernisierungstheoretische Überlegungen stehen

---

[30] Wie weiter unten zu sehen sein wird (vgl. Kapitel 5), ist es eine nicht einfach zu beantwortende Frage, wie Ungleichheitsstrukturen eigentlich erfasst und miteinander verglichen werden. So ist es beispielsweise möglich, die Differenz der Bildungsbeteiligungsquoten oder ihre Relation zu bilden. Wenn zwei Klassen etwa zum Zeitpunkt t_1 eine Bildungsbeteiligung von 50 beziehungsweise 5 Prozent aufweisen und zum Zeitpunkt t_2 von 75 beziehungsweise 25 Prozent, so hat sich die Differenz der Quo-

der Frage, wie sich soziale Ungleichheiten der Bildungsbeteiligung ergeben haben und warum sich in modernen Gesellschaften diese Ungleichheiten verringern sollten, relativ hilflos gegenüber. Im Zuge der Modernisierung erhöht sich der Bedarf nach gut ausgebildeten Personen und soziale Diskriminierung erscheint keine wirtschaftlich effektive Strategie zu sein (vgl. aber Becker 1971). Wie jedoch die Positionen besetzt werden und welche Regeln bei dieser Besetzung zum Einsatz kommen, ist eine mehr oder weniger unbeantwortete Frage. Nur unter der spezifischen Konstellation, dass aus den oberen sozialen Schichten nahezu alle so genannten Bildungsreserven ausgeschöpft sind, wäre in dieser Perspektive auch ein Effekt auf die Ungleichheit zu erwarten (ceiling-Effekt).

Wie so häufig bei rein makrosoziologischen Zusammenhängen bleibt es also auch hier offen, wie genau die mikrosoziologischen, erklärenden Mechanismen gestaltet sein solltem, der die – häufig ja nur vermeintlich – beobachteten Zusammenhänge verursacht haben könnte.[31] Genau dieser Mechanismus, die Frage, wer wie viel Zeit in Bildung und Ausbildung investiert und warum es eventuell zu typischen Unterschieden zwischen einzelnen sozialen Klassen kommen kann, steht im Mittelpunkt einer zuerst innerhalb der Ökonomie geführten Diskussion, die sich mit dem Stichwort Humankapital umschreiben lässt.

4.2 Humankapitaltheorie oder die Entscheidung zur Bildung

Die Humankapitaltheorie ist ein wichtiger Bestandteil der so genannten Bildungsökonomie (vgl. Timmermann 2002) und

---

ten von 45 auf 50 Punkte erhöht, die Relation ist jedoch von 10:1 auf 3:1 gefallen (vgl. insgesamt Handl 1985).

[31] Nicht grundlos findet sich in den entsprechenden Arbeiten, soweit sie empirisch orientiert sind, häufig nur eine Analyse von Makrodaten (vgl. etwa Meyer/Ramirez/Soysal 1992; eine Ausnahme bildet die Studie von Treiman/Yip 1989). Für eine kritische Auseinandersetzung mit modernisierungstheoretischen Argumenten im Bildungsbereich vgl. auch Schriewer (1984).

Einige theoretische Perspektiven 65

hat in ihrer nicht unumstrittenen Geschichte (Blaug 1976) zu einer Reihe von Diskussionen, aber auch Fortführungen im Sinne einer allgemeineren rational-choice-Theorie geführt (vgl. einleitend Hill 2002). Hier soll diese Geschichte nur in sehr groben Zügen vorgestellt und diskutiert werden.

Ausgangspunkt dieser Überlegungen ist letztlich die Frage, warum jemand überhaupt seine Zeit und zumeist auch einen nicht unbeträchtlichen Geldbetrag – sei es direkt oder indirekt durch die entstehenden Opportunitätskosten – damit verbringt, Bildung zu erwerben.

„Some activities primarily affect future well-being; the main impact of others is in the present. Some affect money income and others psychic income, that is, consumption. Sailing primarily affects consumption, on-the-job training primarily affects money income, and a college education could affect both. These effects may operate either through physical resources or through human resources. This study is concerned with activities that influence future monetary and psychic income by increasing the resources in people. These activities are called investment in human capital. The many forms of such investment include schooling, on-the-job training, medical care, migration, and searching for information about prices and incomes" (Becker 1975: 9).

Entsprechend dem nun fast schon klassischen ökonomischen Erklärungsmodell menschlichen Verhaltens (Becker 1976)[32] wird auch im Rahmen der Humankapitaltheorie davon ausgegangen, dass individuelle Akteure weniger reine Konsumenten sind, deren Nutzenniveau – also der Grad des erreichten Nutzens und somit der Zufriedenheit – von Marktgütern abhängt, sondern eher als Produzenten einfacher und grundlegender, von allen Personen gleichermaßen angestrebter commodities, die dann in die Nutzenfunktion eingehen, anzusehen sind.

Die eigentliche Stärke der herkömmlichen Lehrbuchökonomie liegt nun darin, die Effekte von Einkommens- und Preisveränderungen auf die Marktgleichgewichte vorherzusagen. Allerdings bleibt dabei immer eine gewisse Unsicherheit: Die Nachfrage nach einzelnen Gütern ist eben auch von den

---

[32] Die grundlegende Idee wurde von Lancaster (1966) entwickelt. Michael und Becker (1973) bauten diese Überlegungen weiter aus. Stigler und Becker (1977) zeigen die vielfältigen Anwendungen auf und betonen nochmals die Stabilität der primären Präferenzen.

Präferenzen der Konsumenten abhängig. Änderungen und Unterschiede der ausgeführten Handlungen können so immer auf veränderte oder unterschiedliche Präferenzstrukturen zurückgeführt werden. „For economists to rest a large part of their theory of choice on differences in tastes is disturbing since they admittedly have no useful theory of the formation of tastes, nor can they rely on a well-developed theory of tastes from any other discipline in the social sciences, since none exists" (Michael/Becker 1973: 380).[33]

Im Rahmen dieser Überlegungen werden commodities, grundlegende, direkt nutzenstiftende Güter, unter dem Einsatz von Marktgütern, Zeit und Produktionsbedingungen, wie etwa Umweltbedingungen und biologischen Variationen, vor allem aber dem vorhandenen Humankapital, produziert. Während das herkömmliche neoklassische Vorgehen bei gleichen Ressourcen, äquivalenten Marktbedingungen und trotz allem unterschiedlichen Konsumptionsentscheidungen zur These veränderter Präferenzen greifen muss, erlaubt es die skizzierte Argumentation, modellimmanent unterschiedliche Produktionsfunktionen zu unterstellen, die beispielsweise differierende Nachfrage nach Marktgütern mit der Unterschiedlichkeit der Ausstattung mit Humankapital erklären. Vor diesem Hintergrund wurde unter anderem auch eine internationale Bildungsoffensive befördert, um wirtschaftliche Entwicklungsprozesse in Gang zu setzen – man muss hierzu ‚in Menschen investieren' (Schultz 1986).[34]

Wenn nun also Humankapital eine wichtige Rolle bei der Befriedigung menschlicher Bedürfnisse spielt, stellt sich die Frage, wie es zu Unterschieden in diesem Produktionsfaktor kommt. Die Antwort zielt dabei auf unterschiedliche Anreize

---

[33] Eine Erklärung der Entstehung unterschiedlicher Geschmacksorientierungen liefert in der Zwischenzeit beispielsweise Harris (1988).

[34] Eine theoretische Alternative zu dieser Produktivitätsthese stellt die so genannte filter- oder screening-These dar; diese These „bestreitet die Produktivitätsthese der Humankapitaltheorie und setzt an die Stelle des Produktivitätseffektes von Bildung den Erwerb eines Diploms bzw. eines Zertifikates als Signal für die Leistungsfähigkeit des Zertifikatsinhabers" (Timmermann 2002: 88).

der Investition in Humankapital ab.³⁵ Bildung ist also nach dieser Vorstellung eine Investition, die einfach nicht in gleichem Maße für alle Sinn macht. Die Frage, die sich nun aber anschließt, ist, wie man diesen Entscheidungsprozess genauer abbildet.

Hierzu existieren eine Fülle von Modellen, die sich allerdings alle als Modelle rationaler Wahl, so genannte rational-choice-Modelle, verstehen lassen (vgl. als Überblick Kristen 1999). Eine der ersten Ideen in diesem Zusammenhang stammt von Raymond Boudon (1974):

„Zentraler Bestandteil des Ansatzes ist die Unterscheidung zwischen primären und sekundären Effekten der Schichtzugehörigkeit (...). Primäre Effekte beziehen sich auf schichtspezifische Unterschiede im kulturellen Hintergrund und deren Auswirkungen auf schulische Leistungen. Je niedriger der Sozialstatus der Familie, desto ärmer ist die kulturelle Ausstattung der Kinder und desto begrenzter ist deren Schulerfolg. Dies bedeutet, daß sich verschiedene Schichten von Beginn ihrer Bildungslaufbahn an in den schulischen Erfolgswahrscheinlichkeiten systematisch unterscheiden. Die sekundären Effekte ergeben sich aus der Stellung innerhalb des Schichtungssystems. Es geht um den Einfluß der sozialen Herkunft im Entscheidungsprozeß an den einzelnen Bildungsübergängen" (Kristen 1999: 22).

Primäre Effekte beziehen sich also auf die unterschiedliche Ausstattung mit so genanntem kulturellen Kapital, das Einfluss auf den Schulerfolg hat (vgl. dazu Kapitel 4.3 und 4.4), während sich die sekundären Effekte auf die mit einem erfolgreichen Bildungsabschluss verknüpften Nutzen- und Kostenkomponenten beziehen. Die verschiedenen Klassen an sich haben eine unterschiedliche Distanz zu den einzelnen Bildungsabschlüssen, wobei dies unter anderem darin begründet ist, dass selbst identische Kosten bei einer unterschiedlichen ökonomischen Ausstattung verschieden schwer wiegen. Als weiteres Argument wird die Gefahr eines intergenerationalen Statusverlustes angesprochen, der nur für die höheren sozialen Schichten eine bedeutende Rolle spielen kann. Boudon erklärt

---

35 Bei Becker (1981: 9ff.) findet sich eine Ableitung des Handlungskalküles, das das Lebensalter, die Abhängigkeit der commodities-Produktion von dem Humankapital und damit also von unterschiedlichen Technologien, die Arbeitszeit, die Abschreibungsraten der Investitionen sowie die Reagibilität des Humankapital auf weitere Investitionen als wichtige Bestimmungsgrößen ausmacht.

also die „Ungleichheiten in der Bildungsbeteiligung über Unterschiede in den antizipierten Kosten und dem Nutzen der Bildung, die in Abhängigkeit von der Position im Statussystem variieren" (Kristen 1999: 23). Innerhalb dieser und ähnlicher Modelle findet sich eine genauere Modellierung dessen, was Dahrendorf (1965a: 15) als „Bildungsfreundlichkeit der Arbeiterfamilien" bezeichnet hat.

Insgesamt lassen sich drei unterschiedliche Aspekte bei der Erklärung individueller Bildungsentscheidungen unterscheiden (vgl. Gambetta 1987 sowie die Darstellung bei Kristen 1999: 25ff.). Dies sind erstens die so genannten Push-Faktoren, die die individuellen Entscheidungen in eine bestimmte Richtung lenken, zweitens die auf die unterschiedliche Bewertung von Handlungsalternativen zurückgehenden divergierenden Motive, die so genannten Pull-Faktoren, und schließlich drittens unterschiedliche individuelle Präferenzen. Bedeutsam sind diese Überlegungen, da hier eine alte soziologische Idee konkret modelliert wird: die Vorstellung, dass strukturelle Effekte eine bedeutsame Rolle spielen (Dreeben 2000). So ist es etwa der Ausgangspunkt der unten zu besprechenden Studie von James Coleman über „Equality of Educational Opportunity" (Coleman et al. 1966; vgl. Kapitel 6.1), dass die divergierenden Bildungsergebnisse zwischen den einzelnen ethnischen Gruppen vor allem auf die unterschiedliche Ausstattung der einzelnen Schulen zurückzuführen sind (vgl. als kurze Darstellung Hunt 1991).

Diese Position lässt sich als eine Spielart strukturalistischer Argumentation verstehen und als ‚pushed-from-behind view' (Gambetta 1987: 11) bezeichnen. Kritisch ist jedoch anzumerken, dass diese Argumentation letztlich den Akteuren den Status von Marionetten zuspricht, die über keine eigenen Handlungsmotive verfügen.

Auch das Modell von Richard Breen und John H. Goldthorpe (1997) schließt an die Überlegungen von Boudon (1974) an. Sie entwickeln ein sequentielles Modell und „unterscheiden dabei zwischen den Optionen Verbleib im Bildungssystem versus Verlassen des Bildungssystems an den jeweiligen Übergängen. Am ersten Verzweigungspunkt ergeben sich drei mögliche Handlungsresultate:

Einige theoretische Perspektiven 69

- Verlassen des Bildungssystems und Eintritt in den Arbeitsmarkt,
- Verbleib im Bildungssystem und entsprechender Schulerfolg und
- Verbleib im Bildungssystem und Versagen.

In der Entscheidungssituation sind drei Faktoren ausschlaggebend: die Kosten des Verbleibs im Bildungssystem, die subjektive Wahrscheinlichkeit für schulischen Erfolg und der Wert bzw. Nutzen, den die Familien den jeweiligen Handlungsfolgen Verlassen, Erfolg und Mißerfolg zuschreiben" (Kristen 1999: 32). Die Autoren gehen von einem einfachen Schichtungssystem aus, wobei der Schulerfolg die Schichtpositionierung beeinflusst, aber nicht festlegt. Hierbei werden folgende Annahmen getroffen:

„Der Verbleib im Bildungssystem, verknüpft mit dem entsprechenden Schulerfolg, erhöht die Wahrscheinlichkeit des Zugangs zur Oberschicht im Vergleich zu Mißerfolg bzw. Verlassen des Schulsystems. Schulisches Versagen nach einer Entscheidung für den Verbleib im Bildungssystem führt mit größerer Wahrscheinlichkeit zu einem Eintritt in die Unterschicht als das Verlassen des Bildungssystems. (...). Wer das Bildungssystem schon früh verläßt, hat eine geringere Chance, in die Oberschicht zu gelangen und wird dementsprechend eher in die Mittelschicht eintreten. Wer erfolgreich im Schulsystem besteht, wird eher in die Oberschicht eintreten als in die Mittelschicht" (Kristen 1999: 32f.).

Die schichtspezifisch unterschiedliche Bildungsbeteiligung wird wiederum in Bezug auf die Ideen Boudons mit den durchschnittlich besseren schulischen Leistungen aufgrund entsprechenden kulturellen Kapitals und besserer finanzieller Ressourcen der höheren Schichten, aber auch durch verschiedene Neigungen der Risikoaversion aufgrund des Motivs der Statuserhaltung erklärt. Eltern wollen für ihre Kinder Positionen vermeiden, die einen sozialen Abstieg – eine Platzierung unterhalb der eigenen Statusposition – bedeuten oder zumindest das Risiko dafür erhöhen. Dabei ist die Neigung zur Risikoaversion in allen Klassen gleich, die jeweiligen Positionen und damit die potentiellen Verluste sind jedoch sehr unterschiedlich. Identische Bildungsentscheidungen sind für bestimmte Gruppen statuserhaltend, für andere jedoch ein sozialer Abstieg.

Einen selten diskutierten blinden Fleck dieser Diskussion stellt die Frage dar, warum sich Eltern letztlich überhaupt um den Bildungserfolg ihrer Kinder kümmern – was sie ja empirisch unzweifelhaft tun. Der direkte Einfluss auf das eigene Wohlfahrtsniveau, beispielsweise durch direkte finanzielle Unterstützung etwa im Alter, erscheint kaum eine Rolle zu spielen, vielmehr sind – so lässt sich vermuten – tiefe affektive Bindungen ein nicht zu überschätzender Faktor. Entsprechende Modellierungen sind jedoch in der Literatur nicht vorhanden.

4.3 Bildungsprozesse als Ergebnis sozialer Konflikte und Schließungstendenzen

Während Bildungsungleichheiten in der Modernisierungstheorie mehr oder weniger naturgegebene Phänomene sind und nichts weiter als die konkrete Realisierung bestimmter funktionaler Erfordernisse (Davis/Moore 1945) und deren Tradierung über die Generationen hinweg – wenn sie nicht auf wie auch immer weitergegebenen realen Produktivitätsunterschieden beruhen – als vorübergehende Störung angesehen wurde, die bald von der überlegenen Logik der Meritokratie beseitigt wird, beruhen sie innerhalb der Bildungsökonomie und deren Fortentwicklungen auf unterschiedlichen Randbedingungen in Entscheidungssituationen. Im Folgenden soll kurz eine dritte, konflikttheoretische Erklärungsskizze dieser sozialen Unterschiede der Bildungsbeteiligung vorgestellt werden.

Die wichtigsten Argumente finden sich schon in einer Arbeit von Randall Collins aus dem Jahre 1971. Ausgangspunkt dieser Überlegungen ist die Annahme, dass sich Gesellschaften aus assoziierten Gruppen zusammensetzen, die jeweils eine gemeinsame Kultur oder Subkultur teilen:

„The core of such groups is families and friends, but they may be extended to religious, educational, or ethnic communities. (…). Participation in such cultural groups gives individuals their fundamental sense of identity, especially in contrast with members of other associational groups in whose everyday culture they cannot participate comfortably" (Collins 1971: 1009).

Gesellschaften sind nun legitimierte Organisationsformen, knappe Güter zu verteilen – hierunter fallen neben prinzipiell gleichverteilbaren Gütern wie Wohlstand und Einkommen auch prinzipiell nicht gleichverteilbare Güter wie Macht oder Prestige. Derartige Positionsgüter sorgen per Definition für Ungleichheiten (Hirsch 1980). „Individuals may struggle with each other, but since individual identity is derived primarily from membership in a status group, and because the cohesion of status groups is a key resource in the struggle against others, the primary focus of struggle is between status groups rather than within them" (Collins 1971: 1009). Schulen dienen – so die hier vertretene Auffassung – nahezu ausschließlich dazu, bestimmte kulturelle Standards zu vermitteln, die als Schlüssel für bestimmte Gruppen zu höheren Positionen gelten.

„In this light, any failure of schools to impart technical knowledge (although it may also be successful in this) is not important; schools primarily teach vocabulary and inflection, styles of dress, aesthetic tastes, values and manners" (Collins 1971: 1010).

In Bildungsinstitutionen werden sicherlich auch fachliche Qualifikationen vermittelt, die dann zur Behauptung bestimmter klassen-, schicht- oder allgemeiner gruppenspezifischer Positionen eingesetzt werden. Diese fachlichen Qualifikationen können jedoch in den Hintergrund treten – wichtiger ist die Vermittlung von Destinktionsmechanismen.

Bei diesen Überlegungen ist der Anschluss an die so genannte Theorie der kulturellen Reproduktion (vgl. Bourdieu/Passeron 1971; Bourdieu 1982) problemlos möglich. Um das Argument kurz zusammen zu fassen:

„Da sich die für den Schulerfolg relevanten Kriterien an der Elitekultur orientieren und Kinder der unteren Klassen nicht über entsprechende kulturelle Ressourcen (‚kulturelles Kapital') verfügen, schneiden sie in der schulischen Selektion schlechter ab als die oberen Klassen. Darüber hinaus besitzen die unteren Klassen kein ausreichendes eigenes Wissen über die Bedeutung der verschiedenen Bildungsgänge und lassen sich deshalb bei der Bewertung der Bildungsziele stärker als die oberen Klassen von schulischen Leistungskriterien leiten. Die herkunftsspezifisch ausgeprägten Einstellungen und Erwartungshaltungen gegenüber der Bildung bestimmen auch die Wahl von Bildungsgängen und führen letztlich zur ‚Selbsteliminierung' der unteren Klassen" (Schimpl-Neimanns 2000: 639).

Diese Entwicklung wird noch durch eine weitere, gerade angerissene Überlegung verstärkt: Gut angesehene soziale Stellungen sind so genannte Positionsgüter. Sie sind nicht beliebig vermehrbar, sondern eben nur in einem gewissen Ausmaß vorhanden. Nicht jeder kann zur Elite gehören, wenn man diesen Begriff nicht vollkommen sinnentleeren will. Wenn es nun zu einer Bildungsexpansion kommt, werden damit automatisch die bislang bestimmte Positionen einnehmenden und kontrollierenden Schichten mit einer sozialen Degradierung bedroht. „Als Folge der Bildungsexpansion entsteht ein Verdrängungswettbewerb" (Schimpl-Neimanns 2000: 639), der zu einer verstärkten Investition der oberen Klasse in Bildung und zur Betonung weiterer, so genannter ‚feiner Unterschiede' (Bourdieu 1982) und der Wichtigkeit, über einen bestimmten Habitus zu verfügen, führt. „Wenn dies zutrifft und die oberen Klassen ihre Kinder häufiger als zuvor und im Vergleich zu den unteren Klassen auf höhere Schulen schicken können, wäre ein Rückgang der Ungleichheiten im unteren Bereich der Haupt- und Realschule, beim Gymnasialbesuch hingegen eine Konstanz oder sogar eine Zunahme der Ungleichheit zu erwarten" (Schimpl-Neimanns 2000: 639). Aus der Sicht dieser Überlegungen gilt ein meritokratisches Prinzip nur so lange, wie damit einmal existierende Ungleichheitsstrukturen reproduziert werden. Um aber die eigenen Klassen-, Schicht- oder einfacher Gruppeninteressen auf jeden Fall abzusichern, werden ‚feine Unterschiede' betont und als Selektionskriterium eingesetzt (vgl. auch Collins 1979; Bowles/Gintes 1976; 2000). Letztlich wird das Korrespondenzprinzip zwischen Bildung und Erwerbsarbeit in Frage gestellt. Im Mittelpunkt stehen vielmehr die Reproduktion der Ungleichheitsstrukturen und die Frage, wie dies durch Eliten bewerkstelligt wird. Hierbei kann es dann durchaus Sinn machen, auf askriptive Merkmale zurückzugreifen. Wichtig ist es, einen Weg zu finden, diese Kriterien in die Schule zu integrieren: „Aus der Sicht der Konflikttheorie lässt sich die Schule von Eliten vereinnahmen, schafft gesellschaftliche Ungleichheit und legitimiert diese unter Vorgabe einer Chancengleichheit für alle" (Allmendinger/Dietrich 2004: 202). Wie dies konkret geschieht, soll im nächsten Abschnitt diskutiert werden.

4.4 Interne Mechanismen: Ein erster Blick in eine Black-Box

So interessant und wichtig die bislang vorgestellten Überlegungen auch sind, so bleibt doch die Frage offen, durch welche Prozesse die Perpetuierung sozialer Ungleichheiten konkret in der – eben meist – schulischen Praxis geschieht? Wo und auf welchem Wege finden schicht- oder klassenspezifische Selektionen statt? Oder – wie in einem neueren Überblicksartikel formuliert: „Worüber wir allerdings bis heute nur wenig wissen, das ist die Frage, wie sich diese Bildungsungleichheiten in der Schule – und vermittelt über das, was in der Schule geschieht – immer wieder herstellen" (Krais 2003: 85). Genau mit dieser Frage hat sich schon früh die Arbeit von Hans-Günter Rolff auseinandergesetzt, die zuerst 1967 erschienen ist und eine beeindruckende Wirkungsgeschichte aufweisen kann.

Aus heutiger Sicht mag die erstaunliche Resonanz dieser Studie überraschend sein, da keine eigenen empirischen Erhebungen vorgestellt und diskutiert werden, sondern vielmehr nur eine – allerdings inhaltlich stark systematisierte – Darstellung von zum Teil deutlich älteren internationalen Studien erfolgte. Aus diesem Grunde kann hier auch auf die genauere Diskussion dieser empirischen Ergebnisse verzichtet werden. Wichtiger ist die Einbindung dieser Studien in einen Argumentationszusammenhang, der im Folgenden zu skizzieren ist.

Ausgangspunkt der Untersuchung sind allgemein soziologische Betrachtungen zur Funktion der Schule. Dabei werden ganz in funktionalistischem Jargon Qualifikation, Allokation und Selektion genannt und die Bedeutung der Bildung und damit auch des Schulwesens für die gesellschaftliche und vor allem wirtschaftliche Fortentwicklung einer modernen industriellen Gesellschaft betont (vgl. hierzu schon die im Kapitel 2 skizzierten Arbeiten). Dabei wurde noch in der funktionalistischen Schichtungstheorie (Davis/Moore 1945) davon ausgegangen, dass durch die Selektionsaufgabe der notwendige Anreiz geboten wird, die individuellen Anstrengungen hervor zu rufen. Gleichzeitig sollte dadurch aber auch gesichert sein, dass die Aufgaben optimal verteilt und somit der größtmögliche Nutzen für alle entsteht. Genau daran setzt aber die schon geschilderte Kritik (Kapitel 3) an: Ganz offensichtlich bleiben große Bildungsreserven ungenutzt – es findet eine schichten- oder je nach theoretischer Ausrichtung klassenspezifische Auslese statt.[36] Die im Folgenden näher zu betrachtende Frage lautet nun, wie diese Selektion von Statten geht.

Gerade heute findet sich wieder gehäuft ein Muster an Antworten auf diese Frage, die schon Rolff (1997: 25) als genetisch-biologisch orientierte Theorien bezeichnete. So interessant und aussagekräftig diese Überlegungen in vielen Bereichen auch sein mögen (vgl. als Überblick Voland 2007), eine rein biologisch argumentierende Erklärung erscheint im Bereich der Bildung wenig tragfähig und könnte beispielsweise den ja beobachtbaren größeren Erfolg von Arbeiterkindern in spezifischen Bildungseinrichtungen wie etwa der Gesamtschule auch nicht erklären. Andere Mechanismen müssen hier – zumindest zusätzlich – wirken. Die im Folgenden zu entwickelnde Position lautet nun, dass im Zuge vielfältiger Sozialisationsprozesse Kindern aus Unterschichten einerseits und aus mittel- beziehungsweise Oberschichtsfamilien andererseits sehr verschiedene Charakteristika vermittelt werden, die in den vorhandenen Bildungsinstitutionen eben sehr unterschiedlich erfolgreich sind.

„Schichtzugehörigkeit bedeutet jedoch nicht nur eine bestimmte finanzielle Situation. Mit ihr sind spezifische Einstellungen, Erwartungen, Zielvorstellungen, Denk- und Verhaltensweisen verbunden, die zur Erklärung der schichtenspezifischen Auslese in der Schule herangezogen werden müssen" (Rolff 1997: 31).

Dabei muss sofort der Vorstellung widersprochen werden, hiermit würde – ganz im Sinne eines ‚blame the victim' – den Eltern oder den Kindern aus der Arbeiterschicht eine gewisse Bildungsunwilligkeit unterstellt. Die Bedeutung der Bildung war und ist allseits gegenwärtig und wird auch so wahrge-

---

[36] Bei der Klassenlage handelt es sich aus heutiger Sicht sicherlich um die interessanteste Dimension der sozialen Selektivität, die Peisert und Dahrendorf plastisch als Benachteiligung des ‚katholischen Arbeitermädchens vom Lande' umrissen hatten. Trotz aller Unterschiedlichkeit sind heute eher Jungen die Verlierer im Bildungssystem (vgl. Diefenbach/Klein 2002) und die Unterschiede zwischen den Regionen und damit den Konfessionen sind deutlich geringer und vor allem gut erklärbar geworden.

nommen. Was Dahrendorf (vgl. Kapitel 3) noch als fehlende Bildungsfreundlichkeit der Arbeiterschicht tituliert hat, wird hier genauer untersucht. „Eine realistische oder materialistische soziologische Analyse muß untersuchen, durch welche objektiven gesellschaftlichen Strukturen und Prozesse diese Bewußtseinsinhalte bedingt sind" (Rolff 1997: 33). Da diese Bewusstseinsinhalte letztlich aber nur durch Sozialisationsprozesse vermittelt werden können, gilt es diese Prozesse und ihre Schichtabhängigkeit genauer zu betrachten.

Dabei ist zu sehen, dass sich der so genannte Sozialcharakter von Kindern aus der Mittelschicht deutlich von dem Sozialcharakter von Arbeiterkindern unterscheidet, wobei unter Sozialcharakter das Ergebnis eines Sozialisationsprozesses verstanden wird. Der Sozialcharakter ist damit eine „generalisierte Kategorie (…), die empirisch aufgefundene regelmäßige Verhaltensweisen und Einstellungen bestimmter Gruppen vereinheitlichend zusammenfaßt" (Rolff 1997: 43). Ursache davon seien – so die Argumentation – unterschiedliche Erziehungspraktiken. So werde in den Mittelschichten mehr Wert auf ein argumentatives Räsonnement, auf die Vermittlung von Empathie, Selbständigkeit, Verinnerlichung und Selbstkontrolle und den Einsatz von Belohnungen in symbolischer Form etwa durch Lob und Anerkennung gelegt (Rolff 1997: 81f.). Ganz generell lasse sich auch eine erhöhte Erziehung zum Leistungsstreben, zur Selbstkontrolle, eine problemorientierte Kommunikation und eine Förderung der Neugier beobachten. Zudem werden in diesen Familien ein größeres Selbstvertrauen und ein selbstverständlicherer Umgang mit Institutionen gelehrt.

Diese bereits früh vermittelten Eigenschaften, der Sozialcharakter, erweisen sich dann innerhalb der Schule als erfolgreich. Besonders wichtig dabei sei ein ‚deferred gratification pattern' – also die Bereitschaft, für spätere Belohnungen aktuell Verzicht zu üben. Zu dieser Eigenschaft kommt die Überzeugung hinzu, mit eigenem Engagement auch wirklich Erfolg haben zu können. In der psychologischen Forschung wird dies als Konzept der self-efficiency bezeichnet.

Ergänzt werden diese Mechanismen der sozialen Selektion durch differierende Modi des Sprachgebrauchs (vgl. im Folgenden Rolff 1997: 111). Klassische Bezugsgrößen sind dabei die Arbeiten von Basil Bernstein (1959; 1972) zum schichtspezifischen Sprachgebrauch. Bernstein (1959: 311ff.) selbst charakterisiert die beiden Sprachstile, die man als restringierten Code beziehungsweise als ‚public language' oder als elaborierten Code beziehungsweise als ‚formal language' (Bernstein 1959: 311f.) bezeichnen kann, wie folgt:

Tabelle 4.1: *Charakteristika restringierter und elaborierter Sprachcodes*

Public Language	Formal Language
short, grammatically simple, often unfinished sentences	accurate grammatical order and syntax
Simple and repetitive use of conjunctions	frequent use of prepositions which indicate logical relationships as well as prepositions which indicate temporal and spatial contiguity
frequent use of short commands and questions	logical modifications and stress are mediated through a grammatically complex sentence constructions
rigid and limited use of adjectives and adverbs	a discriminative selection from a range of adjectives and adverbs
infrequent use of impersonal pronouns and adverbs	frequent use of impersonal pronouns
symbolism is of a low order of generality	expressive symbolism conditioned by the linguistic form distributes affectual support rather than logical meaning to what is said
the individual qualification is implicit in the sentence structure, therefore it is a language of implicit meaning; it is believed that the fact determines the form of the language	a language use which points to the possibilities inherent in a complex conceptual hierarchy for organizing of experience

Quelle: eigene Darstellung auf Grundlage von Bernstein (1959: 311ff.)

Für die folgende Analyse ist es unwichtig, ob mit einem restringierten Code wirklich weniger oder andere Sprachinhalte vermittelbar sind als mit einem elaborierten Sprachduktus, wichtiger ist vielmehr, dass die verschiedenen Sprachstile für eine erfolgreiche schulische Laufbahn unterschiedlich nützlich sind – und sei es allein deshalb, weil auch die Lehrer und Lehrerinnen diesen Code verwenden und als ein Zeichen für Befähigung ansehen. Nicht nur in dieser Hinsicht erscheint die theoretische Differenzierung zwischen dem oben diskutierten Konzept des Habitus und der Verwendung unterschiedlicher Sprachstile vernachlässigbar: vielmehr gehört eine gewisse Ausdrucksweise eben zu einem spezifischen Habitus. Vielfältige Studien zeigen, dass Schulbewertungen eben nicht allein nach neutralen Leistungsstandards erfolgen (Rolff 1997: 141ff.). Häufig berücksichtigen Lehrer bei ihrer Beurteilung auch Faktoren der Arbeitshaltung wie Fleiß, Ausdauer, Konzentration oder Gewissenhaftigkeit und Ordnung. Selbst begabte Kinder aus Arbeiterfamilien werden dann nicht gefördert, weil eben ihr ‚Sozialcharakter' nicht zu einer weiterführenden Schule passe. Innerhalb von peer-groups wird diese self-fulfilling prophecy weiter vorangetrieben: Es entsteht ein gewisses Anspruchsniveau, wobei jede Abweichung begründungspflichtig ist. Ein Ausbrechen aus diesen Vorstellungen wird häufig durch Ausgrenzung aus diesen peer-groups erkauft. „Schülerfreundschaftsgruppen gleichen die erheblichen Unterschiede zwischen dem Sozialcharakter der Kinder aus der Mittelschicht und dem der Arbeiterkinder nicht aus" (Rolff 1997: 155) – vor allem da diese peer-groups ja aus verschiedensten Gründen sozial ausgesprochen homogen sind (Feld 1981).

Insgesamt weisen die zusammengestellten Belege darauf hin, dass die Zukunftsorientierung, das intensivere Leistungsstreben, aber eben auch der elaborierte Sprachgebrauch in einem engen Zusammenhang mit dem Schulerfolg stehen (Rolff 1997: 127). Zusammen mit dem deutlich unterschiedlichen Grad der Informiertheit und dem entsprechenden Bildungshintergrund der Familien sowie dem Willen, über den Bildungsweg der Kinder selbst zu entscheiden, perpetuieren sich einmal beobachtbare Unterschiede. Diese vielfältigen Argumente lassen sich schließlich in einer so genannte Zirkelthese zusammenfassen:

„Die schichtenspezifische Auslese durch die Schule ist in der modernen Gesellschaft, in der die formalen Schranken für den Zugang zu weiterführenden

Schulen gefallen sind, vor allem durch einen zirkelförmigen Verlauf des Sozialisationsprozesses bestimmt: Die Sozialisation durch den Beruf prägt in der Regel bei den Mitglieder der sozialen Unterschicht andere Züge des Sozialcharakters als bei den Mitgliedern der Mittel- und Oberschicht; während der Sozialisation durch die Familie werden normalerweise die jeweils typischen Charakterzüge der Eltern an die Kinder weitervermittelt; die Sozialisation durch die Freundschaftsgruppen der Heranwachsenden vermag die schichtenspezifischen Unterschiede nicht aufzuheben. Da die Sozialisation durch die Schule auf die Ausprägungen des Sozialcharakters der Mittel- und Oberschicht besser eingestellt ist als auf die der Unterschicht, haben es die Kinder aus der Unterschicht besonders schwer, einen guten Schulerfolg zu erreichen. Sie erlangen häufig nur Qualifikationen, für die gleichen niederen Berufspositionen, die ihre Eltern bereits ausübten. Wenn sie in diese Berufspositionen eintreten, dann ist der Zirkel geschlossen" (Rolff 1997: 34).

So heftig und wohl auch fundiert die Kritik – vor allem an der empirischen Erklärungsleistung dieser Ideen schichtspezifischer Sozialisationsunterschiede – auch sein mag (vgl. Bertram 1976; Rolff 1997: 229ff.), so wird doch zumindest ein Wirkmechanismus benannt, der die Perpetuierung sozialer Unterschiede erklären kann. Dass neben diesen über Sozialisation vermittelten Handlungskompetenzen auch weitere Faktoren wichtig sind und dass beispielsweise Akteure ihre Handlungen aufgrund der mit Situationen verbundenen Chancen und Risiken abwägen und eventuell versuchen, hier auch ändernd einzugreifen, ist mit den skizzierten Überlegungen durchaus vereinbar.

Vielleicht einmal abgesehen von den ab und an sehr vereinfacht argumentierenden Modernisierungstheorien stoßen viele der vorgestellten Ideen in die gleiche Richtung: Wichtig sind die mit Bildung verbundenen Kosten und Nutzenterme, aber auch die schichtspezifische Bereitschaft, bestimmte Risiken einzugehen. Zudem ist die Schule keine klassen-, schicht- oder vielleicht unbelasteter: herkunftsneutrale Institution. Vielmehr werden in Schulen bestimmte Erfolgsregeln ausgegeben, die sicherlich Kindern aus besseren Kreisen eher den Erfolg ermöglichen als Kindern aus Arbeiterkreisen. In dieser Hinsicht lassen sich die vorgestellten Überlegungen also gut in das allgemeine Erklärungsschema der Soziologie einpassen. Auf der Ebene der Logik der Selektion finden sich die durch Risiko- und Nutzenerwägungen gesteuerten Akteure. Gerade im Bildungsbereich ist jedoch die Aufeinanderbezogenheit der einzelnen Handelnden genauer zu modellieren. So ist schon die Entscheidung, ob und wenn ja welche weiterführende Schule besucht werden soll ein Prozess, bei dem Vater und Mutter, aber selbstverständlich auch das Kind und deren jeweiligen Vorstellungen und Wünsche zu berücksichtigen sind. Darüber hinaus spielen auch die Lehrer und deren – zumindest teilweise bindenden – Schulempfehlungen eine wichtige Rolle. Beeinflusst werden diese Entscheidungen durch die oben im Bereich der Modernisierungstheorie beschriebenen Prozesse, aber auch durch die jeweilige soziale Position der einzelnen Akteure. Auch die Aggregationsprozesse, die letztlich die Dauerhaftigkeit sozialer Ungleichheitsrelationen erzeugen, sind dabei nicht trivial. Je nach gesellschaftlicher Struktur sind Bildungsentscheidungen unterschiedlich konsequenzenreich. All diese, hier nur grob skizzierten Prozesse können für ein umfassendes theoretisches Modell gut integriert werden.

Im Folgenden soll nun jedoch untersucht werden, welche empirischen Ergebnisse sich hinsichtlich der Folgen der in den 1960er Jahren zu beobachtenden Bildungsexpansion ergeben haben. Hierzu liegen in der Zwischenzeit eine Reihe zusammenfassender Studien vor, die – durchaus auch mit dem Bezug zu den methodischen Problemen und Lösungen – nun besprochen werden sollen.

5. Zur Bildungsungleichheit in Deutschland

Im Mittelpunkt dieses Kapitels sollen verschiedene empirische Arbeiten stehen, die sich mit der Entwicklung der sozial unterschiedlichen Bildungsbeteiligung in der Bundesrepublik, aber auch in anderen modernen Gesellschaften, beschäftigen. Die in der Bundesrepublik in der Mitte der 1960er Jahre angestoßene Diskussion über das Bildungswesen mündete in einer im historischen Vergleich einmaligen und wohl unwiederholbaren Veränderung des Bildungssystems. Diese Entwicklungen werden häufig zu Recht als Bildungsexpansion bezeichnet und es erscheint unabdingbar, in einem ersten Abschnitt diese Veränderungen kurz zu skizzieren und die Entwicklung des Bildungswesens ab den 1960er Jahren damit in groben Zügen zu charakterisieren (Kapitel 5.1). Da auch in diesem Kapitel der Schwerpunkt auf dem Bildungssystem der alten, westdeutschen Bundesrepublik liegt, sollen zumindest in einem vorangestellten Exkurs die grundlegenden Strukturen des Bildungssystems in der DDR festgehalten werden.

Betrachtet man sich den Ausbau des Bildungssystems in Westdeutschland, so wird schnell deutlich, dass drei der vier oben geschilderten Problemlagen – Geschlecht, Konfession, Raum und sozial Herkunft – mehr oder weniger obsolet geworden sind. Einzig und allein die Entwicklung der sozial geschichteten Beteiligung an (höherer) Bildung blieb als Problemlage zurück. Ein – auch bildungspolitisch – besonderer Schritt waren deshalb die verschiedenen Versuche, das Bildungssystem an sich grundlegend zu verändern und entsprechende Strukturmaßnahmen zu ergreifen. Vor allem die in der Regel frühe Selektion der Schüler während der vierten Klassenstufe, wie sie in den meisten (alten) Bundesländern üblich war und ist, und die Trennung in drei Bildungswege wurden schon früh kritisiert: Die Einführung so genannter integrierter Gesamtschulen griff genau diese Kritikpunkte auf. Die Geschichte dieses versuchten Systemumbaus ist ein nahezu idealtypisches Beispiel der in Deutschland seit Jahrhunderten zu findenden politischen und gesellschaftlichen Konfliktlinien in der Bildungspolitik (vgl. noch einmal Kapitel 2). In einem gesonderten Kapitel soll deshalb diese Geschichte kurz skizziert werden und die entsprechenden Evaluationsstudien vorgestellt werden (Kapitel 5.2).

Während nach den Reformbemühungen der 1970er Jahre die bildungssoziologische Diskussion in den 1980er Jahren relativ ruhte, finden sich ab den 1990er Jahren eine Fülle von Arbeiten, die die Bemühungen von damals dann rund 25 Jahren bildungspolitischer Beeinflussung der sozial divergierenden Bildungsbeteiligungen zusammenfassend bewerten können (vgl. auch Becker/Lauterbach 2008). Diese Tatsache hängt sicherlich damit zusammen, dass die in den 1970er Jahren verstärkt die weiterführenden Schulen besuchenden Kinder in den 1990er Jahren ihr jeweiliges Bildungsziel erreicht haben und man damit über eine hinreichend gute und große Datengrundlage verfügt, um ein tragfähiges Urteil zu fällen (Müller 1998: 95). Diese Studien sollen im Kapitel 5.3 vorgestellt werden.

Arbeiten über die schichtspezifische Bildungsbeteiligung finden sich allerdings nicht nur in der Bundesrepublik, sondern auch in verschiedenen anderen Ländern. Im Kapitel 5.4 sollen die wichtigsten Ergebnisse in einer vergleichenden Perspektive besprochen werden. Wie schon erwähnt, nimmt die PISA-Studie in dieser Einführung keine zentrale Rolle ein. Warum dies so ist, soll anschließend an die Darstellung dieses internationalen Vergleichs in einem zweiten Exkurs begründet werden. Abschließend soll der Frage nachgegangen werden, ob die Angleichung von Bildungsbeteiligungen wirklich zu einer Chancengleichheit führen würde. In einem quasi-experimentellen Design werden – unter Kontrolle der Bildungsabschlüsse – Berufskarrieren untersucht (Kapitel 5.5).

Exkurs: Zum Bildungswesen in der DDR

Bevor auf die Veränderungen in der alten Bundesrepublik näher eingegangen werden kann, soll kurz ein Blick auf die Entwicklungen in der DDR gerichtet werden (vgl. im Folgenden als ersten Überblick Baumert/Cortina/Leschinsky 2008: 60ff.).

In der DDR wurde nach 1945 beziehungsweise nach 1949 relativ zügig ein einheitliches und eben nicht föderal zersplittertes Schulsystem aufgebaut, dessen Kern zuerst eine einheitliche achtjährige Grundschule war, die – für die damalige Zeit keine Selbstverständlichkeit – koedukativ unterrichtete. Anschließend stellte eine vierjährige Oberschule einen, aber nicht den einzigen Weg zur Hochschulreife dar. Alternativ wurden so genannte Arbeiter- und Bauernfakultäten eingerichtet (vgl. Miethe 2007), die den Hochschulzugang ohne Abitur ermöglichten. Ende der 1950er Jahre wurde dieses System durch die allgemeinbildende Polytechnische Oberschule (POS) abgelöst, mit der „der Anspruch einer einheitlichen Schulbildung noch einmal deutlich unterstrichen" wurde (Baumert/Cortina/Leschinsky 2008: 62). Der besondere Charakter dieser Schulen bestand – zumindest theoretisch – in der Verbindung theoretischen Unterrichts mit praktischer Betriebserfahrung. So wurde das Fach „Einführung in die sozialistische Produktion" (EsP) in der Schule mit dem Fach „produktive Arbeit" in Betrieben gekoppelt. Mit der Einführung der POS veränderte sich auch der Charakter der vierjährigen Oberschule, die nun als erweiterte Oberschule (EOS) ab der 9. Klasse begann und damit zumindest die beiden letzten Jahre der POS wieder differenzierte. Mitte der 1960er Jahre wurden diese beiden Klassenstufen rechtlich wieder der POS zugeordnet, waren organisatorisch jedoch bis 1983 an der EOS angesiedelt und zeichneten sich auch durch erweiterte Lehrpläne aus. Parallel zur EOS bestand die Möglichkeit, durch eine Berufsausbildung mit Abitur (BmA) die Hochschulreife zu erwerben. Dieser dreijährige Weg wurde vor allem von Personen gewählt, die aufgrund politischer Entscheidungen nicht für die EOS zugelassen waren. Die Einheitlichkeit der Ausbildung wurde durch die Einrichtung von Spezialschulen und Spezialklassen mit verstärkt mathematisch-naturwissenschaftlichen beziehungsweise sprachlichem Unterricht durchbrochen, die immerhin von rund 3 Prozent der Schüler eines Jahrgangs besucht wurden (Baumert/Cortina/Leschinsky 2008: 65).

Unterstützt wurde dieses zentralisierte Schulbildungssystem durch die konsequente und nahezu flächendeckende Einrichtung von Institutionen der Vorschulerziehung wie Kinderkrippen und -gärten, die selbstverständlich als Ganztageseinrichtungen konzipiert waren. Die Schulausbildung war in der Regel durch Horte unterstützt, die bereits 1970 von rund der Hälfte der Schüler besucht wurden. „Die Besuchsquoten stiegen bis zum Ende der DDR auf über 80 Prozent" (Baumert/Cortina/Leschinsky 2008: 63). Anzumerken ist jedoch, dass aufgrund eines meist sehr breiten Angebots an schulischen Arbeitsgemeinschaften, Veranstaltungen mit den so genannten Patenbrigaden, Aktivitäten der FDJ, der großen Bedeutung von familialen und verwandtschaftlichen Beziehungen und den daraus entstehenden engen Netzwerken und vor allem auch einem bis heute reichenden anderen und früheren Tagesrhythmus die Nachfrage eingeschränkt war.[37]

Wenn man einen Vergleich hinsichtlich der bereits für Westdeutschland skizzierten Selektivität des Bildungssystems in der DDR anstrebt, ist die Datenlage – man ist versucht zu sagen: natürlicher Weise – eingeschränkt (vgl. aber beispielsweise Miethe 2007). Unterschiede hinsichtlich der Religion sind aufgrund der Verteilung der Konfessionszugehörigkeit nicht zu erwarten. Bei einem zumindest in der späteren Geschichte der DDR überwiegenden Anteil Konfessionsloser betrug das Verhältnis Protestanten zu Katholiken Mitte der 1970er Jahre etwa 7 zu 1. Regionale Disparitäten waren sicherlich vorhanden, wurden jedoch durch die Verbesserung des Schulangebots angegangen. „Eine Benachteiligung von Mädchen im Zugang zu Bildungseinrichtungen gab es im allgemeinbildenden Schulwesen der DDR nicht mehr" (Baumert/Cortina/Leschinsky 2008: 66). Der sozialen Selektivität wurde durch eine aktive positive Diskriminierung entgegengewirkt – „dabei wurde eine gezielte Benachteiligung von Kindern bürgerlicher Schichten und religiös gebundener Bevölkerungsteile in Kauf genommen" (Baumert/Cortina/Leschinsky 2008: 65), die sich dann wiederum – wie bereits angemerkt – in einem teilweise anderen Bildungswahlverhalten wie etwa der BmA widerspiegelte. Zu bedenken ist jedoch auch, dass der Zugang zu höherer Bildung auch quantitativ gesteuert wurde, um die

---

[37] Ein simpler Vergleich der Öffnungszeiten von Kinderbetreuungseinrichtungen in Ost- und Westdeutschland oder beispielsweise der Sprechzeiten in ost- und westdeutschen Universitäten belegt diese These.

„ökonomisch unerwünschte ‚Überproduktion' von Akademikern" (Geißler 2006: 277) zu verhindern und dass des Weiteren beispielsweise Bildungsprivilegien der so genannten sozialistischen Intelligenz zunahmen und man deshalb durchaus von einer sozialen Schließung des Bildungssystems sprechen kann (Geißler 2006: 288). Mit dieser anfänglichen sozialen Öffnung des Bildungssystems und der daran anschließenden Zunahme sozialer Ungleichheiten spiegelt sich in der DDR ein Muster wider, das auch in anderen sozialistischen Staaten zu beobachten war und als „Socialist Transformation Hypothesis" (Blossfeld/Shavit 1993a: 19) bezeichnet werden kann (vgl. für Ungarn, die CSSR und Polen die entsprechenden Beiträge in Shavit/Blossfeld 1993).

5.1 Zur Entwicklung des Bildungswesens und der Bildungsbeteiligung in der Geschichte der Bundesrepublik: einige deskriptive Befunde

Bereits oben wurde geschildert, dass das gesamte Bildungssystem und vor allem das Schulwesen in der neu gegründeten Bundesrepublik fast gänzlich den Strukturen in der Weimarer Republik entsprach. Einzeln durchgeführte Reformen wurden zum großen Teil rückgängig gemacht. Im so genannten Düsseldorfer Abkommen aus dem Jahre 1955 wurde die Vereinheitlichung – und das bedeutete eben die Dreigliedrigkeit – des Bildungssystems manifestiert (vgl. von Friedeburg 1992: 321ff.). „Dennoch wäre es falsch, die fünfziger Jahre – wie dies häufig geschieht – als Zeitabschnitt bloßer Stagnation zu beschreiben. Verschiedene Experimente nahmen bereits spätere Reformmaßnahmen vorweg. Vor allem aber waren in dieser Zeit die noch lange nachwirkenden kriegsbedingten Mängel in der Schulraum-, Lehrmittel- und Personalversorgung zu überwinden" (Arbeitsgruppe Bildungsbericht 1994: 179). Es lassen sich in den an die Diagnose der Bildungskatastrophe anknüpfenden Jahrzehnten fast dramatische Entwicklungen und Veränderungen beobachten, ohne dass dabei jedoch die grundlegende Struktur des Bildungssystems verändert wurde (Arbeitsgruppe Bildungsbericht 1994: 193). Hinsichtlich des Schulwesens sind vor allem fünf Grundprozesse bedeutsam:

Erstens sind deutliche demografische Schwankungen in den Geburtenzahlen und daraufhin – mit einer entsprechenden Verzögerung – im grundständigen und weiterführenden Schulwesen zu beobachten. Die absoluten Geburtenzahlen und somit die ‚Nachfrage nach Bildung' hat sich in den 1970er Jahren im Vergleich zu den Hochphasen des so genannten Baby-Booms annähernd halbiert. Zusammen mit den gleich noch zu thematisierenden Veränderungen in der Wahl des Bildungsganges hat dies zu kaum steuerbaren oder zumindest kaum gesteuerten Problemen des Bildungssystems – Lehrermangel, Fehlqualifikationen, Mangel an Studienplätzen, Probleme der Ausbildung, fehlende Lehrräume, fehlendes oder veraltetes Lehrmaterial und vieles mehr – geführt.[38]

Zweitens hat sich die Bevölkerungszusammensetzung in Folge der Arbeitsmigration der 1960er Jahre, den darauf folgenden Veränderungen dieser Migrationspopulation vor allem durch den Familiennachzug, und der Migrationsbewegungen aus Osteuropa deutlich gewandelt, ohne dass das Bildungssystem auf diese Veränderungen hinreichend vorbereitet gewesen wäre (vgl. für die beiden ersten Punkte Arbeitsgruppe Bildungsbericht 1994: 193ff.). Gerade die regionale Unterschiedlichkeit und die – wiederum erklärbare – räumliche Segregation beispielsweise in den Städten stellen die Schulen vor teilweise große Probleme (vgl. auch Kapitel 6 sowie zur Problematik von Hauptschulen Leschinsky 2008).

Drittens hat sich wie schon erwähnt, die individuelle Schulwahl deutlich verändert. In der Zwischenzeit stellt das Gymnasium die wichtigste Bildungsstätte dar – die Hauptschule hat ihre ehemals dominierende Rolle verloren und ist teilweise fast eine Restschule geworden. „Der Anteil von Hauptschülern sinkt zwischen 1952 und 1995 um 50 Prozentpunkte (78% auf 25%). Im gleichen Zeitraum steigt der Anteil von Gymnasiasten um 16 Prozentpunkte (15% auf 31%), der An-

---

[38] In den neuen Bundesländern kann man aktuell beobachten, wie wenig vorbereitet die einzelnen Bildungsinstitutionen, von der Grundschule bis hin zu den Universitäten, den demografischen Veränderungen nach 1990 und den drastisch sinkenden Geburtenzahlen gegenüber stehen.

teil von Realschülern steigt um 20 Prozentpunkte (7% auf 27%)" (Allmendinger/Aisenbrey 2002: 44f.). Noch deutlicher werden diese Veränderungen, wenn man sich die Entwicklungen in einem etwas längeren Zeitraum betrachtet. In Abbildung 5.1 sind deshalb die Entwicklungen des relativen Schulbesuchs der 14-Jährigen für die wichtigsten Schultypen seit 1952 dargestellt.[39]

Abbildung 5.1: Relativer Schulbesuch der 14-Jährigen nach Schulform (1952-2004) (aus Baumert et al. 2008: 77)

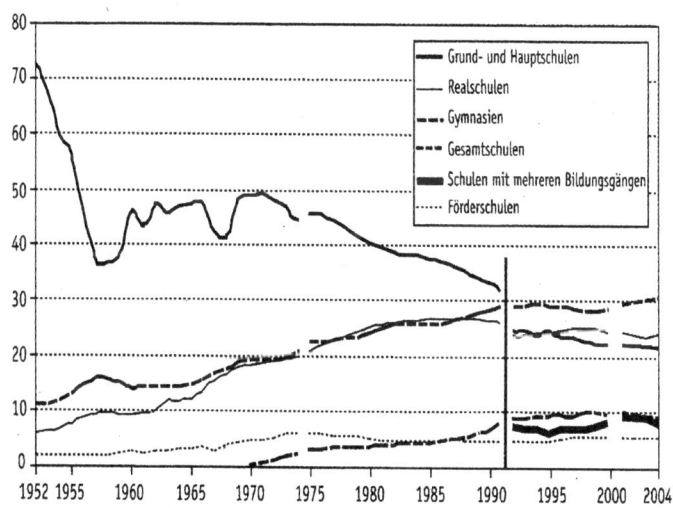

¹ Bis 1991 früheres Bundesgebiet, ab 1992 Deutschland

---

[39] Wenn man diese Abbildung mit den in Kapitel 3 verwendeten Daten vergleicht, ergeben sich einige nahezu dramatischen Unterschiede, obwohl beide Publikationen (Köhler 1992 und Baumert el al. 2008) aus dem MPI für Bildungsforschung stammen. Dies betrifft zwar nicht die Interpretation der Entwicklungen, jedoch ihren genauen Verlauf. So sinkt etwa bei Köhler (1992: 30) der Anteil der Hauptschüler erst in den 1970er Jahren unter die 50-Prozent-Marke, bei Baumert et al. (2008) jedoch schon in den späten 1950er Jahren. Ein genauerer Vergleich war leider nicht möglich, da das MPI trotz großem Bemühen die dieser Graphik zugrunde liegenden Daten nicht weiterreichen konnte.

Wie der Abbildung zu entnehmen ist, stellt das Gymnasium heute die häufigste Wahl der weiterführenden Schule dar. Die Hauptschulen werden vor allem in den Großstädten immer mehr zu einer soziale Probleme kumulierenden Restschule, die allerdings in einigen Bundesländern wie etwa Sachsen entweder gar nicht erst eingeführt wurden beziehungsweise abgeschafft und in erweiterte Realschulen integriert sind wie im Saarland (vgl. insgesamt zur Hauptschule Leschinsky 2008).[40] Insofern darf die in der Abbildung 5.1 zu sehende Entwicklung nicht nur als eine veränderte Schulwahl interpretiert werden. Zumindest teilweise gehen diese Entwicklungen auf eine Veränderung des Schulangebots zurück.

Diese Veränderungen sind sicherlich zum Teil auch durch den als vierte Komponente zu nennenden Ausbau des Bildungssystems „in der Fläche" bedingt (Weishaupt 2002). So wurden zwischen 1960 und 1975 in der alten Bundesrepublik insgesamt 1.200 Realschulen, 600 Gymnasien und 200 Gesamtschulen neu gegründet (Weishaupt 2002: 187) und so die Bildungsmöglichkeiten deutlich verbreitert. In der Folge lässt sich ein bedeutender Abbau, wenn auch kein vollständiges Verschwinden regionaler und hierbei vor allem Stadt-Land-Unterschiede beobachten (Henz/Maas 1995).

Als fünfte Entwicklung ist schließlich auf die enorme Steigerung der Bildungsbeteiligung von Mädchen einzugehen. „Im Jahr 1998 betrug der Anteil der Mädchen in den Jahrgängen 5-10 des Gymnasiums 53,9%, in der Sekundarstufe II lag er sogar bei 55,3%" (Horstkemper 2002: 411). Auch wenn sich weiter bestimmte Problemlagen und Ungleichheiten ergeben, etwa hinsichtlich der Wahl bestimmter Leistungs- und Vertiefungsfächer, der Studienaufnahme und der Studienfachwahl bis hin zur späteren beruflichen Positionierung, die zusammenfassend auch als ‚Bermuda-Dreieck', in dem der Bildungsvorsprung der Mädchen verschwindet, bezeichnet werden (vgl. Krais 2003: 86), so ist dies doch ein sehr wichtiges Ergebnis. Erste Arbeiten (Diefenbach/Klein 2002; vbw 2009) beschäftigen

---

[40] Sicherlich anders gestaltet sich die Situation von Hauptschulen in eher ländlichen Regionen, in denen andere Schulformen nicht so häufig besucht werden (können).

sich nun sogar mit der speziellen Förderung von Jungen, die als Verlierer des modernen Bildungssystems gelten können.

Neben der schulischen Bildung sind bei einer Betrachtung des Bildungswesens aber noch andere Bereiche bedeutsam: hier sind vor allem die Hochschule sowie die berufliche Bildung zu erwähnen (vgl. für den im Folgenden nicht näher vorgestellten Bereich der beruflichen Bildung Arbeitsgruppe Bildungsbericht 1994: 543ff.; Dobischat/Düsseldorf 2002; Baethge 2008). Auch im Bereich der Hochschule lassen sich deutliche Steigerungen der Bildungsbeteiligung erkennen. Dies kommt einerseits in der Zahl entsprechender Institutionen zum Ausdruck, wobei neben den Universitäten vor allem die Fachhochschulen zu nennen sind. Am besten kommt dies aber andererseits in der Quote der Studienanfänger einer entsprechenden Altersgruppe zum Ausdruck (vgl. Teichler 2002: 359). Dieser Anteil stieg von circa 5 Prozent im Jahre 1950 auf rund 12 Prozent Mitte der 1960er Jahre.

Die Quote der Studienanfänger „machte mit steigender Studienplatznachfrage und der Einführung von Fachhochschulen einen Sprung auf etwa 20% im Jahre 1973, blieb dann bis Mitte der 80er Jahre mehr oder weniger konstant und stieg schließlich bis zu Beginn der 90er Jahre auf über 30%" (Teichler 2002: 359).

Wenn man die Fortschreibung dieser Zahlen verfolgt (Mayer 2008), so studierten im Jahr 2004 rund 13 Prozent eines Jahrgangs an Fachhochschulen und etwa 22 Prozent an Hochschulen, so dass insgesamt von einer Studienanfängerquote von rund 35 Prozent auszugehen ist. Die Hochschulen selbst sehen sich in den letzten Jahren einem enormen Strukturumbau gegenüber, der von den Veränderungen der Studiengänge und der damit einhergehenden Einführung konsekutiver Bachelor- und Masterabschlüsse bis hin zur Auslobung von Eliteuniversitäten und Exzellenzclustern geht. Inwieweit diese Veränderungen wirklich zu einer Verbesserung der universitären Ausbildung beitragen, ist eine Frage, über die zukünftige Evaluationsstudien entscheiden werden und über die zu spekulieren an dieser Stelle mehr als müßig ist. Wünschenswert wäre hierbei jedoch eine ergebnisoffene Diskussion.

Wenn man die gerade skizzierten Entwicklungen zusammenfassen will, so kann man sicherlich von einer in der Geschichte einzigartigen Bildungsexpansion sprechen. Nun werden durch die verstärkte Verbreitung von (höheren) Bildungsabschlüssen jedoch nicht nur einfach bestimmte Fertigkeiten vermittelt, die auf dem Arbeitsmarkt (mehr oder weniger) nützlich und einsetzbar sind (Bowles/Gintes 2000). Mit der Bildungsexpansion sind auch eine Reihe von erwarteten und unerwarteten sozialen Konsequenzen verbunden, die nur aufgezählt werden können (vgl. einleitend Baumert 1991; Müller 1998; Hadjar/Becker 2006a). So wurde vermutet, das mit zunehmender Bildung eine ,kognitive Mobilisierung' einhergeht (Becker et al. 2006), eine wichtige Voraussetzung für den berufsstrukturellen Wandel geschaffen (Schubert/Engelage 2006), die Integration von Frauen in den qualifizierten Arbeitsmarkt erleichtert wird (Hecken 2006), Einstellungen und Werte sich wandeln (Hadjar/Becker 2006b; Hadjar 2006; Rippl 2006) und Lebensstile sich verändern (Spellerberg 2006). Auf all diese Überlegungen kann an dieser Stelle jedoch nur verwiesen werden, denn im Mittelpunkt soll im Folgenden die Entwicklung der sozialen Bildungsungleichheit stehen. Hierzu soll auf eines der größten Schulexperimente in der Bundesrepublik eingegangen werden: den Gesamtschulversuch.[41]

5.2 Gesamtschule und soziale Ungleichheit

Gerade im Zusammenhang mit den PISA-Studien und dem dort vermittelten schlechten Leistungen des deutschen Bildungssystems und vor allem dessen enormer sozialen Selektivität finden sich immer wieder Reformvorschläge, die die frühe Aufteilung in eine differenzierte Sekundarstufe für diese Probleme verantwortlich machen – und als politische Folgerung beispielsweise eine Einheitsschule oder wenigstens eine Verlängerung der gemeinsamen Grundschulzeit fordern. Erstaunlicher Weise wird in diesem Zusammenhang eine der größten im deutschen Bildungssystem durchgeführten Schulversuche – die Einrichtung von Gesamtschulen – und dessen

---

[41] Die Vielfalt der verschiedenen Schulmodelle berücksichtigend, müsste man korrekter eigentlich von Gesamtschulversuchen sprechen.

sozialwissenschaftliche Evaluation so gut wie nie zitiert und rezipiert.[42] In Anbetracht der neuen Diskussionen und der meist fehlenden empirischen Untermauerung der dort – egal von welcher Seite – vorgebrachten Argumente erscheint es sinnvoll, diese Versuche im Folgenden ein wenig genauer zu betrachten. Hierbei kann auf die Arbeit von Helmut Fend (1982) „Gesamtschule im Vergleich. Bilanz der Ergebnisse des Gesamtschulvergleichs" zurückgegriffen werden, in der einige der wichtigsten Untersuchungen zusammenfassend vorgestellt werden.

Wenn man sich die Diskussionen um das Bildungssystem in Deutschland in einer historisch weiter zurückblickenden Perspektive betrachtet, so findet sich eine breitere Debatte um die so genannte Einheitsschule schon seit rund 200 Jahren (vgl. hierzu die Dokumentation dieser frühen Schriften in Herrlitz/Weiland/Winkel 2003). Aus verschiedenen, teilweise geschichtlichen Gründen wurden entsprechende Ideen entweder überhaupt nicht oder eben nur für sehr kurze Zeit realisiert. Im Anschluss an die oben (vgl. Kapitel 3) vorgestellte Diagnose einer Bildungskatastrophe im Deutschland der 1960er Jahre wurde von der Bildungskommission des Bildungsrates eine Empfehlung zur Einrichtung von Schulversuchen mit Gesamtschulen veröffentlicht, die Hans-Georg Herrlitz (2003: 17) als „Gründungsurkunde der Gesamtschulbewegung in der Bundesrepublik" bezeichnet. Es ist dabei überaus interessant und entspricht dem damaligen Vertrauen in eine praktisch orientierte empirische Sozialforschung, dass nicht einfach ein Schulsystem durch ein anderes ersetzt wurde, ein

---

[42] Dies zeigt sich etwa darin, dass in dem „Handbuch Bildungsforschung" (Tippelt 2002) das Stichwort ‚Gesamtschule' und damit natürlich auch die entsprechenden Evaluationsstudien nicht zu finden sind und die Gesamtschule an sich keine zentrale Rolle einnimmt (vgl. aber Holtappels 2002). Es sei an dieser Stelle noch einmal bedauernd darauf hingewiesen, dass auch die Erfahrungen von rund 40 Jahren Einheitsschule in der DDR so gut wie nicht wissenschaftlich aufgearbeitet sind und die Spuren dieses Bildungssystems mit einer wirklich überraschenden Geschwindigkeit getilgt wurden (vgl. auch Wenzler 2003). Abschließend sei daran erinnert, dass neben Gesamtschulen in den 1970er Jahren auch Gesamthochschulen gegründet wurden, die heute jedoch so gut wie keine Rolle mehr spielen (vgl. Teichler 2001).

allerdings auch politisch nie und nimmer durchsetzbares Unterfangen, sondern dass statt dessen ein wissenschaftlich kontrolliertes Versuchsprogramm initiiert wurde. Auch wenn „die reale Entwicklung der Gesamtschullandschaft nicht dem ursprünglich vereinbarten, methodisch außerordentlich anspruchsvollen Experimentalprogramm, sondern einer politischen Eigendynamik gefolgt ist" (Herrlitz 2003: 18), sollen diese Evaluationsstudien im Folgenden im Mittelpunkt stehen.

Die sicherlich umfassendste Darstellung findet sich in der bereits erwähnten Arbeit von Helmut Fend (1982), der selbst am Konstanzer Zentrum für Bildungsforschung mehrere dieser Untersuchungen durchführte. Ziel dieser verschiedenen Studien war dabei, aufbauend auf den Empfehlungen des Bildungsrates, zu überprüfen, ob aufgrund wissenschaftlich gesicherter Erkenntnis entschieden werden kann, Gesamtschulen generell einzuführen oder nicht (Fend 1982: 36). Methodologischer Ausgangspunkt ist eine einfache Evaluationsstrategie: Es soll überprüft werden, ob die Ziele, die mit der Gesamtschule verbunden sind, auch erreicht werden.[43] Dabei ist die Gesamtschule selbst „der ‚Wirkfaktor', also die unabhängige Variable" (Fend 1982: 47), deren Einfluss auf die abhängigen Variablen, die (Bildungs-) Ziele zu prüfen ist.

So einfach und überzeugend ein solches Unterfangen auch klingen mag, in der empirischen Praxis ergeben sich eine Fülle von Problemen und Hindernissen. Dies beginnt schon bei der konkreten Nennung der Ziele, die mit der Einführung von Gesamtschulen realisiert werden sollen. Hier lassen sich ganz unterschiedliche Dimensionen benennen, auf denen wiederum verschiedene Einzelziele angestrebt werden können. In Tabelle 5.1 sind einige dieser Überlegungen zusammenfassend dargestellt.

Neben diesen Zielen sind mit der Einführung von Gesamtschulen natürlich auch Befürchtungen einhergegangen, wie etwa die einer Nivellierung des Leistungsvermögens der Schüler

---

[43] Es kann an dieser Stelle kein Abriss der pädagogischen oder lernpsychologischen Theorien versucht werden; es ist jedoch festzuhalten, dass verschiedenste theoretische Überlegungen existieren, die die entsprechenden Folgen der Gesamtschule nahe legen (vgl. Prengel 2003; Weiland/Ratzki 2003).

auf einem insgesamt relativ geringen Niveau oder dem Verlust stabiler peer-groups durch die im Verhältnis größeren Schulen und die wechselnden Lerngruppenzusammensetzung, die selbstverständlich auch untersucht werden müssen. Entsprechende Evaluationsstudien können sich also – wie deutlich geworden sein sollte – nicht auf eine einzige Zieldimension festlegen, sondern müssen ein ganzes Bündel möglicher Folgen berücksichtigen.

Tabelle 5.1: Mögliche Evaluationskriterien von Gesamtschulversuchen

Bereiche	Konkrete Ziele
Schullaufbahn	• Offenheit und Durchlässigkeit • Größere Prognosesicherheit und Verringerung von Fehlplatzierung • Insgesamt höhere Abschlüsse
Chancengleichheit	• Größere Bildungsbeteiligung bislang benachteiligter Gruppen • Verringerung des Effekts der sozialen Herkunft und Betonung der Begabung
Integration	• herkunftsunabhängige Freundschaften und peer-groups
Fachliche Lernleistungen	• höheres Lernniveau aller • höheres Lernniveau besonders benachteiligter Schüler
erzieherische Wirkung	• größere Schulfreude und Lernmotivation • angstfreies Lernen • größere Selbständigkeit

Quelle: eigene Darstellung nach Fend (1982: 48)

Neben dieser Uneindeutigkeit der abhängigen Variablen ist auch die unabhängige Variable, die Gesamtschule, nicht so einfach zu erfassen wie vielleicht zu Beginn gedacht. Letztlich steckt „hinter dem Wirkfaktor ‚Gesamtschule' ein Konglomerat von Faktoren (...), das häufig nur historisch mit ‚Gesamtschule' in Verbindung steht" (Fend 1982: 51f.). So unterscheiden sich Gesamtschulen intern hinsichtlich ihrer organisatorischen Maßnahmen der Differenzierung, des jeweiligen Curriculums, der Unterrichtsmethoden und der Unterrichtsorganisation wie beispielsweise der Binnendifferenzierung in verschiedene Leistungsniveaus, entsprechenden Mitbestimmungsregeln und insgesamt der pädagogischen Kultur. Besonders bedeutsam ist dabei, dass sehr viele Gesamtschulen auch als Ganztagsschulen konzipiert sind und man insofern hier nur ausgesprochen schwer Vergleiche mit einer als Halbtagsschule konzipierten dreigliedrigen Regelschule machen kann (vgl. einführend Balnis 2003). Darüber hinaus ist natürlich mit einer gewissen Selbstselektion in verschiedenen Bereichen zu rechnen: So treffen in Gesamtschulen eine ausgewählte Schülerschaft auf eine ausgewählte Lehrerschaft – ein Grundproblem der verschiedensten Evaluationsstudien mit einem quasi-experimentellen Design, dem eben die randomisierte Zuordnung in Kontroll- und Experimentalgruppe fehlt.

Um dieser Komplexität und den damit verbundenen Schwierigkeiten gerecht zu werden, wurden verschiedene Studien betrachtet: erstens ein bundesweit angelegten Vergleich von 12 Gesamtschulen mit 19 traditionellen Schulkomplexen, die jeweils aus zwei Hauptschulen, einer Realschule und einem Gymnasium bestanden. Hierbei wurden 1973 mehr als 3.700 Schüler, 400 Lehrer und rund 550 Eltern befragt. Etwa 1.800 der Schüler wurden nach drei Jahren noch einmal befragt, um deren ‚schulisches und berufliches Schicksal' (Fend 1982: 18) zu verfolgen. Eine zweite Untersuchungswelle fand in den Jahren 1977 bis 1979 in Nordrhein-Westfalen, Niedersachsen und Hessen statt. Hierbei wurden mehr als 17.000 Schüler und zum Teil wiederum Lehrer und Eltern befragt. Von besonderem Interesse dabei ist die Teiluntersuchung in Hessen, denn hier wurde der gesamte Landkreis Wetzlar in ein Gesamtschulsystem umgewandelt. Durch den Vergleich mit dem soziographisch sehr ähnlichen Alt-Dillkreis ist es möglich gewesen, Gesamtschulen „gewissermaßen unter Normalbedingungen zu studieren" (Fend 1982: 19). Im Folgenden sollen entlang der in Tabelle 5.1 vorgestellten Evaluationskriterien die Ergebnisse vorgestellt werden, wobei der Schwerpunkt häufig auf den Ergebnisse der hessischen Teilstudie liegen wird, da hier – wie erwähnt – die methodischen Probleme am besten kontrolliert werden konnten.[44]

Ein erster Blick fällt dabei auf die unterschiedlichen Schullaufbahnen in den verschiedenen Schulsystemen (vgl. im Folgenden Fend 1982: 61ff.). Ausgangspunkt ist dabei die Überlegung, dass das Schulsystem allen Schülern eine ihren Neigungen und Begabungen entsprechende Bildung zukommen lassen soll. Nun ist diese Vorgabe nur schwer in einem einzigen Indikator zu operationalisieren, im Folgenden soll aber anhand von drei verschiedenen Kriterien untersucht werden, in welcher Schulform dies besser gelingt. In einem ersten Schritt gilt es, auf die Durchlässigkeit der verschiedenen Systeme einzugehen. Es ist eine in der Zwischenzeit nahezu einheitlich akzeptierte These, dass die individuellen Leistungsverläufe der Schüler sehr unterschiedlich sind und somit eben auch die frühe Verortung in einem gewissen Bildungsniveau problematisch sein kann. Aus diesem Grunde wird zuerst die Flexibilität der unterschiedlichen Organisationsformen näher betrachtet. In Tabelle 5.2 sind die Ergebnisse hinsichtlich der Auf- und Abstiege zusammengestellt.

---

[44] Die Darstellung der Ergebnisse wird durch die Tatsache erschwert, dass sich die Schulsysteme durch die föderale Struktur des Bildungsbereiches intern enorm differenzieren. Dies gilt nicht nur für die so genannten traditionellen Schulformen, sondern auch für die Gesamtschulen, die beispielsweise für die einzelnen Fächer in den einzelnen Schuljahrgängen sehr unterschiedliche interne Differenzierungsmöglichkeiten anbieten.

Tabelle 5.2: Schullaufbahnveränderungen in verschiedenen Schulsystemen (in Prozent)

Schulform	Aufstiege	Abstiege	Gesamtfluktuation
traditionelles Schulsystem (1973)	3,6	8,8	12,5
dreigliedrige Gesamtschule (1973)	21,3	7,3	28,6
viergliedrige Gesamtschule (1973)	16,6	14,5	31,2
traditionelles Schulsystem in NRW (1978)	3,2	7,0	10,2
traditionelles Schulsystem in Hessen (1977)	2,2	5,3	7,5
Gesamtschule in NRW (1978)	18,8	13,0	31,8
Gesamtschule in Hessen (1978)	12,0	14,4	26,5
Gesamtschule Niedersachsen (1978)	31,6	0,6	32,2

Quelle: eigene Zusammenstellung nach Fend (1982: 70ff.)

Betrachtet man diese Angaben, so fallen drei Dinge ins Auge: Erstens ist in allen betrachteten traditionellen dreigliedrigen Schulsystemen die Rate der Gesamtfluktuationen deutlich geringer als in den Gesamtschulen. Ein einmal eingeschlagener Bildungsweg ist also im traditionellen Bildungssystem deutlich seltener zu ändern als in den Gesamtschulen. Zweitens überwiegen bei den traditionellen Systemen die Abstiege deutlich die Aufstiege. Drittens lässt sich festhalten, dass auch innerhalb der Gesamtschulen deutliche Unterschiede zu beobachten sind. Da ja nur die Erhebungen in Hessen im Jahr 1978 die Gesamtschule als Regelschule beobachten konnte, scheinen die ausgesprochen positiven Ergebnisse etwa der dreigliedrigen Gesamtschulen aus der Erhebung im Jahr 1973 auf einen Selbstselektionsbias hinzuweisen. Nichtsdestotrotz liegt auch in Hessen im Jahr 1978 die Gesamtfluktuation in Gesamtschulen um das 2 ½ -fache höher als ein Jahr zuvor im traditionellen System und die Auf- und Abstiege sind insgesamt nahezu ausgeglichen und damit für die Schüler deutlich positiver. Dabei ist sicherlich zu beachten, dass es im herkömmlichen Schulsystem zwar eine Logik des Abstiegs, aber so gut wie keine Logik des Aufstiegs gibt. In Gesamtschulen ist dies – allein durch die Schulorganisation – einfacher. Ein genauerer Blick auf den Flächenversuch in Wetzlar zeigt zudem, dass eine pädagogisch unerwünschte häufige Auf- und Abstufung einzelner Schüler empirisch nur sehr selten vorkommt (Fend 1982: 76ff.).[45]

Ein zweites wichtiges Argument in der theoretischen Debatte um die Gesamtschule ist die Kritik an der Starrheit des alten Systems, in dem individuelle Lernprofile nicht verwirklichbar sind. „Daß Schüler lernbereichsspezifische Schwächen und Stärken haben, kann dadurch nicht berücksichtigt werden" (Fend 1982: 96). Es ist eine offene Frage, ob in Gesamtschulen diese interne Differenzierung und damit eine Passung zwischen Lernangebot und individueller Leistungsfähigkeit besser gegeben ist oder ob auch hier letztlich die Kinder jeweils Kurse eines einheitlichen Anspruchniveaus besuchen und damit die Gesamtschulen die Tendenzen zu einer homogenen Niveaubildung, ein so genanntes streaming, des traditionellen Schulsystems reproduzieren. Hierzu wird in den verschiedensten Organisationsformen der Gesamtschule untersucht, inwieweit einzelne Kinder in verschiedenen Fächern in ein unterschiedliches Fachniveau eingestuft sind. Die Darstellung der Ergebnisse wird durch die Tatsache erschwert, dass sich die einzelnen Schulversuche durch die Zahl der Differenzierungen und die Zahl der betroffenen Fächer unterschieden. Wenn beispielsweise nur in zwei Fächern eine einfache Unterscheidung in zwei Kurslevels vollzogen wird, muss die Zahl der Schüler mit einem einheitlichen Profil – in beiden Fächern die anspruchsvolleren Lehreinheiten oder in beiden Fächern die weniger anspruchsvollen Einheiten – höher sein als bei einer Differenzierung in vier Niveaus in drei Fächern. In Tabelle 5.3 sind die Ergebnisse wiedergegeben.

---

[45] Mit Hilfe der Daten der so genannten Lebensverlaufsstudie des MPI für Bildungsforschung untersuchte Henz (1997) den Einfluss des Schulformwechsels auf die Tradierung sozialer Ungleichheit und kann beispielsweise zeigen, dass die Abgangsquoten vom Gymnasium unverändert von der sozialen Herkunft abhängen.

Tabelle 5.3: Tendenzen zu homogenen Niveaubildungen (streaming) in Gesamtschulen

Zahl der Leistungsniveaus	berücksichtigten Fächer	Konstellationen (in %) homogen	heterogen
4	3	33,6	66,4
3	3	51,3	48,7
3	2	67,4	32,6
3	2	73,5	26,5
2	3	64,1	35,9
2	2	74,6	25,4

Quelle: eigene Darstellung nach Fend (1982: 98)

Auch wenn wie vermutet, die Zahl heterogener Einstufungen natürlich von der Anzahl der Leistungsniveaus und der Zahl der berücksichtigten Fächer abhängt, so sieht man doch, dass selbst im einfachsten Fall 25,4 Prozent der Schüler unterschiedliche Konstellationen aufweisen. Im differenziertesten Fall weist nur jeder dritte Schüler ein homogenes Muster auf. Die Vermutung, auch in Gesamtschulen würde das streaming des herkömmlichen Schulsystems nur reproduziert, scheint also nicht haltbar zu sein.

Als dritten Punkt im Rahmen der individuellen Schullaufbahn soll schließlich untersucht werden, ob eine Gesamtschule insgesamt begabungsgerechter sein kann, da in einem dreigliedrigen Bildungssystem durch die frühe Auslese und der damit bedingten hohen Bedeutung des Elternwillens die Situation entstehen kann, „daß begabte Kinder aus Arbeiterkreisen eher in der Hauptschule bleiben und weniger begabte Schüler aus der Oberschicht in Realschulen und Gymnasien geschleust werden, sodaß viele Schüler nicht das ihren individuellen Begabungen entsprechende Lernangebot erhalten" (Fend 1982: 98). Auch wenn es berechtigte Zweifel an der Aussagekraft von Intelligenztests geben mag, so soll um die gerade skizzierte Überlegung zu testen untersucht werden, in welcher Schulform beziehungsweise auf welchem Kursniveau sich Kinder mit einem relativ hohen beziehungsweise relativ geringen IQ-Wert befinden.

Um diese beiden Gruppen zu definieren, wurden Schüler betrachtet, die mehr als eine Standardabweichung unter oder über dem Mittelwert liegen und somit IQ-Werte von unter 85 oder über 115 aufweisen. Um die Darstellung zu erleichtern, werden nur die Resultate für die 9. Klasse berichtet. Das Ergebnis für das traditionelle Bildungssystem ist dabei relativ eindeutig: 18,9 der Kinder in Nordrhein-Westfalen beziehungsweise 22,2 Prozent Niedersachsen mit einem IQ-Wert von mehr als 115 besuchen trotzdem noch die Hauptschule. In einer in zwei Fächern in jeweils drei Leistungsniveaus untergliederten Gesamtschule besuchen hingegen nur 1,1 Prozent dieser Kinder zwei C-Kurse, also Kurse mit dem geringsten Anspruchsniveau. 2,1 Prozent besuchen einen B- und einen C-Kurs, 11,7 Prozent zwei B-Kurse, 14,9 Prozent eine Kombination aus A und B beziehungsweise A und C und 70,2 Prozent zwei A-Kurse (Fend 1982: 101). Die Gesamtschule scheint also auch in dieser Dimension den Ansprüchen durchaus gerecht zu werden und eine höhere Begabungsgerechtigkeit aufzuweisen.

Betrachtet man sich die drei diskutierten Indikatoren zur Schullaufbahn in Gesamtschulen beziehungsweise dem traditionellen Bildungssystem, so scheint die Gesamtschule den in sie gesetzten Erwartungen zu entsprechen: Sie zeigt eine höhere Durchlässigkeit zwischen den einzelnen Leistungsbereichen, ermöglicht trotzdem eine interne Leistungsdifferenzierung und erhöht die Begabungsgerechtigkeit. Die ab und an befürchteten negativen Konsequenzen, wie ein zu häufiger Wechsel des Anspruchsniveaus, treten dagegen nicht ein. Zumindest in dieser Dimension scheinen viele Argumente für eine Schulreform zu sprechen. Selbstverständlich zeigt sich auch die enorme Vielfalt der Ergebnisse bei den unterschiedlichen Versuchen mit Gesamtschulen. Jedoch sind auch bei dem sicherlich am bedeutsamsten einzuschätzenden Versuch, der Einführung der Gesamtschule als Regelschule in Hessen, insgesamt sehr positiven Ergebnisse zu beobachten.

Eine der wichtigsten Kritikpunkte am traditionellen Bildungssystem ist die fehlende Chancengleichheit hinsichtlich der sozialen Herkunft (vgl. hierzu schon die in Kapitel 3 dargestellten Arbeiten). Ist die Gesamtschule in der Lage, Chancengleichheit oder zumindest eine Verringerung der Ungleichheit herbeizuführen? Ohne die Debatte über die Definition der

Chancengleichheit oder Chancengerechtigkeit[46] ausführlich vorstellen zu wollen, soll zuerst auf die so genannte repräsentative Chancengleichheit eingegangen werden, die einfach die Verteilung der Kinder unterschiedlicher Herkunftsschichten auf die verschiedenen Bildungsgänge betrachtet (vgl. Fend 1982: 137ff.). Hierbei werden mit der Oberschicht, der Mittelschicht und der hier so genannten Grundschicht drei Herkunftsklassen unterschieden. Danach wird betrachtet, wie die Schulbesuchsquoten der Kinder aus diesen Schichten in traditionellen beziehungsweise in Gesamtschulsystem sind. Aus Gründen der Übersichtlichkeit werden trotz aller internen Unterschiede und der Probleme der eindeutigen Zuordnung auf Grund der gerade besprochenen Möglichkeit der heterogenen Leistungsprofile der einzelnen Schüler die Ergebnisse der verschiedenen Untersuchungen in einer einzigen Tabelle zusammengefasst.

---

[46] Hinter dieser auf den ersten Blick rein sprachlichen Differenzierung verbergen sich unterschiedliche politische Konzeptionen, die einerseits von der Gleichverteilung von Begabungen innerhalb der Gesellschaft ausgehen und damit jede Ungleichheit nach sozialer Herkunft im Bildungssystem als Folge von Diskriminierungen betrachten und andererseits ungleiche Verteilungen zulassen und Gerechtigkeit mit der Durchsetzung eines reinen Leistungsprinzips verwirklicht sehen (vgl. auch Oelkers 2006: 84ff.).

Tabelle 5.4: Bildungsniveau und soziale Herkunft im traditionellen und Gesamtschulsystem (Zeilenprozente)

Traditionelles Schulsystem	Hauptschule	Realschule	Gymnasium
Grundschicht	59,5	28,1	12,4
Mittelschicht	35,2	32,5	32,5
Oberschicht	24,3	24,3	51,3
Gesamtschulsystem (Kursniveau)	tief	mittel	hoch
Grundschicht	34,1	37,2	28,5
Mittelschicht	22,7	37,8	39,5
Oberschicht	20,7	34,0	45,5

Quelle: eigene Berechnungen auf Grundlage von Fend (1982: 139)

Die Ergebnisse sind wiederum klar: Während im traditionellen Bildungssystem die Unterschiede zwischen den einzelnen Schichten sehr deutlich sind und die Chance eines Kindes aus der Oberschicht im Vergleich zur Herkunft aus der so genannten Grundschicht viermal größer sind, ein Gymnasium zu besuchen, sind diese Chancen in einem Gesamtschulsystem nur noch um 60 Prozent höher. Dies liegt – wie in der Tabelle 5.4 zu sehen ist – nun nicht daran, dass die Chancen von Kindern aus der Oberschicht schlechter geworden sind, sondern wohl an einer besseren Ausnutzung der breit diskutierten ‚Bildungsreserven'. Wenn man sich nur die aussagekräftigsten Daten, den Flächenversuch in Wetzlar, im Detail betrachtet, so zeigt sich, dass sich die gleichen Ergebnisse finden, auch wenn die Effekte nicht ganz so deutlich sind. Insgesamt gilt:

„Das Ergebnis ist hier eindeutig: wir finden bei allen Vergleichen die Bestätigung, daß die Verzerrung nach sozialer Herkunft in Gesamtschulen geringer ist, wenn man als Vergleichskriterium einen Kursindex zugrundelegt, der in Grenzen mit der Schulformzugehörigkeit vergleichbar ist" (Fend 1982: 138).

Nun kann man natürlich darüber streiten, ob die gerade untersuchte so genannte repräsentative Chancengleichheit an sich wirklich ein Ziel von Bildungspolitik sein soll. Einiger werden sich die verschiedenen Positionen in dieser Diskussion in der Vorstellung sein, dass für die Bildungslaufbahn eines Kindes lediglich seine Fähigkeiten und Neigungen ausschlaggebend sein sollten und damit eben eine so genannte bedingte Chancengleichheit und ein meritokratisches Prinzip verwirklicht werden sollte (Fend 1982: 145ff.). Nun ist es eine ebenso mühsame und ergebnisoffene Diskussion, wie man die individuelle Fähigkeiten und Neigungen operationalisieren und empirisch fassen kann, in der hier im Mittelpunkt stehenden Studie wird – trotz aller Bedenken – an das kognitive Leistungsvermögen angeknüpft, das durch die Intelligenzforschung vertreten wird. „Die Frage wäre dann also, ob bei gleicher Intelligenz Kinder aus der Arbeiterschaft im herkömmlichen Schulsystem weniger weit kommen als Kinder etwa aus der Mittelschicht" (Fend 1982: 148) – und ob sich dies in Gesamtschulen anders darstellt. Um diese Frage zu beantworten, bieten sich zwei Wege an: Erstens ist es möglich, den Zusammenhang zwischen der sozialen Herkunft und dem Leistungsstatus eines Kindes unter der statistischen Kontrolle des Intelligenzquotienten zu berechnen. Hierbei ergibt sich für das traditionelle Schulsystem ein entsprechender partieller Korrelationskoeffizient von 0,31 und in Gesamtschulen von 0,16. Inhaltlich bedeutet dies, dass auch in Gesamtschulen bei gleicher Intelligenz ein gewisser Einfluss der sozialen Herkunft zu beobachten ist. Diese Korrelation ist jedoch im traditionellen Bildungssystem fast doppelt so hoch.

Eine zweite Möglichkeit besteht nun darin, die Verteilung auf die einzelnen Schulformen für Kinder aus unterschiedlichen Herkunftsfamilien unter zusätzlicher Kontrolle der Intelligenz zu betrachten (vgl. Tabelle 5.5).

Tabelle 5.5: *Bildungsniveau und soziale Herkunft im traditionellen und Gesamtschulsystem unter Kontrolle des IQ-Wertes (Zeilenprozente)*

IQ-Wert im unteren Drittel			
Traditionelles Schulsystem	Hauptschule	Realschule	Gymnasium
Grundschicht	65,7	27,6	6,7
Mittel- oder Oberschicht	44,0	31,0	25,0
Gesamtschulsystem (Kursniveau)	Tief	mittel	Hoch
Grundschicht	40,3	37,3	22,4
Mittel- oder Oberschicht	37,1	33,6	29,4
IQ-Wert im oberen Drittel			
Traditionelles Schulsystem	Hauptschule	Realschule	Gymnasium
Grundschicht	22,8	50,0	27,2
Mittel- oder Oberschicht	10,5	35,9	54,2
Gesamtschulsystem (Kursniveau)	Tief	mittel	hoch
Grundschicht	24,5	34,3	41,2
Mittel- oder Oberschicht	14,3	36,3	49,3

Quelle: Fend (1982: 150)

Zuerst einmal ist auffallend, dass den IQ-Werten durchaus ein gewisser prädiktiver Wert zukommt. In beiden Schulsystemen und in den beiden hier betrachteten Schichten sind beispielsweise die Besuchsquoten für Gymnasien bei Kindern mit einem hohen Intelligenzquotienten deutlich erhöht. Man sieht jedoch auch, dass im traditionellen System der Anteil von Kindern aus der Mittel- oder Oberschicht, die trotz relativ schlechter IQ-Werte ein Gymnasium besuchen, ungefähr so hoch ist wie der Anteil der Gymnasiasten bei Arbeiterkindern mit hohen IQ-Werten (25,0 : 27,2 Prozent). Ganz anders in Gesamtschulen: Zwar werden durch die Gesamtschule offensichtlich Kinder mit einem gehobenen sozialen Hintergrund nicht vom Besuch von Kursen mit höherem Niveau abgehalten, Kinder aus der Grundschicht werden dort aber eher ihren Begabungen gemäß unterrichtet. Es scheint, dass das Prinzip der bedingten Chancengleichheit zumindest ansatzweise in

Gesamtschulen erfüllt werden kann. Zunächst ist es jedoch noch eine offene Frage, worin dieser Effekt begründet ist.

Ein weiterer wichtiger Diskussionspunkt im Rahmen der Diskussion über die Gesamtschule und damit eben auch ein weiteres Evaluationskriterien (vgl. auch Tabelle 5.1) ist die fachliche Leistung der Schüler in den unterschiedlichen Schulsystemen. Bei einer solchen Vorstellung eines Leistungsvergleichs sind aber auch die Kriterien zu diskutieren. In der Geschichte der Gesamtschuldiskussion finden sich unterschiedliche Standpunkte (vgl. Fend 1982: 189ff.): So kann man argumentieren, dass in Gesamtschulen mehr Leistung erbracht wird, da durch eine höhere Individualisierung und Differenzierung die Stärken der einzelnen Kinder besser berücksichtigt werden. Eine zweite Position lautet, dass in Gesamtschulen andere und neue Inhalte und teilweise sogar neue Lernformen wie beispielsweise das Lernen des Lernens oder soziales Lernen im Mittelpunkt stehen. Drittens kann man – in der Diskussion eher defensiv – davon ausgehen, dass Gesamtschulen und das dreigliedrige Schulsystem gleichwertige Leistungen erbringen. Weiterhin sei darauf hingewiesen, dass gerade bei der Einführung von Gesamtschulen als Modellschulen, hier wird den Eltern zusätzlich zum bisherigen Schulsystem eine weitere Wahloption gegeben, eine mögliche Verzerrung durch das so genannte ‚creaming' entstehen kann. „Damit ist gemeint, daß etwa 20 bis 30 % der Schüler eines Altersjahrganges – und zwar die leistungsfähigste Gruppe – die Gesamtschule nicht besucht und eher aufs Gymnasium geht" (Fend 1982: 221; vgl. dort auch für eine ausführliche Diskussion weiterer methodischer Probleme).

Wenn man nun all diese möglichen Einwände beiseite lässt und einfach die Ergebnisse entsprechender Leistungstests in den Klassenstufen 6 und 9 im traditionellen Bildungssystem und in den Gesamtschulen vergleicht, kann man festhalten, dass die Schüler in Gesamtschulen nicht von Schülern im traditionellen Bildungssystem unterscheiden. So sind die Leistungen von Schülern der 6. Stufe in Englisch im traditionellen System besser und die Leistungen im Bruchrechnen in Gesamtschulen. In der neunten Klassenstufe schneiden die Schüler im traditionellen System in Orthographie, Mathematik und

Englisch besser ab, im Leseverständnis und in Physik finden sich keine Unterschiede (vgl. Fend 1982: 225). Vorschnell könnte man diese Ergebnisse als Indiz dafür werten, dass zumindest die Lerngeschwindigkeit im traditionellen System besser auf die Schülereigenschaften abgestimmt ist. Die Ergebnisse zeigen jedoch auch, dass im besten Falle nur 2,5 Prozent der Varianz durch das Schulsystem aufgeklärt werden kann. Vor dem Hintergrund der möglichen Selbstselektion erscheinen diese Unterschiede vernachlässigbar.[47]

Als letzter Untersuchungsgegenstand werden in der Arbeit von Fend (1982) das soziale Lernen und die soziale Umwelt näher betrachtet. Dabei können die verschiedensten Dimensionen herangezogen werden, von der Verwirklichung von Selbstvertrauen, der Schulfreude und der Arbeitshaltung auf der einen oder Disziplinlosigkeit, Aggressivität und Anonymität auf der anderen Seite. Insgesamt fällt eine Einschätzung schwer. Es zeigt sich, dass sowohl für das Selbstvertrauen wie die Leistungsangst, die Schulfreude wie die Arbeitshaltung aber eben auch bei den Disziplinproblemen große Unterschiede zwischen den einzelnen Schulen, vor allem aber zwischen den einzelnen Altersstufen und innerhalb der Klassen auch zwischen Jungen und Mädchen bestehen, der Einfluss des Schulsystems selbst ist relativ gering (Fend 1982: 390ff.). Der durch das Schulsystem erklärte Anteil der Varianz bei einer Vielzahl abhängiger Variablen, die aus den Bereichen eines positiven Selbstkonzeptes, der Selbständigkeit und Autonomie, der sozialen Einstellungen, aber auch der Belastungsindikatoren und der Interessen stammen, liegt höchstens bei knapp 3 Prozent.

---

[47] In Anbetracht der inneren Vielfalt und Unterschiedlichkeit der verschiedenen Gesamtschulversuche sind derart kurze oder gar grobe Zusammenfassungen meist ungenügend. Genauere Analysen (vgl. Fend 1982: 224ff.) zeigen aber, dass trotz aller internen Differenzierungen das Grundergebnis reproduziert wird: „Nachdem wir positiv nachweisen konnten, daß im Rahmen eines Gesamtschulsystems, das über Fachleistungsdifferenzierung ähnlich viele Niveaustufen wie das dreigliedrige Schulsystem bildet und das, was Lehrerschaft und Schülerschaft angeht, unter vergleichbaren Bedingungen arbeitet, vergleichbare Leistungsergebnisse zu erzielen sind, schien uns die Frage des leistungsmindernden oder sogar nivellierenden Einflusses eines Gesamtschulsystems beantwortet" (Fend 1982: 286).

In vielen Fällen ist dieser Effekt nicht signifikant oder inhaltlich kaum zu interpretieren (vgl. die Darstellung in Fend 1982: 390).

Wie ist die Gesamtschule nun aufgrund der dargestellten Studie zusammenfassend zu bewerten? Unabhängig davon, welche der diskutierten Dimensionen man sich noch einmal betrachtet, nahezu immer erscheint die Gesamtschule zumindest nicht die schlechtere, in manchen Bereichen sogar die eindeutig zu präferierende Organisationsform von Schule zu sein. Helmut Fend (1982: 491) fasst die Ergebnisse noch einmal zusammen, wobei er zwischen traditionellem Schulsystem, den Modellschulen und dem Flächenversuch unterscheidet (vgl. Tabelle 5.6).

Betrachtet man sich die Entwicklung der Gesamtschule und ihre heutige Verbreitung, so kann man nur erstaunt sein und sich dem bereits 1982 von Helmut Fend verfassten Urteil anschließen, dass der Gang der Geschichte in der Gesamtschulfrage „nicht der Rationalität wissenschaftlicher Untersuchungen, sorgfältiger Auswertung ihrer Ergebnisse und darauf aufbauender bildungspolitischer Entscheidungen gefolgt" (Fend 1982: 13f.) ist, sondern eben einer „politischen Eigendynamik" (Herrlitz 2003: 18).

Tabelle 5.6: Ergebnismuster der Gesamtschuluntersuchungen[48]

Bereiche	Traditionelles Schulsystem	Modellschulen	Flächenversuch
Schullaufbahnen			
Durchlässigkeit	-	+	+
Individualisierung	-	+	+
Begabungsgerechtigkeit	-	0	+
Abschlüsse	-	++	+
Chancengleichheit			
repräsentative Gleichheit	-	++	+
bedingte Gleichheit	-	++	+
Schulleistungen			
eher leistungsschwache Schüler	0	+	0
eher leistungsstärke Schüler	0	--	0
Erzieherische Wirkung			
erzieherische Wirkung	0	+	0
Fluktuation	+	0	-
Schulklima	0	0	0
Relative Gratifikation	+	-	-

0 = kein Unterschied
+/- = Unterschiede
++/-- = deutliche Unterschiede
Quelle: Fend (1982: 491)

Dagegen sind auch inhaltlich und methodisch sorgsam durchgeführte empirische Studien machtlos, denn zumindest im kurzfristigen (bildungs-) politischen Diskurs scheint das Habermassche Diktum des zwanglosen Zwangs des besseren Arguments nicht immer Gültigkeit zu haben. Ob der ‚lange Atem der Geschichte' ein anderes Urteil fällt, bleibt offen. Dies gilt insbesondere in der heutigen Situation, in der die Gesamtschule in der schulpolitischen Diskussion in eine stark defensive Position geraten ist (vgl. als ersten Einstieg Köller 2008).

---

[48] Diese Tabelle entspricht der Originaldarstellung in Fend (1982: 490). Aus diesem Grunde wurde auch die Beschriftung der Ergebnisse übernommen, obwohl die Interpretation als Unterschiede Schwierigkeiten bereitet. Es ist wohl sinnvoller, beispielsweise hinsichtlich der Chancengleichheit davon auszugehen, dass dieses Ziel im traditionellen Schulsystem nicht erreicht wird, im Flächenversuch teilweise möglich und in den Modellschulen einfach erreicht wird.

Schulleistungsstudien liefern für Gesamtschulen ein eher negatives Bild[49] – woran dies liegt wäre Thema einer eigenständigen Untersuchung, dass die bereits diskutierten creaming-Überlegungen und die regional sehr unterschiedliche Verbreitung von Gesamtschulen[50] und damit die dort vorherrschenden Rahmenbedingungen, etwa auch hinsichtlich des Anteil von Schülern mit Migrationshintergrund, eine Rolle spielen, scheint nahe liegend. Man sollte jedoch auch bedenken, dass ein abrupter Wandel der Schulstrukturen letztlich nicht handhabbar ist. Verschiedene Arbeiten zeigen, dass die Qualität schulischer Arbeit eben nicht nur von der Schulstruktur, sondern auch „von den didaktischen und methodischen Orientierungen der Lehrkräfte, der Tradition einer Schulform und der darauf bezogenen Lehrerbildung sowie vor allem von der Arbeit in der Einzelschule und von der pädagogischen Kompetenz und dem professionellen Ethos ihrer Lehrkräfte" (Baumert/Artelt 2003: 190) abhängt. Selbst wenn also entsprechende Strukturveränderungen stattfinden sollten – eine politisch sehr unwahrscheinliche Vermutung – müssten sie durch eine Fülle von Maßnahmen gestützt werden.

---

[49] So stellt etwa Köller (2008: 459f.) fest, „dass die Schüler an Oberstufen von Gesamtschulen und Gymnasien in kognitiver, sozialer und fachlicher Hinsicht unterschiedliche Teilpopulationen darstellen" und dass Gesamtschulen sozusagen die Funktion zukommt, „jungen Erwachsenen, die keinen gymnasialen Bildungsweg eingeschlagen haben und aus eher bildungsfernen Sozialschichten stammen, den Zugang zur allgemeinen Hochschulreife zu eröffnen". Bei diesem Vergleich wurde die interne Leistungsdifferenzierung in den Gesamtschulen berücksichtigt, es wurden also Schüler der A-Kurse mit den Gymnasiasten verglichen.

[50] Der Anteil von Schülern der 7. Klassenstufe an integrierten Gesamtschulen im Schuljahr 2005/6 ist sehr unterschiedlich und reicht von 0 Prozent in Sachsen, wo es einfach überhaupt keine Gesamtschulen gibt, über 0,2 und 0,5 Prozent in Bayern und Baden-Württemberg bis hin zu rund 27 Prozent in Hamburg und Berlin (Köller 2008: 444)

5.3 Die Entwicklung im Überblick: Soziale Ungleichheiten bei den verschiedenen Übergängen innerhalb des Bildungswesens

Die Expansion des Bildungswesens und damit die erhöhte Bildungsbeteiligung ist sicherlich die bedeutsamste Entwicklung der 1970er und 1980er Jahre. Die relative Ruhe der bildungspolitischen, aber auch der bildungssoziologischen Diskussionen in dieser Zeit hängt sicherlich zum Teil auch damit zusammen, dass sich eine vorläufig abschließende Bewertung der jeweiligen Veränderungen in dieser Zeit aus rein demografischen Gründen erst einmal verboten hat. Erst mit dem Ende der 1980er Jahre war es möglich, wirklich längerfristige Entwicklungen einzuschätzen und hinsichtlich der Veränderung sozialer Bildungsungleichheiten zuverlässige Aussagen zu machen. Seitdem finden sich eine ganze Reihe entsprechender Studien, die nun zusammenfassend vorgestellt werden (vgl. beispielsweise Shavit/Blossfeld 1993; Müller/ Haun 1994; Henz/Maas 1995; Schimpl-Neimanns 2000).

In einem ersten Analyseschritt kann man – ganz ähnlich wie bei den Beiträgen aus dem 1960er Jahren (vgl. Kapitel 3) – den in den 1990er Jahren beobachtbaren Zusammenhang zwischen sozialer Herkunft und Bildungsbeteiligung oder genauer zwischen der sozialen Herkunft und der jeweiligen Bildungskarriere deskriptiv und im Querschnitt betrachten (vgl. etwa Köhler 1992). Die Ergebnisse dieser Betrachtungsweise lassen deutliche Zweifel an der Ausgangsthese aufkommen, dass mit der beobachtbaren Bildungsexpansion auch die soziale Ungleichheit zurückgegangen ist. Deutlich wird dies beispielsweise bei einer Auswertung der Schulbesuchsdaten für die 13 beziehungsweise 14 Jahre alten Schüler nach der Stellung im Beruf des Familienvorstandes (Köhler 1992: 39ff.). In Tabelle 5.7 sind die wichtigsten Ergebnisse dieser Untersuchung zusammengefasst.

Tabelle 5.7: *Soziale Herkunft und Schulbesuch 1989 (Angabe in Zeilenprozenten)*

	Hauptschule	Realschule	Gymnasium	Gesamtschule
Selbstständige	31,6	27,7	37,1	3,7
Beamte	14,0	24,2	57,4	4,3
Angestellte	22,1	29,8	42,8	5,4
Arbeiter	58,3	26,0	10,8	4,9
Sonstige	56,2	22,2	15,7	6,0
Insgesamt	39,6	26,8	28,7	4,9

Quelle: Köhler 1992: 40

Schon ein erster Blick auf diese Verteilung und damit auf die repräsentative Chancengleichheit zeigt die offensichtlich immer noch vorhandenen enormen Unterschiede der relativen Schulbesuchsquoten. Während für Kinder aus Arbeiterhaushalten die Hauptschule auch 1989 noch die Regelschule war, gingen von 100 Kindern aus Beamtenfamilien ungefähr 57 aufs Gymnasium. Wenn man diese sicherlich etwas grobe Einteilung weiter differenziert, verstärken sich die Ergebnisse noch einmal (vgl. Köhler 1992: 40f. für genauere Angaben und eine grafische Aufbereitung): So liegt etwa bei selbständigen Akademikern der Anteil der auf ein Gymnasium gehenden Kinder bei 84,8 Prozent, bei deutschen und ausländischen Arbeitern ohne Lehre jedoch nur bei 7,8 beziehungsweise 7,7 Prozent.

Noch interessanter als diese Zustandsbeschreibungen sind jedoch Entwicklungen und Analysen, die nicht nur die bivariaten Zusammenhänge berichten, sondern multivariate Verfahren heranziehen, um die sozialen Ungleichheiten des Bildungsverhaltens und vor allem dessen Veränderungen zu untersuchen. Exemplarisch ist in diesem Zusammenhang die Studie von Walter Müller und Dietmar Haun (1994) zu nennen, auf die im Folgenden näher eingegangen werden soll.

Zuerst einmal muss man sich bei der Betrachtung von Veränderungen im Bildungsverhalten noch einmal die große Zahl theoretisch bedeutsamer Einflussfaktoren und deren Veränderungen in den letzten Jahren und Jahrzehnten vor Augen halten.

Zur Bildungsungleichheit in Deutschland

„Da sich in längeren Zeiträumen viele Bedingungen ändern, ist es bei der Analyse sozialen Wandels außerordentlich schwierig, die entscheidenden Ursachen des Wandels zu isolieren. Wenn sich in unserem Beispiel herausstellen sollte, daß im Zeitverlauf die Ungleichheiten im Endergebnis nicht kleiner geworden sind, heißt dies noch nicht, daß ein potentiell dafür in Betracht kommender Faktor – wie beispielsweise die bildungspolitischen Reformmaßnahmen – unwirksam gewesen wäre. Er kann durch gleichzeitig in andere Richtung wirkende, ungleichheitsverstärkende Prozesse konterkariert sein" (Müller/Haun 1994: 3).

Auch das hier vorgestellte Modell kann nicht alle Faktoren kontrollieren, die theoretischen Überlegungen sensibilisieren jedoch für mögliche Fehlspezifikationen und Fehlinterpretationen.

Insgesamt sind dabei vier große Konstrukte zu berücksichtigen (Müller/Haun 1994: 4ff.): erstens die institutionellen Bedingungen des Bildungserwerbs, also die Struktur des Bildungsangebots und die möglichen Zugangs- und Selektionskriterien, zweitens die Fähigkeit und Motivation einzelner Schüler, drittens die ökonomischen, sozialen und kulturellen Ressourcen und Präferenzen sowie schließlich viertens die möglichen beziehungsweise perzipierten Bildungserträge. Hinsichtlich dieser vier Bereiche lassen sich sowohl ungleichheitsreduzierende wie ungleichheitsverstärkende Faktoren ausmachen (vgl. die Übersicht bei Müller/Haun 1994: 6 sowie die daran anschließenden Ausführungen). Folgende Faktoren wirken sich dabei ungleichheitsreduzierend aus:

- Reformen und andere institutionelle Veränderungen wie etwa die Verlängerung der Hauptschule oder der erleichtere Übergang zwischen den Schulen,
- die verbesserte Lebensbedingungen,
- eine klassenspezifisch veränderte Einschätzung des instrumentellen Bildungsertrages sowie
- ein Ceiling-Effekt.

Die Ungleichheit der Bildungsbeteiligung wird hingegen durch die folgenden Faktoren verstärkt:

- die erhöhte Konkurrenz um Bildungsplätze etwa durch den so genannten Numerus Clausus, also die Beschränkung des Hochschulzugangs zu bestimmten Studiengängen, große Geburtskohorten, bessere Bildungs-

beteiligung der Frauen und einer Zunahme bildungsorientierter Herkunftsmilieus sowie
- die abnehmenden Bildungserträge beziehungsweise zumindest die Wahrnehmung sinkender Erträge.

Insgesamt gibt es also in der Entwicklung der Bundesrepublik, aber auch in der Geschichte Deutschlands vor 1945 eine Vielzahl sich widersprechender Tendenzen, deren Auswirkungen auf die Bildungsbeteiligung der einzelnen Schichten und die dadurch entstehende eventuelle Bildungsungleichheit empirisch zu bearbeiten sind.

Hierbei gilt es jedoch, einige Besonderheiten zu beachten: Die Bildungskarriere kann – ganz wie in den theoretischen Modellen postuliert (vgl. Kapitel 4) – als eine Reihe von sukzessiven Entscheidungsprozessen verstanden werden. Im Gegensatz zu einer Modellierung, die den höchsten erzielten Schulabschluss als abhängige Variable betrachtet, kann so eine Trennung des Effekts einer allgemeinen Erhöhung der Bildungsgelegenheiten und der Bildungsbeteiligung einerseits und unabhängig davon den Veränderungen in den sozialen Selektionsmechanismen andererseits erfolgen (vgl. Müller/Haun 1994: 10f.; Blossfeld/Shavit 1993b: 26ff. sowie grundlegend Mare 1980). Hierbei lassen sich die Übergangswahrscheinlichkeiten auf die jeweils nächst höhere Stufe und das jeweilige Bildungsergebnis untersuchen. Diese Unterscheidung ist weder trivial noch konsequenzenlos:

„Bei der Analyse der Bildungsergebnisse wird stets die gesamte Untersuchungspopulation einbezogen und untersucht, welche Populationsmitglieder ein interessierendes Niveau erreichen oder nicht erreichen. Bei der Analyse der Bildungsübergänge verkleinert sich dagegen mit ansteigendem Bildungsniveau die Analysepopulation. Aus der Gesamtheit der Untersuchungspopulation werden schrittweise nur noch diejenigen Personen berücksichtigt, die ein sukzessive höher angelegtes Niveau erreicht haben, und es wird geprüft, wer von diesen Personen auf diesem Niveau ausscheidet" (Müller/Haun 1994: 11).

Wenn man also beispielsweise den Übergang von der mittleren Reife zum Abitur betrachtet und hier soziale Unterschiede diagnostiziert, bedeutet das, dass es Kinder aus der Arbeiterklasse selbst dann schwerer haben, das Abitur abzulegen, wenn nur noch die Arbeiterkinder berücksichtigt werden, die bereits

die mittlere Reife erfolgreich abgelegt haben. Problematisch ist es nun, einen geeigneten Datensatz zu finden, der Informationen über die jeweiligen Rahmenbedingungen individueller Bildungsentscheidungen für einen weiten historischen Zeitraum erfasst, denn wie aus den gerade skizzierten theoretischen Überlegungen heraus deutlich wird, müssten – und sei es zum Vergleich etwa der Folgen der Bildungsexpansion – bereits Personen in der Analyse berücksichtigt werden, die ihre Bildungskarriere in den 1920er Jahren begonnen haben. Um die entsprechenden Fragen auch empirisch zu beantworten, wurden in der Studie von Walter Müller und Dietmar Haun drei unterschiedliche Datenquellen verwendet, deren Synopse nicht nur die Erfassung eines langen historischen Zeitraums ermöglicht, sondern durch die vorhandenen Überschneidungen die Ergebnisse gegenseitig auf ihre Konsistenz hin prüft. Eine erste Quelle stellt die Zusatzerhebung zum Mikrozensus 1971 dar, in der „einmalig in der Geschichte der amtlichen Statistik umfangreiche Informationen zur sozialen Herkunft der Bevölkerung erfaßt" wurden (Müller/Haun 1994: 12). Für die hier vorgestellte Studie sind vor allem die Informationen der Geburtsjahrgänge 1920-1950 von Interesse. Ergänzt wurde diese Datenbasis durch die kumulierten Daten der Allgemeinen Bevölkerungsumfrage der Sozialwissenschaften (ALLBUS) und des sozioökonomischen Panels (SOEP).
Schon ein erster deskriptiver Blick in diese beiden aus sozialwissenschaftlichen Umfragen entstandenen Datenquellen zeigt erneut den Umfang der Bildungsexpansion (vgl. Müller/Haun 1994: 14). Während in den Geburtskohorten der 1910er Jahre bei Männern etwas mehr und bei Frauen etwas weniger als 20 Prozent mindestens die mittlere Reife als Bildungsabschluss nennen konnten, haben sich diese Anteile für die in der zweiten Hälfte der 1960er Jahre Geborenen auf Werte von etwa 55 beziehungsweise annähernd 70 Prozent erhöht. Die Erhöhung des Anteils an Personen mit einem weiterführenden Schulabschluss setzt dabei jedoch schon mit den Geburtskohorten 1940-44 und damit Mitte der 1950er Jahre ein – also deutlich früher als die häufig als Beginn der Bildungsexpansion genannten 1960er Jahre. Die zentrale Frage lautet: „Wie haben sich nun im Zuge dieser Expansion für Männer und Frauen die

Differenzierungen nach der sozialen Herkunft entwickelt?" (Müller/Haun 1994: 15). Hierzu wird noch einmal betrachtet, wie sich der Anteil von Personen mit mittlerer Reife für die einzelnen sozialen Schichten – operationalisiert entlang des von Goldthorpe vorgeschlagenen Klassenschemas, das zwischen einer oberen Dienstklasse, mittleren Angestellten und Beamten, ausführenden Angestellten und Beamten, dem Kleinbürgertum, Landwirten, der Arbeiterelite, Facharbeitern und schließlich un- und angelernten Arbeitern unterscheidet – verändert hat (vgl. Müller/Haun 1994: 16; Abbildung 2). Als Ergebnis kann man festhalten, dass in den jüngeren Kohorten deutlich geringere Klassenunterschiede festzustellen sind als in den älteren Kohorten. Die Spanne zwischen den Klassen ist geringer geworden.

An dieser Stelle ist aber noch einmal auf die Problematik einzugehen, wie Bildungsungleichheiten eigentlich richtig erfasst werden (vgl. Müller/Haun 1994: 16f; Handl 1985): In dem referierten Beitrag werden letztlich die Chancenverhältnisse, die so genannten odds-ratios berechnet. Was bedeutet dies konkret? Hierzu sei ein einfaches Beispiel angeführt: Wenn die Chance mit einer Herkunft aus dem Arbeitermilieu eine weiterführende Schule zu besuchen 12 Prozent ist und die entsprechende Chance bei einer Herkunft aus dem gehobenen Bürgertum 60 Prozent, dann beträgt das Chancenverhältnis oder eben das odds-ratio 5:1. Veränderungen dieser relativen Chance sind etwas anderes als Veränderungen der allgemeinen Beteiligungsquoten.

Oben wurde bereits diskutiert, dass diese Veränderungen die unterschiedlichsten Ursachen haben können. Aus diesem Grund sollte man sich nicht mit der Interpretation einfacher Verläufe begnügen, sondern die vermuteten Mechanismen multivariat überprüfen. Hierzu wird zuerst auf den Mikrozensus von 1971 und damit die Geburtsjahrgänge von 1920 bis 1950 zurückgegriffen.

Um die Komplexität der Modelle für die Darstellung nicht ausufern zu lassen, wurden von Müller und Haun unter Konstanthaltung einer Fülle gleich zu diskutierender Kovariate letztlich nur die Effekte der Klassenzugehörigkeit auf das Bildungsverhalten oder konkreter auf den Übergang von der

Hauptschule zur mittleren Reife beziehungsweise von der mittleren Reife zum Abitur untersucht. Statistisch kontrolliert wurde dabei die Kohorten- und die Geschlechtszugehörigkeit, die Bildung von Mutter und Vater, die Geschwisterzahl und die Vertriebeneneigenschaft sowie die unterschiedliche Wirkung der Bildung von Vätern und Müttern auf die Bildungsbeteiligung von Söhnen und Töchtern und schließlich einige Veränderungen von Effekten in der Kohortenfolge (Müller/Haun 1994: 17). Wie hat sich der Einfluss der Klassenzugehörigkeit auf das Bildungsverhalten beim Übergang von der Hauptschule zur Mittleren Reife und beim Übergang von der Mittleren Reife zum Abitur verändert? Hier lassen sich verschiedene Ergebnisse festhalten:

- Im Vergleich zur oberen Dienstklasse weisen alle anderen sozialen Schichten deutlich geringere Chancen auf, die mittlere Reife beziehungsweise dann weiter das Abitur zu erlangen. „Arbeiterkinder bleiben (...) mit Abstand am weitesten hinter den Kindern aus der Dienstklasse, aber auch hinter den Kindern aus allen anderen Klassen zurück" (Müller/Haun 1994: 18).
- Es wird jedoch auch deutlich, dass diese Klassenunterschiede bei dem Übergang von der mittleren Reife zum Abitur deutlich geringer sind als beim Übergang von der Hauptschule zur mittleren Reife. Dieser erste Bildungsübergang scheint also durchaus eine gewisse Filterfunktion zu haben. „Je weiter fortgeschritten eine Person in der Bildungskarriere ist, umso weniger hängen die weiteren Schritt von Bedingungen der sozialen Herkunft ab" (Müller/Haun 1994: 18ff.; vgl. dazu auch schon Mare 1980).
- Bemerkenswert ist ferner, dass diese Aussagen unter Kontrolle beispielsweise der Schulbildung der Eltern getroffen wurden. Es handelt sich also um reine Effekte der Klassenzugehörigkeit, die nicht über das kulturelle Kapital der Eltern – soweit sich dies mit der Schulbildung abbilden lässt – vermittelt werden. Es bleibt offen, wie die deutlichen Unterschiede dann weiterhin zu erklären sind.
- Das vielleicht bedeutsamste Ergebnis ist jedoch, dass sich die Übergangschancen von Kohorte zu Kohorte weniger hinsichtlich der Klassenzugehörigkeit unterscheiden (Müller/Haun 1994: 20). So hat sich etwa bei dem Übergang zur mittleren Reife die Benachteiligung von Kindern un- oder angelernter Arbeiter im Vergleich zur oberen Dienstklasse halbiert. Trotzdem sind die Chancen dieser Kinder immer noch mehr als sechsmal schlechter.

Um es noch einmal deutlich zu machen: Betrachtet werden in diesem ersten Analyseschritt die Geburtskohorten 1920 bis

1950. Dies bedeutet, dass bereits vor der Phase der eigentlichen Bildungsexpansion in den 1960er und 1970er Jahren ein Rückgang der Ungleichheiten zu beobachten ist – auch wenn diese Klassenungleichheit unter Kontrolle der Bildung der Eltern immer noch stark ausgeprägt sind. Die Frage ist jedoch, wie sich diese Prozesse im Laufe der neueren Zeit und damit eben eventuell als Ergebnis der Bildungsexpansion verändert haben.

Hier muss nun auf die Ergebnisse des kumulierten ALLBUS beziehungsweise des SOEP eingegangen werden. Aufgrund der Datenlage werden dabei auch Informationen über die bereits mit Hilfe des Mikrozensus untersuchten Geburtsjahrgänge erzielt, die damit sozusagen als Validierung der gerade berichteten Ergebnisse dienen können. Dabei interessiert natürlich vor allem der Zusammenhang zwischen der sozialen Herkunft und der Bildungsbeteiligung beziehungsweise dem Bildungserfolg – wie oben unter Kontrolle einiger Kovariate.

Überraschender Weise ergeben sich für die untere Dienstklasse, der Klasse der ausführenden Angestellten und Beamten und beim selbständigen Kleinbürgertum keine signifikanten Veränderungen im Zeitablauf. Die Ungleichheitsrelationen im Vergleich zur oberen Dienstklasse sind – wenn auch nicht besonders groß – so doch über die Zeit konstant. Hinsichtlich der Landwirte, der Facharbeiter und der ungelernten Arbeiter lässt sich ein deutlicher Rückgang der ungleichen Bildungserfolge im Laufe der Zeit beobachten. Dies gilt besonders für den Übergang zur Mittleren Reife. „Der Egalisierungstrend verläuft schubartig in zwei historischen Phasen: bei den Kohorten 1940-1949 und 1960-1969. Wird das für diese Selektionsstufe typische Lebensalter des Kindes von etwa 10 Jahren beim Übergang berücksichtigt, so können die 50er und 70er Jahre als die eigentlichen Egalisierungsperioden identifiziert werden" (Müller/Haun 1994: 29). Die weiteren Übergangsprozesse zum Gymnasium bleiben allerdings relativ stabil. Anfänglich beobachtbare Egalisierungstrends bei Personen aus Arbeiterfamilien kehren sich im Zeitverlauf nahezu vollständig wieder um, so dass sich die Situation der in den 1920er Jahren

Zur Bildungsungleichheit in Deutschland 117

geborenen Arbeiterkinder kaum von der Situation der in den 1960er Jahren Geborenen unterscheidet.

„Zusammenfassend hängt also nur der Einstieg in die weiterführenden Bildungswege der Realschule und des Gymnasiums und das Erreichen der Mittleren Reife bis in die jüngste Zeit hinein zunehmend weniger von Herkunftsbedingungen ab. Bei der Fortsetzung der Bildungskarriere danach nehmen die Ungleichheiten zunächst ab, dann aber wieder zu. Es könnte der Eindruck entstehen, die Bildungsexpansion habe zwar durch eine soziale Öffnung beim Eintritt in die Gymnasien und die Realschulen den Erwerb der Mittleren Reife zu einer Art neuer schulischer Minimalqualifikation werden lassen, dabei jedoch die entscheidende soziale Selektion nur um eine Stufe nach oben auf den Zeitpunkt nach der Mittleren Reife verschoben. Daß eine solche Schlußfolgerung verfehlt ist, belegt ein erneuter Perspektivwechsel auf die Analyse von Bildungsergebnisquoten" (Müller/Haun 1994: 30).

Es zeigt sich hinsichtlich der Abiturientenquote, dass der Abstand zu Kindern der oberen Dienstklasse vor allem bei Kindern aus Bauernfamilien und Arbeiterfamilien eindeutig geringer geworden, wobei der bedeutendste Schub dieser Verringerung bei den in den 1930er Jahren geborenen Kinder zu beobachten ist (Müller/Haun 1994: 30). Betrachtet man die Quote der Fachhochschul- oder Universitätsabsolventen, so finden sich äquivalente Ergebnisse. Es gibt deutliche soziale Unterschiede, die jedoch für einzelne Gruppen wie Landwirte, ungelernte und Facharbeiter zurückgegangen sind.

„Nach wie vor ist die Bildungsbeteiligung offensichtlich durch die ökonomischen, sozialen und kulturellen Voraussetzungen der familiären Umwelt, in der Kinder aufwachsen, geprägt. (...) Die Verringerung von Bildungsungleichheiten zwischen Männern und Frauen ist seit langem unbestritten. Nach den in diesem Beitrag analysierten Daten haben die Ungleichheiten nach sozialen Herkunftsbedingungen in fast ähnlichem Ausmaß wie zwischen den Geschlechtern abgenommen" (Müller/Haun 1994: 32).

Diese Analysen wurden in der Zwischenzeit durch eine Reihe von Arbeiten ergänzt, die zu ähnlichen Ergebnissen kommen. So zeigt etwa Bernhard Schimpl-Neimanns (2000) mit Hilfe so genannter multinomialer Logitmodelle anhand von Daten der amtlichen Statistik, dass sich bei einem Vergleich von Volks- beziehungsweise Hauptschulabschluss versus dem Besuch einer weiterführenden Schule die Ungleichheit der Bildungsbeteiligung verringert hat, nicht jedoch bei einem Vergleich von Gymnasium versus Realschulen. Von besonderem Interesse ist jedoch die Frage, ob sich diese Befunde für die Bundesrepublik auch in anderen modernen Staaten wiederfinden? Darauf soll im folgenden Abschnitt eingegangen werden.

5.4 Bildungsungleichheit im internationalen Vergleich[51]

Wenn man nach Untersuchungen zur Entwicklung der Bildungsungleichheit in einer vergleichenden Perspektive sucht, so muss man unwillkürlich die Arbeit von Yossi Shavit und Hans-Peter Blossfeld (1993) nennen, die in dem von ihnen herausgegebenen Band Studien aus 13 Ländern zusammenfassen und deren wichtigstes Ergebnis bereits im Titel des Bandes genannt wird: „Persistent Inequality" (vgl. als kurze Zusammenfassung Blossfeld/Shavit 1993b). Mit diesem schlagwortartigen Befund widersprechen sie den gerade für Deutschland vorgestellten Ergebnissen von Walter Müller und Dietmar Haun und es ist von Interesse, wie zwei Studien, die von zwei der wohl wichtigsten Vertreter einer empirisch orientierten Bildungssoziologie zu einer nahezu identischen Fragestellung durchgeführt wurden, zu – zumindest auf den ersten Blick – so unterschiedlichen Ergebnissen kommen. Um dieser Frage nachzugehen, soll folgendermaßen vorgegangen werden: In einem ersten Schritt gilt es, den allgemeinen Rahmen der in dem Band von Shavit und Blossfeld vorgestellten Untersuchungen zu skizzieren. Danach werden – um einen Vergleich mit den gerade diskutierten Ergebnissen zu ermöglichen – die berichteten Befunde für die Bundesrepublik vorgestellt, bevor in einem dritten Schritt die weiteren Ergebnisse der einzelnen Un-

---

[51] In der Einleitung seines Buches „Liebe als Passion" schreibt Niklas Luhmann, dass es seiner Verliebtheit in den Stoff zugerechnet werden muss, dass er sich „nicht entschließen konnte, Zitate aus geläufigen europäischen Sprachen zu übersetzen" (Luhmann 1982: 12). Ein derart weitreichendes Selbstverständnis soll hier nicht vorausgesetzt werden – trotzdem werden im Folgenden etliche Begriffe aus dem amerikanischen Englisch nicht übersetzt. Vor allem in der tabellarischen Darstellung der empirischen Ergebnisse der vorgestellten Studien dient dies rein der Sprachökonomie.

tersuchungen diskutiert und zu einem einheitlichen Muster zusammengefasst werden können.

Bei den im Folgenden im Mittelpunkt stehenden Studien handelt es sich um das Resultat einer vom Research Committee on Social Stratification der International Sociological Association initiierten vergleichenden Untersuchung zur Entwicklung der Bildungschancen. Bisherige Untersuchungen waren entweder auf ein einzelnes oder relativ wenige Länder beschränkt und standen zudem immer vor dem Problem unterschiedlicher Konzeptionalisierungen und Operationalisierungen. Für die präsentierten Untersuchungen sollten so weit wie möglich Standardisierungen und Synchronisierungen durchgeführt werden. Die untersuchten Staaten decken dabei ein breites Spektrum industrieller Entwicklung, kultureller Unterschiedlichkeiten, politischer Systeme und geschichtlicher Entwicklungen, aber vor allem auch unterschiedlicher Bildungsstrukturen ab. Dabei lassen sich die Länder in drei Gruppen einteilen: „(1) Western capitalist countries: the United States of America, the (former) Federal Republic of Germany, England and Wales [...], Italy, Switzerland, the Netherlands, and Sweden; (2) non-Western capitalist countries: Japan and Taiwan; and (3) Western formerly socialist countries: Poland, Hungary, and Czechoslovakia" (Blossfeld/Shavit 1993a: 19).

Ausgangspunkt der theoretischen Betrachtungen ist dabei der nun schon mehrfach beschriebene soziale und ökonomische Wandel und die damit einhergehenden Veränderungen im Bildungs- und Beschäftigungssystem sowie die Entwicklung des modernen Wohlfahrtsstaates, die alle auch Konsequenzen für die Klassenstrukturen und die soziale Ungleichheiten mit sich brachten. „Industrialization, bureaucratization, and the expansion of the (welfare) state did not occur in isolation from changes in the educational system. Changes in the class structure and the upgrading of the occupational distribution have increased the demand for better education" (Blossfeld/Shavit 1993a: 1). Die ja bereits im vorangegangenen Abschnitt diskutierte Frage lautet nun, welche Konsequenzen die damit einhergehende Bildungsexpansion auf die sozialen Ungleichheitsrelationen hat. Theoretisch wird – etwa in den Modellen von Raymond Boudon – eine Verringerung der Ungleichheit erwartet, allein weil ein gewisser ‚Sättigungsgrad' bei den oberen Schichten, eben ein ceiling-Effekt eintritt. Empirisch zeigen sich häufig erstaunlich stabile Ungleichheitsrelationen. Eine Ursache dieser Unklarheiten könnte in der unterschiedlichen Modellierung von Ungleichheitsrelationen liegen.

„Should we measure change in inequality of educational opportunity by the change in effect of social origin variables on the mean number of school years completed? Or in terms of change in class-specific proportion completing a given level of school? Or again, in terms of change in the ratio between such proportions?" (Blossfeld/Shavit 1993a: 2f.).

In einem heute nahezu klassischen Beitrag arbeitet Robert D. Mare (1980) heraus, dass zwei unterschiedliche Prozesse zu beachten sind: die Erweiterung des Bildungssystems und die Selektion und Allokation von Schülern (Blossfeld/Shavit 1993a: 3). Einfache OLS-Regressionen – beispielsweise auf den über die Schuljahre operationalisierten Schulerfolg – können dies nicht hinreichend unterscheiden. Da die Bildungskarriere als sukzessiver Entscheidungprozess modelliert werden kann, müssten sich die Herkunftseffekte auf jeder Stufe verringern, da die Homogenität der Schüler immer größer wird.[52] Wie sehen nun die entsprechenden Ergebnisse für die Bundesrepublik aus?

Als Datengrundlage wird wiederum das sozioökonomische Panel (SOEP) und die dort retrospektiv erhobenen Bildungs- und Herkunftsvariablen herangezogen. Auch die Bildung des Vaters wird mit Hilfe der durchschnittlich benötigten Zeit für diesen Abschluss operationalisiert, so dass beispielsweise einem Hauptschulabschluss mit anschließender Lehre 11 Bildungsjahre und einem Universitätsabschluss 19 Bildungsjahre zugeschrieben werden (vgl. Blossfeld 1993: 54f.). Die berufli-

---

52 Schimpl-Neimanns (2000: 648) stellt zurecht die Frage, ob diese Übergänge in der Bundesrepublik wirklich nacheinander entschieden werden, da „es in Deutschland parallele, zum gleichen Abschluss führende Bildungswege gibt" und darüber hinaus im deutschen Bildungssystem die Eltern nicht vor einer binären, sondern letztlich vor einer wesentlich komplexeren Entscheidung stehen (vgl. für eine ähnliche Kritik auch die Studie von Breen und Jonsson 2000). Insofern mag eine für die Vereinigten Staaten durchaus angemessene Modellierung als nacheinander abfolgende Entscheidungen in Deutschland eher irreführend sein.

che Position des Vaters zum Zeitpunkt, als die Befragten 15 Jahre alt waren, entspricht einem sozioökonomischen Berufsprestige (Blossfeld 1993: 55). Dabei werden vier Übergänge betrachtet:

- von der Volksschule zur Real- beziehungsweise Mittelschule,
- von der Real- oder Mittelschule zur Fachhochschulreife beziehungsweise dem Abitur,
- von der Fachhochschulreife beziehungsweise dem Abitur zum Universitäts- oder Fachhochschulabschluss und
- vom Hauptschul- oder Realschulabschluss zum Abschluss einer Lehre.

In einem ersten Schritt werden mit den vorhandenen Daten noch einmal die Wege der Bildungsexpansion nachgezeichnet. Danach wird – trotz der gerade geschilderten Probleme – der Einfluss der sozialen Herkunft auf den höchsten erreichten Schulabschluss – operationalisiert mit Hilfe von Schuljahren (years of schooling) – mit einer einfachen OLS-Regression berechnet.[53] In Tabelle 5.8 finden sich die entsprechenden unstandardisierten Regressionskoeffizienten, wobei die Kohorte 1916-20 als Referenzkategorie dient.

---

[53] Bei linearen Regressionen wird der Einfluss verschiedener Faktoren auf die Ausprägungen einer metrischen abhängigen Variablen untersucht. Ziel ist es, die Abweichungen der vorhergesagten von den empirischen Werten zu minimieren (Minimierung der Abweichungsquadrate = ordinary least square (OLS)). Wirklich kausale Ursachenbeziehungen lassen sich mit Regressionen jedoch kaum untersuchen, hierzu wäre ein anderes Forschungsdesign notwendig. Insofern sind die folgenden Ausführungen immer entsprechend vorsichtig zu interpretieren.

Tabelle 5.8: *Soziale Herkunft und höchster erreichter Schulabschluss in Deutschland der Geburtskohorten 1916-1965*

	Women	Men
Intercept	6,55**	5,82**
Father's schooling	0,35**	0,24**
Father's occupation	0,03**	0,04**
Cohort 1956-1960	1,24	2,25*
Cohort 1951-1955	2,06	1,35
Cohort 1946-1950	0,45	-0,34
Cohort 1941-1945	1,25	1,42
Cohort 1936-1940	0,41	-0,57
Cohort 1931-1935	-2,81*	-2,75*
Cohort 1926-1930	0,84	-0,78
Cohort 1921-1925	-2,25	-0,19
Father's schooling * 1956-1960	0,10	-0,01
Father's schooling * 1951-1955	-0,17	0,11
Father's schooling * 1946-1950	0,07	0,21
Father's schooling * 1941-1945	-0,10	0,06
Father's schooling * 1936-1940	-0,09	0,10
Father's schooling * 1931-1935	0,24	0,42**
Father's schooling * 1926-1930	-0,13	0,12
Father's schooling * 1921-1925	0,22	0,09
Father's occupation * 1956-1960	0,01	-0,01
Father's occupation * 1951-1955	0,01	-0,02
Father's occupation * 1946-1950	-0,01	-0,02
Father's occupation * 1941-1945	0,01	-0,02
Father's occupation * 1936-1940	0,01	-0,01
Father's occupation * 1931-1935	0,01	-0,04**
Father's occupation * 1926-1930	0,01	-0,01
Father's occupation * 1921-1925	-0,01	-0,02
r^2	0,28	0,25
n	2.214	1.985

*: $p < 0,10$; **: $p < 0,05$
Quelle: Blossfeld (1993: 64)

Betrachtet man sich diese Ergebnisse, so sind zuerst die starken Effekte der sozialen Herkunft bemerkenswert. Sowohl der Schulabschluss wie der Beschäftigungsstatus des Vaters scheinen einen wichtigen Einfluss auf den höchsten erreichten Schulabschluss zu besitzen. So erhöht sich je vom Vater absolvierten Schuljahr die Schulzeit der Kinder und damit deren Bildungsabschluss um 0,35 beziehungsweise 0,24 Jahre. Fast noch bemerkenswerter bei diesen Analysen erscheint jedoch der so gut wie nicht vorhandene Einfluss der Geburtskohorte. Nur die jüngsten befragten Männer weisen einen deutlich höheren Bildungsabschluss auf als die vor 1925 geborenen Personen. Ansonsten finden sich – wenn man einmal von den während oder kurz vor dem Zweiten Weltkriegs eingeschulten und in der direkten Nachkriegszeit aufgewachsenen Kindern der Geburtskohorte 1931 bis 1935 – keine Effekte der Kohorten. Für die im Mittelpunkt stehende Frage sind jedoch vor allem die Interaktionseffekte der Kohorten mit der sozialen Herkunft zu betrachten. Dabei zeigt sich, dass offensichtlich der Einfluss der sozialen Herkunft im Laufe der Zeit keiner Veränderung unterliegt – und somit beispielsweise von einer Individualisierung nicht gesprochen werden kann.[54]

Wie bereits diskutiert, sind derart globale statistische Schätzungen jedoch ausgesprochen problematisch. Aus diesem Grunde werden im Folgenden die jeweiligen Übergänge im Bildungssystem einzeln betrachtet. Zuerst steht die Entscheidung zwischen einem Hauptschulabschluss und einer mittleren Ausbildung im Mittelpunkt. Um nun zu klären, ob sich der Einfluss der sozialen Herkunft bei den einzelnen Schritten unterscheidet und wie bei einem bestimmten Übergang sich der Einfluss der sozialen Herkunft verändert hat, wurden – jeweils für Männer und Frauen getrennt – logistische Regressionen für die einzelnen Kohorten berechnet, wobei wiederum die Schulbildung und das sozioökonomische Prestige des Vaters als unabhängige Variablen in die Berechnungen aufgenommen werden.[55] Um die Ergebnisse übersichtlicher darzustellen, wer-

---

[54] Einzig die Kohorte der 1931 bis 1935 geborenen Männer scheint sich auch hinsichtlich der Interaktionseffekte zu unterscheiden: In dieser Gruppe besitzt das über die Herkunft vermittelte kulturelle Kapital einen besonders großen Einfluss. Ein Trend lässt sich selbstverständlich daraus aber nicht erkennen.

[55] Ähnlich wie bei linearen Regressionen wird auch bei logistischen Regressionen der Einfluss verschiedener Faktoren auf eine abhängige Variable untersucht. Der wichtigste Unterschied ist, dass bei logistischen Regres-

werden im Folgenden zuerst die Effekte der Schulbildung in logistischen Regressionen für die verschiedenen Kohorten graphisch zusammengefasst (Abbildung 5.2).[56]

Abbildung 5.2: Effekte der Schulbildung des Vaters auf den Übergang von der Hauptschule zu einem mittleren Bildungsabschluss für die Kohorten 1916-65 (■ = Frauen; ● = Männer) (eigene Darstellung nach Blossfeld 1993: 68)

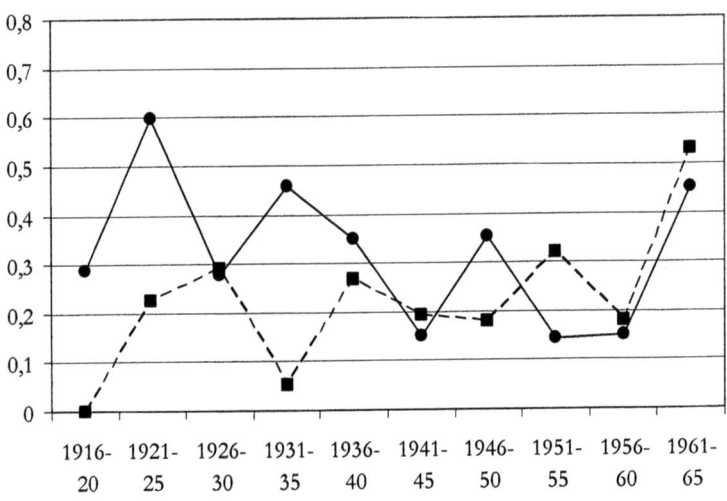

---

sionen die abhängige Variable dichotom ist und beispielsweise untersucht wird, welche Faktoren die Wahrscheinlichkeit beeinflussen, einen bestimmten Bildungsabschluss zu erwerben. Bei der Interpretation kann man entweder auf die einfachen Schätzwerte zurückgreifen (wie in Abbildung 5.2) oder diese Parameter exponieren. Diese exponierten Werte werden auch odds-ratios oder Chancenverhältnisse genannt.

[56] Die Daten der folgenden Abbildungen 5.2 und 5.3 sind Blossfeld (1993: 68) entnommen. Nichtsignifikante Koeffizienten ($p > 0,10$) werden als 0 dargestellt.

In (nahezu) allen Gruppen erhöht sich mit der Schulbildung des Vaters auch die Wahrscheinlichkeit, dass die Töchter und Söhne einen mittleren Bildungsabschluss erzielen. Es fällt aber schwer, einen deutlichen Trend aus diesen Entwicklungen zu lesen. Der Einfluss der Schulbildung des Vaters folgt keinem einheitlichen Muster – ein Rückgang ist jedenfalls nicht zu beobachten. Ein ähnliches Ergebnis ergibt sich bei der Entwicklung der zweiten Herkunftsvariablen, der beruflichen Stellung des Vaters in der Adoleszenz des Befragten (vgl. Abbildung 5.3).

Abbildung 5.3: Effekte der beruflichen Stellung des Vaters auf den Übergang von der Hauptschule zu einem mittleren Bildungsabschluss (■ = Frauen; • = Männer (eigene Darstellung nach Blossfeld 1993: 68)

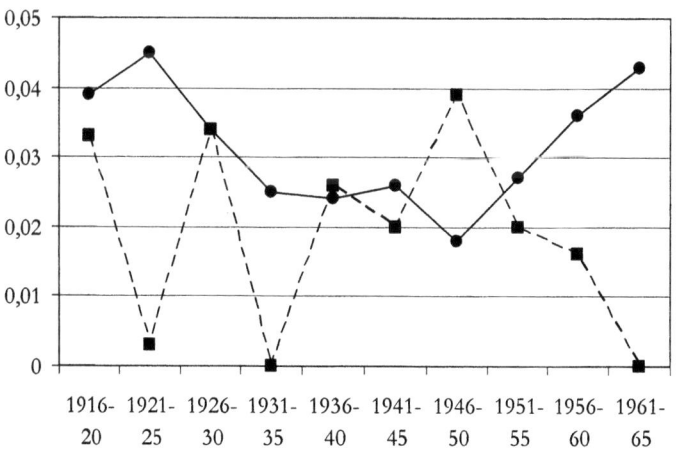

Auch hier ist das Muster nicht einheitlich und leicht zu interpretieren: Bei den Männern lässt sich ab der Geburtskohorte 1945 ein zunehmender Einfluss der beruflichen Stellung beobachten, bei Frauen sich verringernde Effekte. Entsprechende statistische Tests zeigen auch, dass kein klarer Trend vorhanden ist.

Betrachtet man sich nun die Übergänge hin zum Abitur, zeigt sich ein etwas anderes Bild: Bei Männern hat die Schulbildung nur in der jüngsten Kohorte überhaupt einen Einfluss, die berufliche Position erst ab den Geburtsjahrgängen 1951. Bei den Frauen ist ein zurückgehender Einfluss der väterlichen Bildung zu beobachten, die berufliche Stellung ist nur für die Kohorten 1935-40 und 1961-65 von Bedeutung.[57] Insgesamt findet sich nur eine relativ geringe Beeinflussung des schulischen Erfolgs durch die Herkunft. Man kann dabei vermuten, dass die sozialen Selektionsprozesse schon auf einer früheren Stufe stattgefunden haben – wie ja in den Abbildungen 5.2 und 5.3 zu sehen ist.[58] Zumindest für die in dieser Studie beobachtbaren Geburtsjahrgänge entscheidet sich die Bildungskarriere bereits beim Übergang in die Sekundarstufe I – ohne dass sich bei diesem Prozess im Laufe der Zeit klare Veränderungen hinsichtlich der sozialen Selektivität beobachten lassen.

Wenn man sich nun die beiden geschilderten Studien über die Veränderung der sozialen Bildungsgleichheit in der Bundesrepublik betrachtet, so sind die unterschiedlichen Schlussfolgerungen diskrepant: Während in der Arbeit von Müller und Haun (1994) durchaus ein Abbau der Ungleichheitsrelationen konstatiert wird, kommt Blossfeld (1993) zur Schlussfolgerung, dass kein Wandel zu beobachten sei. Dieser Widerspruch kann sicherlich nicht einfach aufgelöst werden, es ist

---

[57] In Anbetracht der nichtsignifikanten Effekte der väterlichen Bildung für die Jahrgänge 1916 bis 1940 und 1946 bis 1960 bleibt es unklar, wie die folgende Aussage zu begründen ist: „There seems to be an increasing effect of father's schooling (...) for both men and women" (Blossfeld 1993: 66). Es wird letztlich ein einzelner signifikanter Effekt als Trend interpretiert. Nachfolgend wird dann auch darauf hingewiesen, dass entsprechende Tests diese Vermutung nicht belegen können.

[58] Es wird darauf verzichtet, auf die Analysen zum Übergang vom Abitur zum (Fach-) Hochschulabschluss einzugehen, da hier kaum statistisch signifikante Ergebnisse vorliegen. Hinsichtlich des Übergangs von einem einfachen Hauptschulabschluss zu einem derartigen Abschluss mit Lehre, dem vierten oben genannten Übergangsprozess, lässt sich festhalten, dass für Frauen der väterliche Schulbildung deutlich an Einfluss verloren hat und dessen berufliche Stellung noch nie einen Einfluss besaß. Auch bei Männern ist der Einfluss der sozialen Herkunft eher gering und tendenziell – trotz eines Effektes des Beschäftigungsstatus in der jüngsten Kohorte – eher zurückgehend.

jedoch ein großer Vorteil beider Arbeiten, dass sie ihr empirisches Vorgehen relativ genau und damit nachvollziehbar darlegen. So fällt auf, dass in der Studie von Müller und Haun der Effekt der Klassenzugehörigkeit in Anlehnung an das Schema von Goldthorpe unter Kontrolle der Bildung von Vater und Mutter und einiger anderer Kovariate untersucht wird, während bei Blossfeld (1993) die Veränderungen des Einflusses der väterlichen Bildung im Mittelpunkt stehen – unklar bleibt dort allerdings, ob weitere Kovariate kontrolliert sind. Trotz sehr ähnlicher Ansätze sind in beiden Arbeiten also unterschiedliche Operationalisierungen wichtiger Variablen festzuhalten: einmal wird der Einfluss der Klassenlage und einmal der Einfluss der Bildung und des Berufsprestiges untersucht.[59] Ist es wirklich erstaunlich, dass zu zwar ähnlichen, aber letztlich unterschiedlichen Fragestellungen mit unterschiedlichen Operationalisierungen verschiedene Ergebnisse erzielt werden?

Stellt man nun die gerade berichteten Ergebnisse in einen vergleichenden Kontext, so scheinen auch die Entwicklungen in anderen industrialisierten Ländern ähnlich zu sein. Es können nun nicht die anderen 12 Länderstudien in der gleichen Ausführlichkeit vorgestellt werden wie die Ergebnisse für Deutschland. Stattdessen soll auf die Zusammenfassung von Hans-Peter Blossfeld und Yossi Shavit (1993a) rekurriert werden. Ihr Ergebnis ist dabei relativ eindeutig: Mit Ausnahme der Niederlande und Schweden – und teilweise auch der Schweiz – ist in allen anderen Ländern eine mehr oder weniger unveränderte soziale Ungleichheit der Bildungschancen zu beobachten. Dabei ist in aller Regel der Effekt der sozialen Herkunft bei den ersten Übergängen am bedeutendsten. In den Niederlanden, Schweden, aber auch in Deutschland findet sich auf der höchsten Stufe kein Einfluss der sozialen Herkunft mehr. Dies sollte aber nicht sozialromantisch verklärt werden: Die Selektionsprozesse haben einfach so früh in der Bildungskarriere stattgefunden, dass an deren Ende nur noch eine relativ homogene Population – auch hinsichtlich der sozialen Zusam-

---

[59] Müller und Haun (1994: 33) konstatieren so auch, dass auch sie hinsichtlich des Berufsprestiges keine Veränderungen beobachten konnten.

mensetzung – zu finden ist.[60] „The modernization theorists' hypothesis that educational expansion results in greater equality of educational opportunity must be turned on its head: expansion actually facilitates to a large extent the persistence of inequalities in educational opportunity" (Blossfeld/Shavit 1993a: 22). In der Tabelle 5.9 sind die wichtigsten Ergebnisse dieses internationalen Vergleichs zusammengefasst.

Müller (1998: 90) kritisiert das häufig aus dieser Studie gezogene Fazit und betont, bei Einbeziehung weiterer Studien sei die Befundlage „keineswegs so einhellig" und führt neben seiner Studie (Müller/Haun 1994) weitere Arbeiten für die Bundesrepublik sowie zu den Niederlanden, Schweden, Frankreich und teilweise auch Großbritannien auf, nach denen die Bildungsungleichheit abgenommen habe.

---

[60] Zur Erinnerung: Die Modelle sind so aufgebaut, dass beispielsweise auch wenn alle Kinder aus der Arbeiterklasse nur den niedrigsten Bildungsabschluss erlangen und somit eine extreme soziale Bildungsungleichheit zu beobachten wäre, die weiteren Stufen der Bildungskarriere keine Selektivität aufweisen.

Tabelle 5.9: Wandel sozialer Bildungsungleichheit im internationalen Vergleich[61]

	change of effect of social origin		
	lower level	Medium level	higher level
USA	0	+	0
Germany	0	0	ni
The Netherlands	-	-	ni
Sweden	-	-	ni
Great Britain	0	0	0
Italy	0	0	0
Switzerland	-	-	+
Taiwan	0	0	0
Japan	0	0	0
Czechoslovakia	0	0	0
Hungary	0	0	0
Poland	0	0	0
Israel	0	0	0

+ = increasing dependence across cohorts
0 = no change in the dependence across cohorts
- = decreasing dependence across cohorts
ni = change not important because effect is not significant at that level
Quelle: Blossfeld/Shavit (1993:17)

Zum Abschluss dieses Abschnittes soll eine Frage nochmals aufgegriffen werden: Wie sind für die Bundesrepublik generell die Entwicklungen der Bildungsungleichheit einzuschätzen? Im Laufe dieses Kapitels ist deutlich geworden, dass regionale Unterschiede zwar immer noch bestehen, aber sicherlich auf Grund der enormen Expansion des Bildungswesens an Bedeutung verloren haben. Ähnliches gilt – vor allem auch aufgrund der Kopplung mit regionalen Aspekten – für den Faktor der Religionszugehörigkeit. Hinsichtlich der Bildungsbenachteili-

---

[61] Auch diese Tabelle entspricht dem Original in Blossfeld und Shavit (1993: 17). Es bleibt unklar, wie genau die Unterscheidung zwischen den beiden Kategorien ‚no change in the dependence across cohorts' und ‚change not important because effect is not significant at that level' getroffen wurde. Inhaltlich sind beide Kategorien identisch: Ein Wandel ist nicht zu beobachten.

gung von Frauen kann in der Zwischenzeit festgehalten werden, dass deren formale Bildungsabschlüsse über denen der Männer liegen – ohne dass dies jedoch nahtlos zu einer Verringerung vielfältiger anderer Unterschiede geführt hätte. Was schließlich die zuletzt thematisierte soziale Ungleichheit der Bildungsbeteiligung anbetrifft, so muss ein relativ ernüchterndes Fazit gezogen werden: Trotz aller Veränderungen finden sich immer noch sehr deutliche Unterschiede. Selbst in der Arbeit von Müller und Haun (1994), die ja immer als Referenzgröße bei dem Argument einer Verringerung der sozialen Bildungsungleichheit herangezogen wird, haben Kinder aus der Schicht der ungelernten Arbeitern in der jüngsten beobachteten Kohorte – um es nochmals zu wiederholen: selbst bei Kontrolle des Bildungsabschlusses der Eltern – eine fast dreimal schlechtere Chance, den Übergang von der Hauptschule zur mittleren Reife zu machen als Kinder aus der oberen Dienstklasse. Ähnliches gilt für den Übergang zum Abitur und danach zum Studium. Vielleicht muss man auch an dieser Stelle die Langsamkeit mancher sozialer Prozesse berücksichtigen und einen langen Atem beweisen, um die Einschätzung von Walter Müller zu teilen, es sei „im Hinblick auf die politische Durchsetzung von Maßnahmen zur Ungleichheitsbegrenzung (…) nicht förderlich (…), der Vorstellung der Unveränderbarkeit der Ungleichheitsrelationen Vorschub" zu leisten (Müller 1998: 90).

Kleiner Exkurs zur PISA-Studie und ihrer Bedeutung in der Bildungssoziologie

Wenn man wie im vorangegangen Abschnitt die Situation des Bildungswesens im internationalen Vergleich betrachtet, so kann man die so genannten PISA-Studien selbstverständlich nicht vollständig außer Acht lassen. Im Folgenden soll jedoch begründet werden, warum sie in dieser Einführung dennoch keine zentrale Rolle einnehmen.

PISA ist sicherlich zumindest in der Bundesrepublik die am häufigsten diskutierte Studie der Bildungsforschung der letzten Jahre, in deren Konsequenz sogar Fernsehshows und Sendereihen im Hörfunk konzipiert wurden. Dass sie dennoch in dieser Einführung nicht im Mittelpunkt steht, ist sicherlich verschiedenen Ursachen geschuldet. Erstens würde eine detaillierte Gesamtdarstellung der verschiedenen Studien in diesem Zusammenhang schlicht und einfach den Rahmen der vorliegenden Einführung sprengen. Zweitens findet sich bereits eine Fülle von qualifizierten Arbeiten, die sich mit PISA auseinandersetzen (vgl. auch für weitere Hinweise Baumert/Stanat/ Watermann 2006; Prenzel/Baumert 2009). Drittens schließlich – und das ist sicherlich der wichtigste Grund – behandeln viele Teile der PISA-Studie Themen und Probleme, die für die in dieser Einführung im Mittelpunkt stehenden Fragestellungen weniger bedeutsam oder nur eine Wiederholung eigentlich schon bekannter Ergebnisse sind. Um diese These zu unterfüttern, soll exemplarisch ein kurzer Blick in die erste PISA-Studie (Deutsches PISA-Konsortium 2001) geworfen werden.

Die Abkürzung PISA steht für ‚Programme for International Student Assessment'. Dieses Programm soll die basalen Kompetenzen der nachwachsenden Generationen in den OECD-Ländern messen und ist selbst „Teil des Indikatorenprogramms der OECD, dessen Ziel es ist, den OECD-Mitgliedsstaaten vergleichende Daten über die Ressourcenausstattung, individuelle Nutzung sowie Funktions- und Leistungsfähigkeit ihrer Bildungssysteme zur Verfügung zu stellen" (Baumert/Stanat/Demmrich 2001: 15).[62] Die Zielsetzung von PISA ist es explizit nicht, „den Horizont moderner Allgemeinbildung zu vermessen" (Baumert/Stanat/Demmrich 2001: 21), vielmehr sollen Information über gewisse Grundkenntnisse erzielt und vermittelt werden. Im Einzelnen stehen die Lesekompetenz, eine mathematische und eine naturwissenschaftliche Grundbildung im Mittelpunkt von PISA. Mit Hilfe methodisch kritisierbaren, aber eben auch verteidigbaren Verfahren wurde die Grundlage für die international vergleichende Einschätzung der Schülerleistungen gelegt. Als Untersu-

---

[62] Darüber hinaus nahmen im Jahr 2000 mit Brasilien, Liechtenstein, Lettland und der Russischen Föderation auch vier Staaten an der PISA-Studie teil, die nicht Mitglied der OECD waren.

chungspopulation dienten 15-jährige Jugendliche, die in der Regel die 9. Klasse besuchten.[63]

Ein erstes und in der Öffentlichkeit breit rezipiertes Ergebnis von PISA ist es nun, diese verschiedenen Basiskompetenzen international vergleichend zu betrachten und sich wie bei größeren Sportveranstaltungen – je nach Abschneiden der eigenen ‚Mannschaft' – über das Ergebnis zu freuen oder eben nicht. Die Ergebnisse für die Bundesrepublik Deutschland sind nun weitläufig diskutiert worden: Die Testergebnisse liegen im ‚unteren Mittelfeld', wobei besonders die große Streuung der Verteilung in der Bundesrepublik bemerkenswert ist (vgl. etwa hinsichtlich der Lesekompetenz Artelt et al. 2001). Wenn man die Verteilung auf fünf Kompetenzstufen betrachtet und davon ausgeht, dass vor allem Schüler, die bereits mit den Aufgaben der ersten Stufe Probleme aufweisen, eine besondere Risikogruppe darstellen, so zeigt sich rasch, dass in der Bundesrepublik besonders Kinder mit einem Migrationshintergrund in diese Risikogruppe fallen (Artelt et al. 2001: 118). Es zeigt sich zudem, dass diese Schüler sich konzentriert in Hauptschulen wiederfinden – und wie gezeigt wurde, dort auch verbleiben. Darüber hinaus lassen sich auch mit den Daten von PISA einige bekannte Tatsachen über die soziale Ungleichheit von Bildungschancen wiederholen (vgl. Baumert/Schümer 2001).

So interessant diese Befunde auch sind, wirklich überraschen können sie nach den bislang geschilderten Entwicklungen und Forschungsergebnissen in der Bundesrepublik eigentlich nicht mehr. Erstaunlich allein sind vielleicht die Tatsachen, dass die Problemlagen vor der Veröffentlichung von PISA wieder einmal über lange Zeit nicht öffentlich thematisiert

---

[63] Es ist hier nicht der Ort, um die sicherlich vorhandene Problematik dieses Unterfangens zu diskutieren. Es sei jedoch erwähnt, dass gerade bei einem einfachen internationalen Vergleich zu berücksichtigen ist, dass beispielsweise in den einzelnen teilnehmenden Ländern sehr unterschiedlich mit Schülern mit besonderen Herausforderungen, wie etwa geistig oder körperlich behinderten Kindern, umgegangen wurde oder sich das Einschulungsalter und damit die absolvierte Schulzeit zwischen den Ländern systematisch unterscheidet (vgl. für den Umgang etwa mit der Problematik der Fragebogenentwicklung oder der Testskalierung nochmals Baumert/Stanat/Demmrich 2001).

wurden und dass die Probleme, die sich in dem einen Ende des dreigliedrigen Schulsystems häufen nicht durch eine Elite am anderen Ende ausgeglichen werden. Allein aufgrund der Konzeption der PISA-Studie lassen sich aber letztlich nur schwer konkrete Handlungskonsequenzen ableiten und die öffentlich-politische Diskussion kann sich – selbst wenn sie sicherlich sinnvolle Konzepte wie längere gemeinsame Schulzeiten aller Kinder oder eine vermehrte Verbreitung von Ganztagesschulen mit entsprechenden Betreuungskonzepten propagiert – kaum auf wirklich verlässliche Daten und Folgerungen berufen. Wie häufig bei international oder interkulturell vergleichenden Analysen lassen sich viele mögliche Ursachen für die beobachtbaren Unterschiede anführen. Ähnlich sind dann auch die Vergleiche innerhalb der Bundesrepublik zu interpretieren (Deutsches PISA-Konsortium 2002). Bei allem Verständnis über die mit den Ergebnissen einhergehenden Emotionen ersetzen diese natürlich keine theoretischen Argumente oder empirischen Analysen.

Aus der in dieser Einführung vertretenen bildungssoziologischen Perspektive erneuern die Ergebnisse der PISA-Studien letztlich nur die altbekannten Ergebnisse und Probleme – auch wenn die Datenlage sicherlich beeindruckend ist und man nun diese Ergebnisse mit einer größeren Sicherheit vortragen kann: Die soziale und vor allem heute auch ethnische Bildungsungleichheit in der Bundesrepublik ist gerade im internationalen Vergleich erstaunlich hoch. Direkte Handlungsempfehlungen sind daraus aber nur schwer abzuleiten.

5.5 Bildung und die „feinen Unterschiede" – oder: Führt eine Angleichung der Bildungsabschlüsse wirklich zu einer Verringerung der sozialen Ungleichheit?[64]

Bislang wurde die Entwicklung der sozialen Bildungsungleichheiten betrachtet. Unabhängig davon, ob es nun im Laufe der Zeit zu einer gewissen Verringerung gekommen ist oder nicht, festzuhalten bleibt, dass immer noch beträchtliche Unterschiede zu beobachten sind. In diesem Abschnitt soll anhand einer empirischen Untersuchung zur Elitenselektion untersucht werden, inwieweit die letztlich in all den vorab diskutierten Untersuchungen implizit unterstellte These – eine Angleichung der Bildungschancen und der Bildungsabschlüsse zwischen den Klassen führt zu einer Verringerung der sozialen Ungleichheiten auf dem Arbeitsmarkt und zur Etablierung eines meritokratischen Systems – Gültigkeit zukommt. Ist es also wirklich so, dass sich Leistung lohnt und begehrte soziale Positionen aufgrund von individuellen Zertifikaten zuerkannt werden? Insgesamt ist die Forschungssituation zum Zusammenhang zwischen Bildungsabschlüssen und dem Einstieg beziehungsweise dem Verlauf beruflicher Karrieren relativ unbefriedigend. Noch kritischer ist die Lage hinsichtlich der Rekrutierung von Eliten zu sehen. Eines der fundamentalen Ergebnisse der Elitenforschung war und ist es, dass sich diese Führungsschichten zu einem hohen Maße aus sich selbst rekrutieren. Dahrendorf (1962) erklärt die Kontinuität in der sozialen Herkunft der deutschen Eliten im Wesentlichen mit dem Bildungsprivileg bestimmter sozialer Schichten, insbesonders der Oberschicht und der oberen Mittelschicht und verlangt folgerichtig einen „Abbau der Sozialschichtung der Bildungschancen" (Dahrendorf 1962: 21ff.) als unabdingbare Voraussetzung für eine soziale Öffnung der Eliten. Die einfache Fragestellung lautet nun, ob diese Überlegung empirisch tragfähig ist: Führt

---

[64] Dieser Abschnitt beruht auf einem an der TU Darmstadt unter der Leitung von Michael Hartmann durchgeführten Forschungsprojekt, das die „Bildungsexpansion in der Bundesrepublik Deutschland und der Zugang zu den Spitzenpositionen in Wirtschaft und Politik" untersuchte und auf der entsprechenden Publikation der Ergebnisse (Hartmann/Kopp 2001; vgl. allgemeiner Hartmann 2002 sowie Hartmann 2004).

eine Angleichung der Bildungsabschlüsse wirklich zu einer Öffnung der Elitenrekrutierung und damit zu einer höheren Chancengleichheit?

Um dieser Frage nachzugehen wurden in einem Forschungsprojekt Informationen über die soziale Herkunft, die Ausbildungswege und die beruflichen Karrieren aller promovierten Personen in den Studiengängen Ingenieurswissenschaften, Rechtswissenschaften und Wirtschaftswissenschaften der Abschlussjahrgänge 1955, 1965, 1975 und 1985 gesammelt. Im Folgenden soll zuerst kurz auf die Datengewinnung eingegangen werden, bevor dann die empirischen Ergebnisse berichtet werden können.

Als ersten Punkt gilt es, die Beschränkung auf die gerade beschriebenen Jahr- und Studiengänge zu begründen. Die Promovierten dieser Fächer dominieren die Mehrzahl der Elitepositionen – vor allem in der Wirtschaft. „Ihre Spitzenmanager, für die ein Hochschulabschluss mit einem Anteil von (je nach Unternehmensgröße) 70 bis 90 Prozent mittlerweile die Regel ist (…), weisen nicht nur traditionell zu ca. 50 Prozent einen Doktortitel auf, sie haben durchweg auch eines der drei genannten Fächer studiert" (Hartmann/Kopp 2001: 439). Die Beschränkung auf vier Jahrgänge begründet sich allein durch die Zahl von über 50.000 Doktortiteln, die insgesamt in diesen drei Fächern zwischen 1950 und 1985 vergeben wurden. Eine Vollerhebung war rein technisch nicht möglich. Die realisierte Stichprobe von rund 6.500 Promovierten ist jedoch so groß, dass eine umfassende interne Differenzierung möglich ist. Zudem repräsentieren die beiden älteren Jahrgänge die Generation, die im Rahmen des klassischen deutschen Universitätssystems studierten und promovierten, während die beiden anderen Jahrgänge ihr Studium unter den veränderten Bedingungen während und nach dem massiven Ausbau des Bildungswesens (vgl. oben) durchgeführt und abgeschlossen haben. Mit Hilfe einer inhaltsanalytischen Auswertung der in den Dissertationen enthaltenen Lebensläufe wurden mit Hilfe einer standardisierten Vorgehensweise die soziale Herkunft und die Bildungswege rekonstruiert (vgl. für eine genauere Diskussion der mit der Vercodung verbundenen methodischen Fragen Hartmann/Kopp 2001: 440f.). Der auf diese Art und Weise erstellte Datensatz umfasst schließlich Informationen über 4.180 Promovierte. Für die weiteren Analysen wurde die soziale Herkunft in drei Klassen unterteilt: Arbeiterklasse und Mittelschichten, gehobenes Bürgertum und Großbürgertum. Während in der Bevölkerung das Großbürgertum etwa 5 Promille umfasst, stellen sie – mit leichten Unterschieden für die einzelnen Jahrgänge – rund 11 Prozent der Promovierten, das etwa drei Prozent der Bevölkerung umfassende gehobene Bürgertum stellt knapp die Hälfte aller Promovierten und der Arbeiterklasse beziehungsweise der Mittelschicht – und damit rund 96,5 Prozent der Bevölkerung – entstammen dann die restlichen 40 Prozent der Promovierten. Eine Promotion ist also – wie nach der Diskussion in diesem Kapitel wenig überraschend – eine sozial höchst selektive Angelegenheit. Die Verteilung der Promovierten hinsichtlich ihrer sozialen Herkunft, differenziert nach dem Abschlussjahr ist der Tabelle 5.10 zu entnehmen.

Tabelle 5.10: Soziale Herkunft der Promovierten (Angabe in Spaltenprozenten)

	Jahrgang				
	1955	1965	1975	1985	Gesamt
Arbeiterklasse/Mittelschicht	38,5	38,2	39,0	45,9	39,6
Gehobenes Bürgertum	46,1	50,6	52,8	46,4	49,2
Großbürgertum	15,4	11,3	8,2	7,8	11,2
n	1.220	1.315	1.208	617	4.180

Quelle: Hartmann/Kopp (2001: 445)

Die Frage ist nun, ob nach dieser starken sozialen Selektivität bis hin zur Promotion bei der Besetzung von Spitzenpositionen in der deutschen Wirtschaft eine weitere nichtleistungsbezogene Auslese stattfindet oder ob die soziale Herkunft wenigstens auf dieser Stufe keine Rolle mehr spielt. Hierzu gilt es zunächst abzuklären, wie die berufliche Karriere der Promoventen operationalisiert wurde. In einem ersten Schritt wurden die aus den Lebensläufen vorhandenen Daten mit den Personenangaben in einschlägigen Handbüchern verglichen. Für die Führungspositionen in der Wirtschaft wurden zu diesem Zweck zahlreiche Jahrgänge des Hoppenstedt-Handbuchs „Leitende Männer der Wirtschaft" beziehungsweise seit 1979 „Leitende Männer und Frauen der Wirtschaft" herangezogen und so die Berufskarriere rekonstruiert. Personen, die als reine Verbandsfunktionäre beziehungsweise nur in Unternehmen der öffentlich-rechtlichen Hand genannt werden, finden in den folgenden Ausführungen keine Berücksichtigung, da hier sicherlich andere Rekrutierungsmuster gültig sind als für ‚reine' Wirtschaftspositionen. Personen, die in einem im Hoppenstedt vertretenen Unternehmen tätig waren, werden im Folgenden als Personen in Führungspositionen bezeichnet. In einem zweiten Schritt wurde die von der FAZ veröffentlichte Liste der 100 größten Unternehmen Deutschlands berücksichtigt, die übrigens schon immer mehr als 100 Unternehmen umfasste und in der in den 1990er Jahren mehr als 400 Unternehmen vertreten war. Wer hier tätig ist, hat eine Führungsposition in einem Spitzenunternehmen inne.

In der Tabelle 5.11 ist nun der Anteil von Personen mit einer eigenständigen Karriere in der Wirtschaft in Abhängigkeit von der sozialen Herkunft und dem Promotionsjahr aufgeführt.

Tabelle 5.11: Soziale Herkunft und die Erreichung einer Führungsposition in der deutschen Wirtschaft (in Prozent)

	Jahrgang				
	1955	1965	1975	1985	Gesamt
Führungsposition					
Arbeiterklasse/Mittelschicht	11,7	12,2	6,0	4,9	9,3
Gehobenes Bürgertum	15,8	14,4	10,5	10,1	13,2
Großbürgertum	22,3	19,6	16,7	8,3	19,0
Führungsposition in Spitzenunternehmen					
Arbeiterklasse/Mittelschicht	3,6	2,4	1,2	0,0	2,1
Gehobenes Bürgertum	5,2	4,5	3,1	1,4	3,9
Großbürgertum	7,4	6,8	6,0	0,0	6,2
n	1.220	1.315	1.208	617	4.180

Quelle: Hartmann/Kopp (2001: 445)

Schon diese einfache Tabelle zeigt die offensichtlich ungebrochene Wirkung der sozialen Herkunft. Der Anteil an Personen aus dem Großbürgertum, die eine Führungsposition in der deutschen Wirtschaft erreichen, ist nahezu doppelt so hoch wie die entsprechende Zahl für Promoventen mit einem sozialen Hintergrund in der Arbeiterklasse beziehungsweise der Mittelschicht. Hinzukommt – und das ist vielleicht das eigentlich Erstaunliche: Diese Relation hat sich so gut wie nicht verändert!

Selbstverständlich sind dabei nicht alle Studiengänge gleich erfolgreich hinsichtlich der Führungsposition in der deutschen Wirtschaft. Juristen oder Ingenieure besitzen alternative Karriereoptionen. In Abbildung 5.4 sind die unterschiedlichen Erfolgsquoten für Promoventen der verschiedenen Studienfächer abgebildet. Wenn man wie in der Abbildung allerdings noch den sozialen Hintergrund berücksichtigt, so sieht man auch hier den offensichtlich ungebrochenen Einfluss der Herkunft.

Abbildung 5.4: Anteil in Prozent von Personen mit einer Führungsposition in der Wirtschaft nach sozialer Herkunft und Studienfach (eigene Berechnungen)

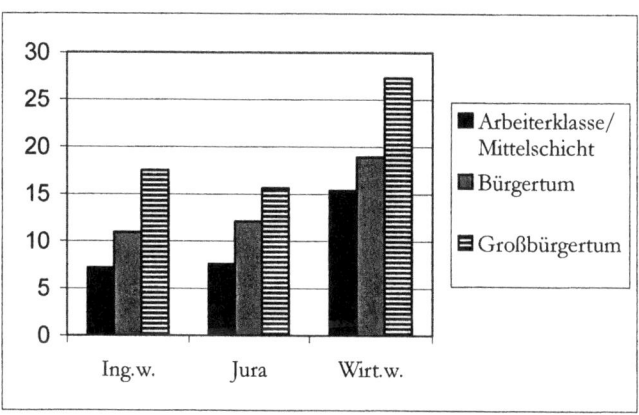

Trotz dieser eindeutigen Ergebnisse wird aber schon in dieser Darstellung deutlich, dass bei derartigen bivariaten Betrachtungen recht schnell die Grenze der Interpretierbarkeit erreicht werden. Aus diesem Grund sind im Folgenden die Ergebnisse entsprechender multivariater Verfahren vorzustellen.

Für eine Antwort auf die Frage, welche Bedeutung der sozialen Herkunft bei der Erreichung einer Führungsposition in der Wirtschaft zukommt, sind einfache deskriptive Analysen über den Anteil der erfolgreichen Karrieren in den einzelnen sozialen Herkunftsschichten sicherlich wichtig. Die hier zu berichtenden Ergebnisse können nun aber von einer Vielzahl sozialer Prozesse abhängen: So ist es etwa denkbar, dass es, durch die soziale Herkunft bedingt, zu einer unterschiedlichen Wahl von Studiengängen kommt und dass allein hierdurch unterschiedliche Erfolgschancen erklärbar wären. Um also den tatsächlichen Einfluss der sozialen Herkunft bestimmen zu können, muss man auf multivariate Analyseverfahren zurückgreifen, die eine derart unterschiedliche Studiengangwahl, aber auch andere wichtige Einflussfaktoren kontrollieren können.

Eine Besonderheit der vorliegenden Daten ist, dass – zumindest für einen Teil der interessierenden Personen – der Karriereverlauf zum Zeitpunkt der Beobachtung noch gar nicht abgeschlossen ist. Vor allem die Personen aus dem Promotionsjahrgang 1985 können durchaus erst in den nächsten Jahren eine entsprechende Position einnehmen. Doch auch für die älteren Jahrgänge ist nicht nur interessant, ob eine Spitzenposition in der Wirtschaft eingenommen wurde, sondern auch, wann dies geschehen ist. Es ist theoretisch durchaus bedeutsam, wie lange der entsprechende Übergang in eine Führungsposition dauert und ob sich typische Unterschiede finden. Für derartige Probleme wurden so genannte ereignisdatenanalytische Verfahren entwickelt, die sich seit knapp zwei Jahrzehnten auch in den Sozialwissenschaften großer Beliebtheit erfreuen. Generell sind die Eintrittswahrscheinlichkeit eines Ereignisses, hier also die Erreichung einer Führungsposition, und die Zeitdauer bis zum Eintreten dieses Ereignisses die wichtigsten Variablen. Die Eintrittswahrscheinlichkeit wird auch als „Risiko" und die Dauer bis zum Ereignis als „Verweildauer im Ausgangszustand" bezeichnet. Wesentlich dabei ist, dass die entsprechende Übergangswahrscheinlichkeit von verschiedenen, inhaltlich bedeutsamen oder interessierenden Einflussfaktoren, den so genannten Kovariaten, abhängig gemacht werden kann. Im Folgenden werden die Ergebnisse einer speziellen Klasse dieser Ereignisdatenanalysen, der so genannten Cox-Modelle, vorzustellen sein.[65] Die entsprechenden Effektstärken β der theoretisch bedeutsamen Einflussgrößen sind dann sehr einfach zu interpretieren: Nachdem man sie exponiert hat, stellen sie einen multiplikativen Effekt dar, der häufig auch als α-Effekt bezeichnet wird. So bedeutet ein exponierter oder α-Effekt von 0,6, dass die Übergangswahrscheinlichkeit oder das Risiko nur noch 60 Prozent beträgt und ein exponierter oder α-Effekt von 1,3 lässt sich als Risikosteigerung um 30 Prozent

---

[65] Der Vorteil dieser auch als semiparametrisch gekennzeichneten Modelle gegenüber den anderen ereignisdatenanalystischen Modellen besteht darin, dass „keine restriktiven parametrischen Annahmen über den Verlauf der Baseline-Rate erforderlich sind" (Rohwer 2000: 588, vgl. generell auch Diekmann/Mitter 1984; Blossfeld/Rohwer 1995 oder Kleinbaum 1996).

bei Veränderung der entsprechenden Kovariate interpretieren. Im Folgenden werden immer diese einfachen, als multiplikativer Effekt zu verstehenden α-Koeffizienten verwendet und interpretiert.

In einem ersten Schritt soll das Erreichen einer hohen Führungsposition in großen Unternehmen allgemein untersucht werden. Um die verschiedenen strukturellen Randbedingungen zu kontrollieren, wurde zuerst ein so genanntes Grundmodell berechnet, in dem neben der sozialen Herkunft der Abschlussjahrgang, die Studienrichtung und das Geschlecht berücksichtigt wurden. In der ersten Ergebnisspalte der Tabelle 5.12 (Modell 1) – wie gerade ausgeführt – werden die als proportionale Risikoverschiebung beim Übergang in eine Führungsposition interpretierbaren α-Effekte vorgestellt, wobei die Abschlusskohorte 1955, Promoventen der Ingenieurswissenschaften, Männer und das Einhalten der Regelstudienzeiten (RSZ) als Referenzkategorien dienten.[66]

---

[66] Es ist eine offene Diskussion, ob man bei einer Gesamterhebung sinnvoller Weise Signifikanzniveaus berechnen kann (vgl. für die verschiedenen Argumente die Diskussion in Berk/Western/ Weiss 1995a, 1995b; Bollen 1995; Firebaugh 1995; Rubin 1995). Wenn man über die entsprechenden Jahrgänge hinaus Aussagen etwa über die Veränderungen in den 1980er Jahren treffen wollte, erscheint die Berücksichtigung eventueller Signifikanztests wichtig. Bei der folgenden Darstellung wird auf die Interpretation dieser Tests jedoch verzichtet.

Tabelle 5.12: Einflussfaktoren einer Wirtschaftskarriere (exponierte Effekte einer Cox-Regression)

Variable	Modell 1	Modell 2
Abschlussjahrgang		
1965	1,01	1,09
1975	0,73	0,88
1985	1,11	1,34
Fachrichtung		
Rechtswissenschaften	1,03	0,82
Wirtschaftswissenschaften	1,87***	1,47***
Geschlecht: weiblich	0,10***	0,10***
Studiendauer		
ein bis zwei Semester über RSZ		0,73***
mehr als zwei Semester über RSZ		0,74**
Auslandsaufenthalt während des Studiums: ja		1,18
Alter bei der Promotion (in Jahren)		0,95***
Berufstätigkeit vor der Promotion: ja		1,27**
Soziale Herkunft		
Gehobenes Bürgertum	1,50***	1,46***
Großbürgertum	2,12***	2,00***
Zahl der Ereignisse	514	514

n = 4.180
*: p < 0,10; **: p < 0,05; ***: p < 0,01
Quelle: Hartmann/Kopp (2001: 449)

Es zeigt sich dabei, dass unter Kontrolle der anderen Variablen vor allem Absolventen des Jahrganges 1975 schlechtere Chancen besitzen, eine wirtschaftliche Führungsposition einzunehmen. Bei ihnen machen sich die schlechteren wirtschaftlichen Rahmenbedingungen seit Mitte der 70er Jahre bemerkbar. Die anderen Jahrgänge unterscheiden sich hingegen wenig voneinander. Deutlich bestätigen sich auch die Unterschiede zwischen den einzelnen Studienabschlüssen. Im Vergleich zu Absolventen der Ingenieur- oder Rechtswissenschaften ist die Übergangsrate und damit die Karrierechance für Promovierte im Fach Wirtschaftswissenschaften fast doppelt so hoch. Noch deutlicher ist der Geschlechtereffekt: Frauen besitzen im Vergleich zu Männern nur eine 10-Prozent-Chance, eine Führungsposition in einem Wirtschaftsunternehmen zu erreichen. Konkret bedeutet dies, dass von den insgesamt hier betrachteten 182 Frauen nur 3 eine weiterreichende Karriereposition in der Wirtschaft einnehmen konnten. Auch unter Berücksichtigung all dieser Variablen bleibt jedoch der dominante Effekt der sozialen Herkunft bestehen. Im Vergleich zu einer Herkunft aus der Arbeiterklasse und den Mittelschichten erhöht sich die Chance auf eine Karriere in der deutschen Wirtschaft bei einer Herkunft aus dem gehobenen Bürgertum um 50 Prozent. Wer einen großbürgerlichen Hintergrund aufweist, hat sogar eine mehr als doppelt so hohe Chance, eine Führungsposition zu erreichen. Die Ergebnisse dieses Grundmodells bestätigen die bei Betrachtung der deskriptiven Resultate gewonnenen Eindrücke vollständig.

Das bleibt auch so, wenn man andere in der Diskussion immer wieder als wichtig betrachtete Faktoren für einen raschen beruflichen Erfolg mit einbezieht: Studiendauer, Auslandsaufenthalte, Promotionsalter und Berufstätigkeit vor der Promotion.

Ein rascher Studienabschluss sollte sich ebenso wie ein längerer Auslandsaufenthalt positiv auf die Karriere auswirken. Auch eine schnelle Promotion sollte gerade vor dem Hintergrund der öffentlichen Diskussion über die zu lange Ausbildungsphasen in der Bundesrepublik die Karrierechancen erhöhen. Ähnliches gilt auch für eine Berufstätigkeit außerhalb der Universität zwischen Examen und Promotion. In ihrem Rahmen können schließlich Verbindungen entstehen, die den beruflichen Werdegang positiv beeinflussen. Zunächst kann man feststellen, dass diese erwarteten Effekte, wenn auch in unterschiedlichem Umfang, durchaus zu beobachten sind. Eine über die Regelstudienzeit hinausgehende Studiendauer vermindert deutlich die Übergangsrate. Ähnliches gilt für das Alter bei der Promotion: Eine Karriere wird mit zunehmendem Alter bei der Promotion unwahrscheinlicher. Im Gegensatz dazu erleichtert eine Erwerbstätigkeit vor der Promotion außerhalb der Universität deutlich die entsprechenden Chancen.

Ein Auslandsaufenthalt während des Studiums erhöht die Karrierechancen, auch wenn dieser Effekt im Vergleich relativ gering ist.

Die vier Variablen lassen sich nun aber als Ressourcen interpretieren, die je nach sozialer Herkunft nicht gleichermaßen verfügbar sind. Lassen sich die Karriereunterschiede zwischen den verschiedenen sozialen Herkunftsklassen also vielleicht doch weitgehend auf eine unterschiedliche Ausstattung mit diesen sozialen Ressourcen zurückführen? Wenn dies der Fall wäre, müsste bei Kontrolle dieser Variablen der Herkunftseffekt verschwinden oder es sollte sich zumindest ein deutlicher Rückgang des Herkunftseffektes finden lassen. Ein Blick auf das Modell 2 in Tabelle 5.12 zeigt jedoch, dass sich ein derartiger Rückgang nicht finden lässt. Sowohl Personen aus dem gehobenen wie aus dem Großbürgertum besitzen auch nach Kontrolle dieser sozialen Ressourcen deutlich bessere und vor allem auch im Vergleich zum Ausgangsmodell nahezu unveränderte Chancen auf eine erfolgreiche Karriere in der deutschen Wirtschaft. Es ist daher zwar zutreffend, dass die genannten Faktoren wie Studiendauer, Promotionsalter etc. die erwarteten Effekte aufweisen, die sozialen Unterschiede hinsichtlich der Karrierechancen lassen sich jedoch nicht durch eine unterschiedliche Ausstattung mit diesen Ressourcen erklären.

Nachdem die Übergangsprozesse in eine Führungsposition in der gesamten Wirtschaft sehr ausführlich diskutiert worden sind, sollen die entsprechenden Analysen für die Übergänge hin zu einer derartigen Position in einem Spitzenunternehmen im Folgenden nur relativ knapp vorgestellt werden, da sie weitgehend parallel zu den bisher vorgestellten Berechnungen durchgeführt worden sind. Einzige Ausnahme bildet der Jahrgang 1985, bei dem sich so gut wie keine Personen mehr finden, die überhaupt eine derartige Position in der Wirtschaft einnehmen. Aus diesem Grunde beschränken sich die vorliegenden Analysen auf die ersten drei hier betrachteten Abschlussjahre (vgl. für eine entsprechende tabellarische Darstellung Hartmann/Kopp 2001: 462). Auch beim Übergang zu einer Führungsposition in einem Spitzenunternehmen wurde zuerst ein Grundmodell geschätzt, in dem neben der sozialen

Herkunft der Abschlussjahrgang, die Studienrichtung sowie das Geschlecht berücksichtigt werden. Hier finden sich, allerdings in abgeschwächter Form, die gleichen inhaltlichen Effekte wie in den oben diskutierten Schätzungen: Die Karrierechancen sinken für die späteren Abschlussjahrgänge, Studierende der Wirtschaftswissenschaften haben spürbar bessere und Frauen wesentlich schlechtere Chancen. Was die soziale Herkunft betrifft, so nimmt ihr Einfluss dagegen noch einmal deutlich zu. Verglichen mit einer Herkunft aus der Arbeiterklasse beziehungsweise den Mittelschichten steigt die entsprechende Übergangsrate hin zu einer Führungsposition in einem Spitzenunternehmen bei einer Herkunft aus dem gehobenen Bürgertum um mehr als 80 Prozent. Bei einer Herkunft aus dem Großbürgertum ist die Chance sogar mehr als zweieinhalbmal so hoch. Schließlich zeigt die Kontrolle der verschiedenen skizzierten sozialen Ressourcen dasselbe Bild wie schon bei der Besetzung von Führungspositionen in der Wirtschaft allgemein. Auch hier wird der Effekt der sozialen Herkunft nur unwesentlich durch die Hinzunahme der diesbezüglichen Variablen verändert und bleibt vor allem deutlich höher als beim Übergang in wirtschaftliche Führungspositionen allgemein. Eine erste Forschungsfrage lässt sich daher abschließend ganz eindeutig beantworten: Unabhängig von allen Effekten, die auf die unterschiedliche Bildungsbeteiligung der verschiedenen Klassen und Schichten zurückzuführen sind, beeinflusst die soziale Herkunft ganz entscheidend die Chance, eine hohe Führungsposition in einem großen Unternehmen zu erreichen und damit in die deutsche Wirtschaftselite im weiteren wie im engeren Sinne aufzusteigen.

Wenn man nach Gründen für diesen Effekt sucht, stößt man schnell auf die unterschiedlichen Milieus und die damit verbundenen ‚feinen Unterschiede'.

„Der Nachwuchs des gehobenen und noch stärker des Großbürgertums profitiert im Wesentlichen von bestimmten, vom Aufwachsen in diesen sozialen Milieus abhängigen Persönlichkeitsmerkmalen, die durch den leichteren Zugang zu relevanten Informationen auf Grund der familiären Verbindungen nur noch ergänzt werden. Ausschlaggebend sind dabei die intime Kenntnis der in diesen Kreisen geltenden Dress- und Benimm-Codes, eine breite Allgemeinbildung, unternehmerisches Denken und vor allem Souveränität in Auftreten und Verhalten. (…). Ausschlaggebend bei der Auswahl ist vor allem die Souveränität des Bewerbers, die Selbstverständlichkeit, mit der er sich in den Chefetagen eines großen Unternehmens bewegt. Sie macht den entscheidenden Unterschied aus zwischen denen, die qua Geburt dazugehören, und denen, die nur dazugehören wollen. Letztere versuchen zwar, sich den Habitus der ‚besseren Kreise' anzueignen, aber gerade die Offensichtlichkeit ihres Bemühens diskreditiert ihr Verhalten. Man muß die für Spitzenpositionen wesentlichen Persönlichkeitsmerkmale besitzen, ohne daß der Prozess ihres Erwerbs erkennbar wird" (Hartmann/Kopp 2001: 458f.).

Dies zeigt sich auch in einer Anmerkung von Max Horkheimer, der selbst aus einer schwäbisch, großbürgerlichen Familie stammte:

„Die Freiheit, Selbstverständlichkeit, ‚Natürlichkeit', die einen Menschen in gehobenem Kreis sympathisch machen, sind eine Wirkung des Selbstbewußtseins; gewöhnlich hat sie nur der, welcher immer schon dabei war und gewiss sein kann, dabei zu bleiben. Die Großbourgeoisie erkennt die Menschen, mit denen sie gern umgeht, die ‚netten' Menschen an jedem Wort" (Horkheimer 1934: 23).

Dabei sind nicht alle gesellschaftlichen Bereiche gleichermaßen von diesem Prozessen betroffen. Um diese theoretische Vermutung auch empirisch zu überprüfen, wurden anhand entsprechender Verzeichnisse wie beispielsweise Kürschners Gelehrtenkalender die eventuellen Karrieren der hier untersuchten Promovierten an Universitäten erhoben. Um nun die beiden Übergänge in die Wirtschaft beziehungsweise die Hochschule parallel zu schätzen, wurde ein so genanntes competing-risk-Modell verwendet, dessen Ergebnisse sich aber äquivalent zu den oben diskutierten Modellen interpretieren lassen.[67] In Tabelle 5.13 sind die Koeffizienten abgebildet, wobei die gleichen Referenzkategorien verwendet werden wie in Tabelle 5.12.

---

[67] Bei diesen Modellen wird gleichzeitig die Übergangswahrscheinlichkeit in zwei Endzustände, das Erreichen einer Führungsposition in der Wirtschaft oder eine Professur, untersucht.

Tabelle 5.13: Karriere in Wirtschaft oder Hochschule (exponierte Effekte eines Exponentialmodells mit konkurrierenden Risiken)

Variable	Wirtschaft	Hochschule
Abschlussjahrgang		
1965	1,39***	2,15***
1975	1,37***	1,91***
1985	1,93***	0,89
Fachrichtung		
Rechtswissenschaften	0,78*	0,32***
Wirtschaftswissenschaften	1,47***	0,86
Geschlecht: weiblich	0,10***	0,23**
Studiendauer		
ein bis zwei Semester über RSZ	0,73***	1,16
mehr als zwei Semester über RSZ	0,73**	0,84
Auslandsaufenthalt während des Studiums: ja	1,19	1,38
Alter bei der Promotion (in Jahren)	0,95***	0,99
Berufstätigkeit vor der Promotion: ja	1,24**	0,55***
Soziale Herkunft		
Gehobenes Bürgertum	1,43***	0,62***
Großbürgertum	1,97***	0,66
Zahl der Ereignisse	514	207

n = 4.180
*: p < 0,10; **: p < 0,05; ***: p < 0,01
Quelle: eigene Berechnungen

Deutlich ist an dieser Tabelle zu sehen, dass für die Kinder aus der Arbeiterklasse beziehungsweise der Mittelschicht die Universität nach der Promotion durchaus eine Alternative darstellt, während sie für die Kinder aus dem gehobenen beziehungsweise dem Großbürgertum weniger attraktiv erscheint. Ebenso deutlich ist aber auch zu sehen, dass selbst bei gleichem Bildungsniveau bei der Besetzung von wirklichen Elitepositionen ganz offensichtlich über die Zeit hinweg immer noch Faktoren eine Rolle spielen, die einem meritokratischen System widersprechen.

6. Bildung und ethnische Schichtung

Spätestens seit der öffentlichen Diskussion der PISA-Ergebnisse sowie ihrer verschiedenen Nachfolgeuntersuchungen gewinnt die Dimension der ethnischen Schichtung des Bildungssystems auch in der öffentlichen Diskussion der Bundesrepublik zunehmend an Aufmerksamkeit und führt zu teilweise hitzigen Debatten. Hierbei ist zu beobachten, dass viele der geführten Diskussionen die breite Forschungsbasis zu dieser Thematik in den Vereinigten Staaten höchstens kursorisch behandeln, obwohl die Thematik der ethnischen Schichtung des Bildungssystems dort seit mehr als einem halben Jahrhundert ausführlich diskutiert und untersucht wird und zu einigen der beeindruckendsten Arbeiten der empirischen Sozialforschung führte. Aus diesem Grund sollen in diesem Kapitel vor allem Studien über die ethnische Ungleichheit im Bildungssystem der Vereinigten Staaten im Mittelpunkt der Aufmerksamkeit stehen.

Ausgangspunkt der u.s.-amerikanischen Diskussion war die Bürgerrechtsbewegung und die politischen Versuche, die Segregation in vielen gesellschaftlichen Bereichen zu beseitigen oder zumindest zu vermindern. Trotz der wohl zunehmenden ethnischen Heterogenität der Vereinigten Staaten steht hier die Unterscheidung zwischen den so genannten ‚non-hispanic whites' und den ‚african american' im Mittelpunkt.[68] Im Rahmen dieser Einführung soll zuerst auf eine der klassischen Studien eingegangen werden, die gemeinhin als Coleman-Report (Coleman et al. 1966) bezeichnet wird.[69] Hierbei handelt es sich um einen im Auftrag der amerikanischen Regierung verfassten Bericht über die Gleichheit – oder genauer: die

---

[68] Um die Bedeutsamkeit dieser ethnischen Dimension zu illustrieren, sei beispielhaft daran erinnert, dass noch vor etwa fünfzig Jahren die Benutzung des gleichen öffentlichen Trinkbrunnens oder der gleichen Bussitze verboten war.

[69] In der in vielerlei Hinsicht vorbildlichen Arbeit von Morton Hunt (1991) findet sich eine gut lesbare Darstellung dieser Untersuchung. Gleiches gilt für den Überblick Kahlenbergs (2001) über das gesamte bildungssoziologische Werk von Coleman; vergleiche aber auch Mayer (1997) sowie Marsden (2005).

Ungleichheit – der Bildungschancen der einzelnen ethnischen Gruppen in den Vereinigten Staaten.

Es ist nicht nur eine Frage der so genannten political correctness darüber nachzudenken, wie sich die einzelnen Gruppen letztlich definieren und wie sie benannt werden sollen. Während sich beispielsweise in den Vereinigten Staaten zum Teil ein relativ pragmatischer Umgang mit den einzelnen Kategorien abzeichnet und beispielsweise der Begriff ‚race' fast selbstverständlich auch zur Selbstdefinition etwa in der amtlichen Statistik verwendet wird, finden sich andererseits durchaus berechtigte Fragen, warum einzelne Bevölkerungsgruppen nach ihrer lange verlassenen Herkunftsregion als ‚african americans' bezeichnet werden und andere, wesentlich später immigrierte Bevölkerungsgruppen ohne weitere Zusätze als ‚nonhispanic whites' bezeichnet werden. Eine Lösung der zugrunde liegenden Problematik kann jedoch nicht durch definitorische Leistungen erfolgen. Definitionen sollen sprachliche Klarheit schaffen und dienen als pragmatische Abkürzung, politische Lösungen für aktuelle Diskriminierungen können sie nicht darstellen. In der Bundesrepublik hat sich in letzter Zeit die Formulierung ‚Personen mit Migrationshintergrund' etabliert, die relativ unstrittig sein dürfte. In der Praxis ergeben sich übrigens erstaunlich wenig Probleme, wenn man die letztlich interessierenden theoretischen Konstrukte – wie beispielsweise die Sprachkenntnis oder den sozioökonomischen Status – direkt operationalisiert, denn es erscheint kaum anzweifelbar, dass natürlich nicht die Migration aus einer bestimmten Region, die teilweise sogar gar nicht selbst erlebt wurde, sondern bereits von der Eltern- oder Großelterngeneration durchgeführt wurde, sondern beispielsweise die – fehlende – Selbstverständlichkeit des sprachlichen Umgangs in Deutsch oder die – fehlende – Verfügung über entsprechende sozioökonomische Ressourcen ein Problem im schulischen Alltag darstellt. Man sollte also immer bemüht sein, diese auf den ersten Blick ethnischen Unterschiede erklären zu wollen. Der reine Verweis auf ethnische Unterschiede ist keine Erklärung.

Die politischen und praktischen Konsequenzen des Coleman-Berichtes sind wohl fast einzigartig für sozialwissenschaftliche Forschungsprojekte und stehen zu Beginn im Mittelpunkt (Kapitel 6.1). Danach soll auf die Situation in der Bundesrepublik eingegangen werden. Spätestens seit den 1990er Jahre finden sich auch hier entsprechende empirische Untersuchungen, die die Ungleichheit der Bildungschancen für die einzelnen ethnischen Gruppen diskutieren. Aus diesem Grund soll in einem zweiten Abschnitt auf diese Untersuchungen über die Bildungschancen einzelner ethnischer Gruppen in der Bundesrepublik näher eingegangen werden (Kapitel 6.2). Danach gilt es wieder, den Blick auf die Vereinigten Staaten und die dort publizierten Forschungen zu wenden. Gegen Ende der 1990er Jahre findet sich eine Arbeit, die sich mit einem der politischen Mittel auseinandersetzt, das zur Erhöhung der Chancengleichheit auf einer relativ breiten Basis in den Vereinigten Staaten eingeführt wurde, die Quotierung von Studienplätzen für einzelne Gruppen, die so genannte ‚affirmative action' (Kapitel 6.3). Dieser Abschnitt ist chronologisch aufgebaut, deutlich wird jedoch auch, dass entsprechende Großforschungsprojekte – und ihre öffentlichkeitswirksame Verwertung – in der Bundesrepublik nicht nur in diesem Feld fehlen.

6.1 „Equality of Educational Opportunity". Eine Untersuchung und ihre Folgen

Der Ausgangspunkt des heute meist nur als Coleman-Report bezeichneten Berichtes, der von einer ganzen Forschergruppe unter der Leitung von James Coleman in den Jahren 1964 bis 1966 erstellt wurde, ist eine Bestimmung im Civil Right Act aus dem Jahr 1964:

„The commissioner shall conduct a survey and make a report to the President and the Congress, within two years of the enactment of this title, concerning the lack of availability of equal educational opportunities for individuals by reason of race, color, religion, or national origin in public educational institutions at all levels in the Unites States, its territories and possessions, and the District of Columbia" (Coleman et al. 1966: iii).

Diese Untersuchung kann dabei als Beginn der „social policy research" (Coleman 1990: 1) verstanden werden und stellt damit auch eine der ersten, und sicherlich bis heute Standards setzende Evaluationsstudien dar.[70] Richard D. Kahlenberg (2001) bezeichnet den Coleman-Report, angelehnt an den Journalisten Nicholas Lemann auch als das „probably the single best-known piece of quantitative social science in American history" (Kahlenberg 2001: 54).

Hier soll und kann kein Abriss der sozialhistorischen Situation und Entwicklung der farbigen Bevölkerung in Vereinigten Staaten und deren Einbindung in das Bildungssystem gegeben werden (vgl. Moynihan 1965; Clift 1966). Es ist jedoch festzuhalten, dass – bis heute – eine tiefe Kluft zwischen den ethnischen Gruppen zu beobachten war und ist. Dabei beziehen sich die Unterschiede auf so gut wie alle Lebensbereiche und vor allem auf die sozioökonomische Situation, so dass man durchaus davon sprechen kann, dass zwei Nationen zu beobachten sind (Hacker 1995; vgl. auch Clayton 1996). Die Situation bis in die 1950er und 1960er Jahre war zudem auch durch eine starke und legalisierte Segregation bestimmt. Hier sei nur an Rosa Parks und den Bus-Boykott in Montgomery in den Jahren 1955 und 1956 erinnert. Eine wichtige Vermittlungsfunktion bei dieser dauerhaften ethnischen sozialen Ungleichheit kommt dann entsprechenden Ungleichheiten im Bildungssystem zu. Hier lassen sich ebenfalls deutliche Leistungsunterschiede zwischen farbigen und weißen Schülern beobachten. Wenn man nun ein Interesse daran hat, die sozialen Ungleichheiten dauerhaft zu verringern, so erscheint es durchaus sinnvoll, im Bildungssystem zu beginnen. Hierzu wurden vier Fragen aufgeworfen, die im Coleman-Report beantwortet werden sollten:

„The first is the extent to which the racial and ethnic groups are segregated from one another in the public schools. The second question is whether the schools offer equal educational opportunities in terms of a number of other criteria which are regarded as good indicators of educational quality. (...) Some of these are tangible, such as numbers of laboratories, textbooks, libraries, and the like. Some have to do with the curriculums offered (...). Others of these aspects are less tangible. The include the characteristics of

---

[70] Dies bezieht sich auch auf die Schwierigkeiten, wirkliche politische Folgerungen aus dem Bericht zu ziehen (vgl. zusammenfassend Hunt 1991 sowie die im folgenden zitierten Arbeiten).

the teachers found in school – such things as their education, amount of teaching experience, salary level, verbal ability, and indications of attitudes. The characteristics of the student bodies are also assessed (…), so that some rough descriptions can be made of the socioeconomic backgrounds of the students, the education of their parents, and the attitudes the pupils have toward themselves (…). The third major question, then, is addressed to how much the students learn as measured by their performance on standardized achievement tests. Fourth is the attempt to discern possible relationships between students' achievement, on the one hand, and the kinds of schools they attend on the other" (Coleman et al. 1966: iii f.).

Um diese Fragen zu beantworten, wurde eine der bis dahin größten Untersuchungen innerhalb der Sozialwissenschaften organisiert und durchgeführt: Bei einem für damalige Zeiten sehr großen Budget von circa 1,5 Millionen Dollar wurden mehr als 600.000 Schülern der 1., 3., 6., 9. und 12. Klasse und damit circa 5 Prozent der Population an öffentlichen Schulen mit Hilfe von Leistungstests und Fragebogen untersucht. Darüber hinaus wurden circa 20.000 Lehrkräfte und rund 1.000 Schulrektoren in die Untersuchung aufgenommen.[71]

Ein erstes wichtiges – wenn auch vielleicht nicht überraschendes – Ergebnis war: „The great majority of American children attend schools that are largely segregated – that is, where almost all of their fellow students are of the same racial background as they are" (Coleman et al. 1966: 3). Zwar ist es angesichts der Bevölkerungsproportionen wenig erstaunlich, dass etwa 80 Prozent der weißen Schüler Schulen besuchen, deren Schüler zu mehr als 90 Prozent weiß sind. Ein deutlicher Beleg für die ethnische Segregation ist hingegen, dass auch fast zwei Drittel der farbigen Schüler Schulen besuchen, deren Schülerschaft zu mehr als 90 Prozent aus Farbigen besteht

---

[71] Sicherlich ist es bei der Größe dieser Untersuchung und der damit verbundenen öffentlichen Diskussion nicht auszuschließen, dass es durch selektive Ausfälle zu Verzerrungen kommen kann (vgl. zu Einzelheiten Coleman et al. 1966: 549ff.). Gerade in diesem Punkt sehen Bowles und Lewin (1968: 6) eine der größten Schwächen des Coleman-Reports (vgl. hierzu die sehr anschauliche Schilderung in Hunt 1991). Generell ist zudem anzumerken, dass es sich bei der Abfassung des Berichtes auch um eine wissenschaftssoziologisch sehr interessante Begebenheit handelt (vgl. hierzu die Schilderungen in Grant 1973).

(vgl. die entsprechenden Graphiken in Coleman et al. 1966: 4ff. sowie ausführlicher Coleman et al. 1966: 36ff.).[72]

So wichtig diese Unterschiede an sich sein mögen, soziologisch interessant werden sie dadurch, dass sich bei den Schülern der einzelnen ethnischen Gruppen deutliche Unterschiede hinsichtlich ihrer Leistung finden. Innerhalb der Studie wurden – ganz ähnlich wie mehr als drei Jahrzehnte später bei PISA – entsprechende Tests hinsichtlich des Lesens, des Schreibens, des Rechnens und der Problemlösung durchgeführt. Hierbei ergeben sich die folgenden Ergebnisse:

Tabelle 6.1: Testergebnisse für Schüler der 1. und 12. Klassenstufe im Jahr 1965

	Puerto Ricans	Mexican American	Oriental American	Negro	Majority
1st grade:					
Nonverbal	45,8	50,1	56,6	43,4	54,1
Verbal	44,9	46,5	51,5	45,4	53,3
12th grade:					
Nonverbal	43,3	45,0	51,6	40,9	52,0
Verbal	43,1	43,8	49,6	40,9	52,1
Reading	42,6	44,2	48,8	42,2	51,9
Mathematics	43,7	45,5	51,3	41,8	51,8
General Information	41,7	43,3	49,0	40,6	52,2
Average	43,1	44,4	50,1	41,1	52,0

Quelle: Coleman et al. (1966: 20)

Der Coleman-Report betont dabei, dass „these tests do not measure intelligence, nor attitudes, nor qualities of character. Furthermore, they are not, nor are they intended to be, ‚culture free'. Quite the reverse" (Coleman et al. 1966: 20). Denn wenn es in einer Gesellschaft auf bestimmte Fähigkeiten und Eigen-

---

[72] Schon bei Coleman et al. (1966) wird wiederholt darauf hingewiesen, dass die teilweise enormen regionalen Unterschiede in den Vereinigten Staaten zu berücksichtigen sind. Dabei ist jedoch zu bedenken, dass beispielsweise eine innerstädtische Segregation eben auch ein Indikator sozialer Ungleichheit darstellen kann.

schaften ankommt, um eine entsprechende Stellung einzunehmen, sind diese natürlich kulturgebunden – aber dann ist es eben auch wichtig, sie in entsprechenden Tests zu erfassen. In der Tabelle 6.1 sind nun die Medianwerte der jeweiligen Tests angegeben, also ein Maß der zentralen Tendenz, das relativ unempfindlich gegenüber Extremwerten und Ausreißern ist.[73]

Schon ein erster Blick auf diese Ergebnisse zeigt teilweise sehr deutliche Unterschiede: So liegt der Medianwert bei weißen Schülern der ersten Klasse für nonverbale und verbale Fähigkeiten bei 54,1 beziehungsweise bei 53,3. Die entsprechenden Werte der farbigen Schüler liegen bei 43,4 beziehungsweise 45,4 – und damit rund eine Standardabweichung darunter. Im Laufe der Schulkarriere vergrößert sich diese Kluft noch mehr und ist über alle Bereiche hinweg zu finden ist (vgl. Coleman 1990b: 28). Zudem ist festzuhalten, dass selbst gleich bleibende Unterschiede in der relativen Bildung inhaltlich größer werdende absolute Unterschiede bedeuten. Dies wird deutlich, wenn man die Leistungsunterschiede in Schuljahrsdifferenzen umrechnet:

„For example, Negroes in the metropolitan Northeast are about 1.1 standard deviations below whites in the same region at grades 6, 9 and 12. But at grade 6 this represents 1.6 years behind; at grade 9, 2.4 years; and at grade 12, 3.3 years" (Coleman et al. 1966: 21).[74]

Die nun sicherlich wichtigsten und drängengsten Fragen sind, wie sich diese Unterschiede erklären lassen? Gibt es einen Zusammenhang mit der eingangs beschriebenen drastischen Segregation? Und vor allem: Welche politische Maßnahmen sind

---

[73] Die entsprechenden Tests sind dabei standardisiert worden, das bedeutet: Sie weisen einen Mittelwert von 50 und eine Standardabweichung von 10 auf. Damit weisen rund 68 Prozent der Bevölkerung einen Testwert zwischen 40 und 60 auf.

[74] Ein genauerer Blick auf die Tabelle 6.1 zeigt darüber hinaus noch deutliche Unterschiede zwischen den einzelnen ethnischen Gruppen. So weisen vor allem die hier Oriental American genannte Gruppe, die heute wohl eher als Asian Americans bezeichnet würden, die besten Ergebnisse auf. Diese übrigens bis heute festzustellenden Unterschiede bieten Anlass für verschiedenste Spekulationen (vgl. hierzu ausführlicher und kritischer die oben erwähnten Arbeiten zur so genannten bell-curve-Debatte).

sinnvoll, um diese Unterschiede eventuell zu verkleinern? Eine nahe liegende und sicherlich innerhalb der bildungspolitischen Diskussion immer wieder und vor allem auch überall auftretende Antwort ist der Verweis auf die unterschiedliche Allokation von – in der Regel finanziellen – Ressourcen an die einzelnen Schulen. Da sich in den Vereinigten Staaten die Schulen zu einem bedeutsamen Teil über lokale Steuern finanzieren und auch die Wohnquartiere stark sozial segregiert sind, erhält eine derartige Argumentation eine gewisse Plausibilität.

Ausgangspunkt ist also die „Frage, in welcher Weise Unterschiede zwischen Schulen die schulischen Leistungen von Schülern beeinflussen, insbesondere ob Schulen in der Lage sind, ursprüngliche Leistungsniveaus von Schülern auszugleichen" (Mayer 1997: 349). Wären beispielsweise die unterschiedlichen Leistungen allein durch die unterschiedliche fehlende Ausstattung der überwiegend durch Farbige besuchten Schulen mit Bibliotheken oder ähnlichem zu erklären, so wäre die politische Handlungsanleitung zur Beseitigung der sozial ungleichen Bildungschancen eindeutig. Die Ergebnisse der Studie sind in dieser Hinsicht jedoch nicht so einfach. Wenig erstaunlich finden sich schon in einer einfachen deskriptiven Analyse einige Unterschiede:

„Among the facilities that show some relationship to achievement are several for which minority pupils' schools are less well equipped relative to whites. For example, the existence of science laboratories showed a small but consistent relationship to achievement" (Coleman et al. 1966: 22) – aber: „It appears that variations in the facilities and curriculum of the schools account for relatively little variation in pupil achievement insofar as this is measured by standard tests" (Coleman et al. 1966: 22).

Die Unterschiede in der Ausstattung der Schulen scheinen also nur einen relativ kleinen Teil der Unterschiede in den Leistungen zu erklären. Es stellt sich dann aber die Frage, welche Faktoren bedeutsam für den Erfolg der Schüler sind? Um zu einem interpretierbaren Ergebnis zu kommen, reicht es nicht mehr aus, nur deskriptive Verteilungen und bivariate Analysen durchzuführen, vielmehr ist es notwendig, multivariate und auf Regressionstechniken beruhende Verfahren zu verwenden (vgl. Coleman et al. 1966: 290ff.).

Bildung und ethnische Schichtung 157

Als abhängige Variable wird hierbei auf die Leistungen in dem so genannten verbal-achievement-Test zurückgegriffen (vgl. für eine Begründung für die Auswahl dieses Tests aus verschiedenen Messungen Coleman et al. 1966: 292ff.). Als beeinflussende oder unabhängige Größen wird auf familiale Hintergrundsvariablen, die Ausstattung der Schule und curriculare Besonderheiten, Merkmale, Einstellungen und Eigenschaften der Lehrer sowie schließlich Merkmale der Mitschüler, des so genannten student body, herangezogen. Diese insgesamt vier Einflussgrößen wurden jeweils als Index bestimmter Merkmale gebildet. So wird beim familialen Hintergrund unter anderem die Bildung der Eltern, deren eventuelle Migrationsgeschichte, die Vollständigkeit der Kernfamilie, die Ausstattung des Haushalts unter anderem mit Büchern und vor allem die Bildungsaspiration der Eltern erfasst. Die direkt die Schule und ihr Curriculum betreffenden Variablen spiegeln unter anderem das Vorhandensein eines naturwissenschaftlichen Labors, die Ausstattung der jeweiligen Bibliothek und die Anzahl an Betreuungslehrern wider. Als Eigenschaften der Lehrer wurden unter anderem deren Bildungshintergrund in deren Herkunftsfamilien, ihr eigener Bildungsabschluss sowie die Berufserfahrung herangezogen. „Three measures of present characteristics of the student body were used, as follows: A mesasure of student mobility (…). A measure of student attendance (…). The average hours of homework" (Coleman et al. 1966: 305). Hierbei ergeben sich auf den ersten Blick überraschende Ergebnisse:

„Finally, it appears that a pupil's achievement is strongly related to the educational backgrounds and aspirations of the other students in the school. (...). For the earlier tables show that the principal way in which the school environments of Negroes and whites differ is in the composition of their student bodies, and it turns out that the composition of the student bodies has a strong relationship to the achievement of Negro and other minority pupils" (Coleman et al. 1966: 22).

Es sind also weniger die individuellen Charakteristika als die soziale Zusammensetzung der Schülerschaft, die bedeutsam ist: „Attributes of other students account for far more variation in the achievement of minority group children than do any attributes of school facilities and slightly more than do attributes of staff. In general, as the educational aspirations and backgrounds of fellow students increase, the achievement of minority group children increases" (Coleman et al. 1966: 302). Diese Ergebnisse beruhen auf verschiedenen Regressionen, die die Schulleistungen auf die unterschiedlichsten Faktoren zurückführen.[75] In einer späteren Publikation aus dem Jahre 1972 (Coleman 1990a: 145) werden die Ergebnisse noch einmal sehr übersichtlich dargestellt, indem die verschiedenen standardisierten Regressionskoeffizienten in eine Tabelle integriert werden.[76] Coleman (1990a) selbst gibt zu bedenken, dass diese Regressionskoeffizienten aufgrund der hohen Multikollinearität der unabhängigen Variablen (Lewis-Beck 1993) letztlich nicht richtig zu interpretieren sind und schlägt deshalb vor, ein modifiziertes Maß zu verwenden, dass die „unique variance attributable to variable x_i" (Coleman 1990a: 142) erfassen soll.[77]

---

[75] Die entsprechenden Analysen sind dabei nicht unwidersprochen geblieben, wobei vor allem statistische und methodologische Fragen diskutiert wurden (vgl. dazu unter anderem Bowles/Lewin 1968, Cain/Watts 1973, Hanushek/Kain 1972, Coleman 1968, 1990a oder Carver 1975). Die Kritik bezieht sich dabei unter anderem auf die höchstwahrscheinlich selektive Teilnahmebereitschaft der einzelnen Schulen, die Operationalisierung vieler wichtiger Indikatoren und schließlich auf die verwendeten statistischen Analyseverfahren. Cain und Watts (1970) kritisieren vor allem die fehlende theoretische Fundierung der Untersuchung, die politische Folgerungen ausgesprochen angreifbar machen. Eine untechnische und daher gut verständliche Zusammenfassung der Diskussion findet sich in Hunt (1991).

[76] Bedauerlicherweise ist die Dokumentation der Analysen nicht hinreichend klar, um die genaue Konstruktion der Indices rekonstruieren zu können. So bezieht sich die obige Darstellung auf die Abschnitte im ersten Coleman-Report (Coleman et al. 1966). In Coleman (1990a: 145) findet sich nur der Hinweis, dass 6 Variablen den familialen Hintergrund, 11 Variablen Schulcharaktersistika, 7 Variablen die Lehrereigenschaften und 5 Variablen den ‚student body' abbilden.

[77] Dieses Maß wird folgendermaßen gebildet: $b^2 (1-c^2)$, wobei b der standardisierte Regressionskoeffizient und c^2 die Korrelation der beiden Variablen ist (vgl. Coleman 1990a: 142).

Tabelle 6.2: Erklärungsfaktoren der schulischen Leistung (verbal achievement test); unique contribution to variance

	Black North	Black South	White North	White South
12th grade:				
Family	.067	.119	.133	.144
Facilities & curriculum	.018	.009	.014	.007
Teacher	.016	.026	.009	.002
Student body	.046	.078	.008	.013
r^2	.146	.232	.165	.166
9th grade:				
Family	.065	.098	.160	.183
Facilities & curriculum	.017	.046	.010	.004
Teacher	.012	.014	.010	.010
Student body	.027	.053	.006	.005
r^2	.121	.211	.186	.203
6th grade:				
Family	.086	.137	.135	.179
Facilities & curriculum	.002	.033	.004	.003
Teacher	.024	.023	.007	.011
Student body	.021	.021	.017	.006
r^2	.132	.213	.163	.199

Quelle: Coleman (1990a: 146)

In der Tabelle 6.2 finden sich nun die Koeffizienten der vier Ursachenbündel auf die schulische Leistung wieder. Bei dieser Darstellung werden die Ergebnisse erstens zwischen drei Alters- beziehungsweise Schulklassenstufen, zweitens zwischen den beiden wichtigsten ethnischen Gruppen und drittens schließlich noch regional differenziert dargestellt. Standardisierte Regressionskoeffizienten haben den Vorteil, direkt in ihrer Größe miteinander vergleichbar zu sein.

Deutlich ist zu sehen, dass der familiale Hintergrund der Schüler immer der bedeutsamste Einflussfaktor ist – unabhängig von der ethnischen und regionalen Herkunft der Schüler. Ebenso wichtig ist, dass die Eigenschaften der Mitschüler – vor allem für die farbigen Schüler höherer Jahrgangsstufen – einen ebenfalls großen Einfluss auf die Leistungen besitzen. Die Ausstattung und curricularen Besonderheiten der Schule, aber auch die Eigenschaften der Lehrer spielen eine weniger wichtige Rolle. Wie schon aus der bivariaten Analyse zu vermuten war, erscheint eine allein auf die Ausstattung der Schulen gerichtete Politik deshalb wenig Erfolg versprechend zu sein.

Teilweise werden diese Effekte auch über eher psychologische Einstellungen, wie etwa das Konzept der Selbstkontrolle vermittelt; hier unterscheiden sich die einzelnen Schichten, sicherlich nicht ganz ohne Grund. Wenn die Schulen nun jedoch stark ethnisch segregiert sind und damit sich die einzelnen Schulen auch deutlich hinsichtlich dieser Variablen unterscheiden, sind die drastischen Unterschiede zwischen den einzelnen ethnischen Gruppen im Allgemeinen und speziell die Unterschiede zwischen farbigen und weißen Schülern nicht erstaunlich. Die Ergebnisse der Studie legen jedoch auch nahe, dass eine reine finanzielle Unterstützung der Schulen mit überwiegend farbigen Schülern einen nur kleinen Effekt haben würde. Ein wesentlich wichtigerer Punkt ist die Desegregation der einzelnen ethnischen Gruppen. Wenn man die zentralen Ergebnisse dieser Studie zusammenfassen will, so sind vor allem folgende Punkte von Bedeutung:

„1. The great importance of family background for achievement;
2. The fact that the relation of family background to achievement does not diminish over the years of school;
3. The relatively small amount of school-to-school variation that is not accounted for by differences in family background, indicating the small independent effect of variations in school facilities, curriculum, and staff upon achievement;
4. The small amount of variance in achievement explicitly accounted for by variations in facilities and curriculum;
5. Given the fact that no school factors account for much variation in achievement, teacher's characteristics account for more than any other (...).
6. The fact that the social composition of the student body is more highly related to achievement, independently of the student's own social background, than is any school factor.
7. The fact that attitudes such as a sense of control of the environment, or a belief in the responsiveness of the environment, are extremely highly related to achievement, but appear to be little influenced by variations in school characteristics" (Coleman et al. 1966: 325).

Ähnlich prägnant findet sich eine Zusammenfassung bei Mayer (1997: 350): „Die meisten amerikanischen Schüler lernen in rassisch segregierten Schulen. Es fanden sich zwar große regionale Unterschiede in der Ausstattung von Schulen, aber, mit Ausnahme der Südstaaten, betrafen diese Unterschiede kaum Differenzen zwischen weißen und schwarzen Schülern. Dennoch gab es große Leistungsunterschiede zwischen Schwarzen und Weißen schon in der ersten Klasse, und diese Disparitäten nahmen im Schulverlauf zu. Will man die Bildungsungleichheiten verändern, darf man sich daher nicht in erster Linie an Ausstattungsunterschieden orientieren, sondern muß sich um Ungleichheiten in den Bildungsergebnissen kümmern. Unterschiede in den Schulleistungen zwischen ethnischen Gruppen werden durch Faktoren bestimmt, die zeitlich vor und räumlich außerhalb der Schule liegen. Familien und soziale Umwelten sind wichtiger als Schulen, und Chancenungleichheit kann nicht durch schulische Ressourcen verringert werden: Ausgaben pro Schüler, die Größe der Schule, der Anteil weißer Lehrer, Lehrermerkmale und curriculare beziehungsweise andere schulorganisatorische Unterschiede konnten die Schulleistungsunterschiede nicht erklären, wenn man die ethnische und sozio-ökonomische Herkunftsfamilie kontrolliert. Wichtig für die Schulleistungen sind ferner die Mitschüler, und damit deren ethnische Zusammensetzung. Racial desegregation helfe schwarzen Kindern, schade aber weißen Kindern nicht. Daraus wurde die Schlußfolgerung abgeleitet, daß die soziale Integration Chancenungleichheiten an Schulen mindern könne".
Wie kaum eine sozialwissenschaftliche Studie hatte der Coleman-Report (sozial-) politische Diskussionen nach sich gezogen (vgl. Grant 1973; Hunt 1991) – wenn auch erst mit einer gewissen Verzögerung. Dabei waren es weniger die politischen Entscheidungsträger, als vielmehr lokale Gerichte, die versucht haben, konkrete Konsequenzen aus den berichteten Ergebnissen zu ziehen. Die Bemühungen werden dabei unter dem Stichwort der Desegregation diskutiert (vgl. Coleman 1990: 165ff.).

Ausgangspunkt dabei waren eine Fülle von Anhörungen vor dem Kongress der Vereinigten Staaten, die eine erstaunlich gründliche Beschäftigung mit dem sicherlich nicht einfach zu lesenden Coleman-Report dokumentieren (vgl. Grant 1973: 36ff.; Hunt 1991). Inhaltlicher Mittelpunkt dieser Debatten war der Einfluss der Mitschüler, der peers, auf die schulische Leistung ethnischer Minderheiten und sozial Benachteiligter und damit deren daraus folgenden Integration.

Wenn es aber vor allem die Trennung der einzelnen ethnischen Gruppen ist, die zu dauerhafter sozialer (Chancen-) Ungleichheit führt, so liegt es nahe, genau an diesem Punkt anzusetzen und zu versuchen, die ethnische Zusammensetzung der einzelnen Schulklassen heterogener zu gestalten: Da die faktische ethnische Segregation in den Schulen auch durch die Segregation innerhalb der einzelnen Städte und Gemeinden bedingt ist, war eines der wichtigsten Instrumente bei dieser Desegregation das so genannte busing. Hier wurden Kinder aus segregierten Schulen in – teilweise relativ weit entfernte – andere Schulen gefahren, um die ethnische Zusammensetzung zu verändern (Orfield 1978). Diese busing-Projekte waren in fast allen größeren Städten wie etwa Boston, New York, San Francisco, Baltimore oder Chicago von Protesten und gewalttätigen Unruhen begleitet (vgl. hierzu Olzak/Shanahan/West 1994; siehe auch Rossell 1990; Enstrom 1998; Eaton 2001). Darüber hinaus befürchteten viele Mitglieder der ethnischen Mehrheit, dass ihre Kinder nun eine schlechtere schulische Ausbildung erhalten würden und wählten daraufhin ihren Wohnort so, dass sie nicht mehr zu den Busing-Projekten gehörten. Eine entsprechende Untersuchung, die ebenfalls von James Coleman durchgeführt wurde (Coleman/Kelly/Moore 1990; zuerst 1972), zeigt, „that massive school desegregation plans in large cities resulted in the loss of white children from the city's schools. In effect, the school desegregation policies were provoking resegregation actions on the part of individual families" (Coleman 1990: 165). Aufgrund dieser so genannten ‚whiteflight' unterschied Coleman selbst zwischen Maßnahmen der ‚beneficial desegragation' und der ‚destructive desegregation' (Coleman 1978; Coleman/Kelly/Moore 1990).[78] Auch an die-

---

[78] James S. Coleman hat sich auch in seiner weiteren akademischen Tätigkeit immer wieder mit Fragen des Bildungssystems beschäftigt. Einen sehr guten Überblick über die gesamte Tätigkeit – einschließlich des Co-

sem Punkt zeigt sich, dass der Coleman-Report – wie viele Evaluationsstudien – unter den Problemen der Reaktivität leidet (vgl. zu diesem Punkt aber Pettigrew/Green 1976). Insgesamt hat sich die Situation der ethnischen Ungleichheit in den Vereinigten Staaten seit den Tagen des Coleman-Reports erstaunlich wenig verändert. Auch heute finden sich noch sehr deutliche Unterschiede zwischen den einzelnen Gruppen. Weiter unten soll versucht werden, den Erfolg einer Politik so genannter ‚affirmative action' einzuschätzen. Zuvor soll jedoch noch kurz ein Blick auf die bundesdeutsche Situation geworfen werden.

6.2 Ethnische Unterschiede im deutschen Bildungssystem. Der Beginn einer neuen Dimension sozialer Ungleichheit?

Ursache der soziologischen Beschäftigung mit ethnischen Unterschieden ist letztlich immer eine Migration ethnisch bestimmbarer Gruppen. Dabei kann diese Migration einerseits unfreiwillig sein, wie beispielsweise durch die Sklaverei in den Vereinigten Staaten vor dem 20. Jahrhundert oder in Folge des Zweiten Weltkrieges in der Bundesrepublik. Andererseits gibt es Migrationsformen, die eher als freiwillig einzustufen sind, wie etwa die Migrationsbewegungen aus Süd- nach Nordamerika (vgl. hierzu die beeindruckende Studie von Durand/Massey 1995) oder die Arbeitsmigration in der Bundesrepublik seit den späten 1950er Jahren (vgl. hierzu als Überblick Hoffmeyer-Zlotnick 2000).

Trotz aller politisch bedingten Diskussionen ist die Bundesrepublik de facto schon seit mehr als 100 Jahren ein Einwanderungsland, in dem die verschiedenen gerade skizzierten Migrationsformen vermischt vorhanden sind. Und fast selbstverständlich bildet diese ethnische Unterscheidung auch eine Analysedimension hinsichtlich der Bildungsungleichheit, denn während die erste Welle der Arbeitsmigration hauptsächlich

---

leman-Reports – bieten die in Coleman (1990) gesammelten Beiträge (vgl. aber auch Mayer 1997 oder Marsden 2005).

durch Personen gebildet wurde, die nicht mehr im schulpflichtigen Alter waren und auch alleine und zumindest subjektiv zeitlich befristet migriert sind, hat sich diese Situation seit den 1970er Jahren gründlich geändert. Bedingt durch den Familiennachzug und neue Migrationsformen – vor allem aus Osteuropa und verstärkt durch die Kriege im ehemaligen Jugoslawien – unterscheiden sich die familiale Zusammensetzungen der Migrantenfamilien nicht mehr grundlegend von denen der deutschen Bevölkerung. Spätestens damit wird es aber auch interessant, diese ethnische Dimension im Bildungsverhalten zu untersuchen, denn auch hier gilt, dass eine dauerhafte Ungleichheit des Bildungsverhaltens und des Bildungsergebnisses zu einer Verfestigung sozialer Ungleichheiten und damit zu entsprechenden Problemen der Unterschichtung führen kann. Die Ergebnisse der PISA-Studie (vgl. Deutsches PISA-Konsortium 2001; 2002; PISA-Konsortium Deutschland 2004; 2005) belegen dies eindrücklich.

Obwohl die sozialwissenschaftliche Forschung über die sozialen Folgen der Arbeitsmigration eine lange Geschichte hat, mussten Alba, Handl und Müller (1994: 209f.) erstaunlicher Weise feststellen: „Noch immer bestehen Unklarheiten über Ausmaß und Art der Benachteiligungen, von denen Einwanderungsminderheiten in der Bundesrepublik Deutschland betroffen sind. (...). Es ist wohl unbestritten, daß die Kinder von Ausländern im deutschen Schulsystem nicht die gleichen Ergebnisse erzielen, wie ihre gleichaltrigen deutschen Mitschüler". Gleichwohl wird argumentiert, dass das Schulsystem „zur Integration ausländischer Kinder" (Alba/Handl/Müller 1994: 210) beitrage, denn institutionell seien deutsche und ausländische Kinder den gleichen Standards und Gelegenheitsstrukturen unterworfen – was jedoch bei unterschiedlichen Ausgangsbedingungen unterschiedliche Bildungsergebnisse nicht ausschließe.

Dabei stellt sich die Frage nach einer Definition von Benachteiligungen: Sind diese an den Bildungsergebnissen zu messen? Oder ist ein anderes Vorgehen angebracht, bei dem zuerst die verschiedenen theoretisch denkbaren Einflussfaktoren wie beispielsweise sozio-ökonomischer Status und eben der ethnische Hintergrund kontrolliert werden? Die eventuell zu findenden schlechteren Chancen der Einwanderungsminderheiten lassen sich dann beispielsweise dadurch erklären, dass „diese aus ländlichen Gebieten in wenig industrialisierten Ländern stammten und deshalb im Einwanderungsland in die unteren Stufen des Arbeitsmarktes gelangen" (Alba/Handl/ Müller 1994: 211). Von einer Benachteiligung wäre zu sprechen, wenn es einen direkten Effekt der ethnischen Herkunft gibt und eventuelle Ungleichheiten eben nicht durch Ungleichheiten hinsichtlich der anderen Faktoren erklärbar sind. Selbst wenn man einen solchen selbständigen Effekt der ethnischen Zugehörigkeit findet, stellt sich jedoch wiederum die Frage nach der Erklärung dieses Unterschiedes. Hier lassen sich die „spezifischen kulturellen Wert- und Überzeugungssysteme" (Alba/Handl/Müller 1994: 211) wie etwa eine Rückkehrorientierung und die daraus abgeleiteten Erfordernisse, aber auch ein entsprechender Fatalismus als klassenspezifische Erfahrung oder schließlich eben die Reaktionen der Bevölkerungsmehrheit und damit kurz eine gewisse Diskriminierung als Ursachen anführen. Die aktive Diskriminierung wiederum kann durch individuelle Akte oder durch institutionalisierte Mechanismen geschehen. Aus der Komplexität der hier nur skizzierten Argumentationen wird schnell verständlich, dass Diskriminierung dabei übrigens so gut wie nie direkt gemessen wird, sondern immer nur als so genannte Residualerklärung Verwendung findet.

Eine weitere Untersuchungsfrage trifft die Entwicklung ethnischer Ungleichheit, wobei theoretisch letztlich immer von einem Assimilationsprozess ausgegangen wird; „Ethnische Ungleichheiten manifestieren sich somit per se erst in der zweiten Generation, die in der Aufnahmegesellschaft aufgewachsen sind" (Alba/Handl/Müller 1994: 212), denn die erste Generation ist naturgemäß noch stark durch die Bedingungen der Herkunftsgesellschaft und der dort vorzufindenden Sozialisationsbedingungen geprägt.

Ein Problem der bisherigen Forschungsarbeiten lag nun sicherlich in der lange Zeit unzureichenden Datenlage. Um dieses Problem zu lösen, greift die hier im Mittelpunkt stehende Arbeit auf zwei unterschiedliche Datenbestände zurück: Einerseits findet der Mikrozensus 1989 Verwendung, um ein erstes deskriptives Bild der Bildungsergebnisse zu erzielen. Dieser Datensatz „ist umfangreich genug, um die Bildungsbeteiligung der vier größten Einwanderungsgruppen – Griechen, Italiener, Türken, Jugoslawen – getrennt zu analysieren und dabei gleichzeitig eine Reihe von sozio-ökonomischen Bedingungsfaktoren zu kontrollieren" (Alba/Handl/Müller 1994: 210). Darüber hinaus wird aber auch auf das sozio-ökonomische Panel zurückgegriffen, um mögliche Erklärungen für die ethnischen Unterschiede wirklich zu prüfen, denn hierzu sind die Daten der amtlichen Statistik aus verschiedenen Gründen so gut wie nie verwendbar.

Die „multivariaten Analysen der Mikrozensus-Daten beschränken sich auf Jugendliche, deren Schullaufbahn soweit fortgeschritten ist, daß der eingeschlagene Bildungsgang erkennbar ist" (Alba/Handl/Müller 1994: 213) und damit also einerseits auf die 13-15 Jährigen, für die die unterschiedlichen Schullaufbahnen untersucht werden können und andererseits auf die 16-18 Jährigen, für die weiterhin untersucht werden kann, „wer voraussichtlich mit und wer ohne Lehre das Ausbildungssystem verläßt" (Alba/Handl/Müller 1994: 213). Da fast alle der hier untersuchten Jugendlichen noch zu Hause wohnen, kann man relativ problemlos auch den sozio-ökonomischen Hintergrund des Elternhauses kontrollieren.

Als erstes deskriptives Ergebnis ist nun die Verteilung der schulischen Platzierung beziehungsweise des Schulerfolgs der einzelnen Jugendlichen von Interesse. Die Tabelle 6.3 gibt – aufgrund des Mikrozensus 1989 – einen Überblick über diese Verteilung.[79]

---

[79] Aufgrund der Datenlage wurden von den Autoren der Studie einige Vereinfachungen vorgenommen: So finden sich die über alle Gruppen ähnlich verteilten Schüler der Gesamtschulen in der Kategorie Realschule wieder (vgl. Alba/Handl/Müller 1994: 216). Für die hier gewählte Darstellung wurde darüber hinaus noch einmal die ursprüngliche Tabelle insofern vereinfacht, dass nur die 13-15 Jahre alten Jugendlichen vorgestellt werden und dass zudem die in dieser Altergruppe nur selten vorkommenden Fälle einer bereits begonnenen Lehre entweder der Gruppe der Hauptschule zugeschlagen oder gänzlich vernachlässigt werden.

Tabelle 6.3: Schulische Platzierung nach ethnischer Zugehörigkeit im Jahr 1989

	Hauptschule	Realschule	Gymnasium
Deutschland	35,4	32,7	31,4
Türkei	69,6	22,3	7,1
Jugoslawien	56,8	27,7	14,6
Italien	69,9	23,0	6,3
Griechenland	56,3	19,8	24,0
Andere Herkunft	46,8	29,2	23,6

Quelle: Alba/Handl/Müller (1994: 217)

Deutlich ist an diesen Daten die unterschiedliche soziale Platzierung der einzelnen ethnischen Gruppen abzulesen. Dabei finden sich die extremsten Unterschiede – etwa beim Besuch eines Gymnasiums – zwischen den Kindern aus Deutschland und den Kindern aus der Türkei und Italien. Die – übrigens in sich sehr heterogene – Gruppe der anderen sowie die aus Griechenland stammenden Jugendlichen weisen etwas bessere Chancen auf. Diese Unterschiede finden sich ebenfalls beim Hauptschulbesuch, nicht jedoch bei den Realschulquoten; inhaltlich bedeutet dies, dass die deutschen Jugendlichen im Alter von 13 bis 15 Jahren im Schnitt eine Bildungsstufe höher zu finden sich als ihre peers mit einem Migrationshintergrund.

Bei einem Blick auf die 16 bis 18 Jahre alten Jugendlichen (Alba/Handl/Müller 1994: 217) zeigen sich die gleichen Muster wieder, wobei vor allem die dramatischen Unterschiede hinsichtlich der Kategorie „Hauptschule ohne Lehre" auffallen, was in dieser Altergruppe wohl vor allem darauf schließen lässt, dass nach dem Schulabschluss keine weiterführende Ausbildung begonnen wurde – ein Bild, das sich bei der Betrachtung der Zahlen für die 19-21 Jährigen noch bestärkt. Fast jeder zweite Jugendliche mit einer türkischen Nationalität gehört in diese Gruppe, während nur jeder Zehnte Deutsche diese sicherlich nicht sehr viel versprechende Bildungskarriere eingeschlagen hat. Bemerkenswert ist in der Gruppe der 16 bis 18 Jährigen noch der sogar den Wert der Deutschen übertreffende Anteil von Griechen, die ein Gymnasium besuchen, was zumindest teilweise auf die Besonderheiten griechischer Schulen in der Bundesrepublik zurückzuführen sein dürfte (vgl. hierzu im Detail die Studie von Hopf 1987).

Die Unterschiede in den einzelnen Jahrgängen können dabei sowohl auf Entwicklungen im Bildungsverhalten, eher jedoch auf unterschiedliche Charakteristika der einzelnen Gruppen wie etwa eine unterschiedliche Migrationsbiographie zurückzuführen sein. Empirisch lassen sich diese beiden Erklärungsmechanismen allerdings nicht trennen. Ein Indiz in dieser Richtung zeigt jedoch die Verteilung der Generationszugehörigkeit. Wenn man versucht, diesen Einflussfaktor auszuschließen und nur Jugendliche betrachtet, die entweder in der Bundesrepublik geboren wurden oder bereits vor ihrem 5. Lebensjahr migrierten und damit eine hinreichende Möglichkeit zum Spracherwerb besitzen, ergeben sich daraus kaum bedeutsame Unterschiede.

Wenn der Generationenstatus die Unterschiede nicht erklären kann, sind hierzu vielleicht der sozio-ökonomische Hintergrund beziehungsweise die Bedingungen des Wohnorts in der Lage. Hierzu wurden Analysen durchgeführt, bei denen neben der Nationalität die Generationenzugehörigkeit, die Bildung und der Beruf des Haushaltsvorstandes als Indikatoren des sozio-ökonomischen Herkunftsmilieus, die Familiengröße und das Geschlecht sowie schließlich zwei Wohnortbedingungen – handelt es sich um ein Bundesland mit einer hohen Ausländerdichte beziehungsweise um eine kleine, mittlere oder größere Stadt und somit eventuell der Möglichkeit spezifischer Bildungsgänge – berücksichtigt wurden.

Als Analysetechnik wurde wiederum auf logistische Regressionen zurückgegriffen. In Tabelle 6.4 finden sich für die 13 bis 15 Jahre alten Jugendlichen auszugsweise die odds-ratios, die Chancenverhältnisse, die sich als prozentuale Veränderung des Eintrittsrisikos bei Vorliegen beziehungsweise Nichtvorliegen der Kovariate interpretieren lassen, hinsichtlich der Frage, ob überhaupt – unabhängig der Differenzierung Gymnasium oder Realschule – eine weiterführende Schule besucht wird.[80]

---

[80] Für die Analysen weiterer Altersklassen sowie die Übergänge zwischen Gymnasium einerseits und Realschule oder Hauptschule andererseits und die Unterscheidung zwischen Hauptschule mit und ohne Lehre verglei-

*Tabelle 6.4:   Multivariate Analyse der schulischen Platzierung
                (logistische Regression)*

Variable	odds ratios
Herkunft	
Türkei	0,60*
Jugoslawien	0,73*
Italien	0,48*
Griechenland	1,00
Alter bei der Ankunft	
5-9	0,59*
10-14	0,47*
unbekannt	1,26
Bildung des HH-Vorstands	
kein Abschluss	0,10*
Hauptschule ohne Lehre	0,09*
Hauptschule mit Lehre	0,14*
Realschule ohne Lehre	0,24*
Realschule mit Lehre	0,30*
Abitur	0,48*
Fachhochschule	0,54*
Familiengröße	
Anzahl der Kinder im HH	0,85*
Geschlecht: männlich	0,70*
Bundesland mit hoher Ausländerdichte	1,04
Urbanisierungsgrad	
mittelgroße Stadt	1,11
Großstadt	1,70*

*: p < 0,05
Quelle: Alba/Handl/Müller (1994: 222f.)

che Alba, Handl und Müller (1994: 222f.). Aus Gründen der Übersichtlichkeit wurde in der hier gewählten Darstellung auf die Präsentation der Effekte der einzelnen Berufe der Herkunftsfamilien verzichtet (vgl. auch hierzu Alba/Handl/Müller 1994: 222f.). Als Referenzkategorien diente die Herkunft aus Deutschland, die Charakterisierung als Deutscher oder Angehöriger der zweiten Generation, ein Hochschulabschluss des Haushaltsvorstands sowie eine kleine Stadt. Für die einfachere Darstellung wurden die im Original berichteten Effekte exponiert, um sinnfälliger zu interpretierende Größen zu erhalten.

In diesem, aber auch in den anderen Modellen zeigen die Variablen die erwartbaren Effekte. Mit zunehmendem Alter bei der Einreise sinkt die Wahrscheinlichkeit, eine weiterführende Schule zu besuchen, ebenso mit einem geringeren formalen Bildungsabschluss des Haushaltsvorstandes und der Familiengröße. Der Urbanisierungsgrad wirkt sich hingegen positiv auf die Partizipation an höherer Bildung aus, Jungen weisen dagegen geringere Beteiligungsquoten auf. Zudem lassen sich deutliche Effekte des Berufsstatus festhalten, die in der hier dargestellten Version der Tabelle nicht berichtet wurden.

Die wichtigste Frage lautet jedoch: „Was bleibt nach all diesen Kontrollen noch von den ethnischen Differenzierungen erhalten? Offensichtlich bleiben Unterschiede in beachtlicher Größenordnung bestehen. (...). Weder eine kurze Anwesenheit noch die niedrigerer sozio-ökonomische Herkunft vieler ausländischer Familien können die deutlichen Benachteiligungen, welche Kinder einzelner ethnischer Gruppen im deutschen Bildungssystem erfahren, gänzlich oder größtenteils erklären" (Alba/Handl/Müller 1994: 225ff.). Vor allem die türkischen und italienischen Kindern weisen immer noch eine um circa 40 beziehungsweise über 50 Prozent geringere Chance auf, eine weiterführende Schule zu besuchen. Um zu versuchen, diese Erklärungslücke zu schließen, muss jedoch die Datengrundlage geändert werden, da hier der Mikrozensus keine weiteren nützlichen Informationen liefern kann.

Aus diesem Grund wird auf das sozio-ökonomische Panel zurückgegriffen. Insgesamt sollen drei Komplexe hiermit abgebildet werden: „1. Kulturelle Aspekte: Dieser Faktor wird über die Deutschkenntnisse der Eltern, einen Index über das kulturelle Klima im Elternhaus und eine Zählung der Freunde des Haushaltsvorstands gleicher ethnischer Herkunft erfaßt. 2. Die Orientierung an der Herkunftsgesellschaft: Diese beinhaltet den expliziten Heimkehrwunsch des Haushaltsvorstands, finanzielle Überweisungen in das Heimatland, die Selbst-Identifikation des Haushaltsvorstands (als deutsch oder nicht-deutsch) und den Tatbestand, ob das Kind zumindest teilweise im Heimatland erzogen wurde (...). 3. Diskriminierung: Gemessen über die ethnische Zusammensetzung der Wohngegend, welche vermutlich mit bestimmten Formen der institutionellen Diskriminierung, wie beispielsweise Ausländerklassen in den Schulen, korreliert" (Alba/Hand/Müller 1994: 227f.).

Trotz der eigentlich hohen Fallzahlen treten bei den notwendigen multivariaten Analysen rasch Probleme auf, die die Interpretation erschweren – so müssen beispielsweise alle ausländischen Jugendlichen trotz der gerade diskutierten internen Unterschiede gemeinsam betrachtet werden. Dennoch sind die Ergebnisse beeindruckend: In einem Basismodell finden sich die erwarteten Effekte hinsichtlich des Einflusses der ethnischen Zugehörigkeit auf die Wahrscheinlichkeit eine höhere Schule zu besuchen oder nicht. Werden nun einige Kontrollvariablen sowie die Deutsch-Kenntnisse der Eltern berücksichtigt, verliert diese Variable ihren signifikanten Einfluss. Eine zusätzliche Berücksichtigung der individuellen Bildungskarriere – Schulbesuch auch im Ausland – verringert die Effektgröße noch einmal (vgl. generell zur Rolle der Sprache Esser 2006). Zusammenfassend lässt sich festhalten: „Die kulturelle Atmosphäre innerhalb der Familie erklärt, zusammen mit dem Grad der Kontinuität der Schullaufbahn in Deutschland, einen erheblichen Anteil ethnischer Benachteiligungen in deutschen Schulen" (Alba/Handl/Müller 1994: 233). Die Benachteiligung ist also nicht nur eine Folge des niedrigen sozio-ökonomischen Status, sondern auch der kulturellen Faktoren. Die Interpretation sollte allerdings sehr vorsichtig ausfallen, denn diese Faktoren sind „möglicherweise letztendlich Ausdruck fehlender Sicherheit dieser Familien hinsichtlich der Zukunftsaussichten in einer Gesellschaft, in der sie, gerade aufgrund ihrer Fremdheit, sozialer Stigmatisierung und Benachteiligung ausgesetzt sind" (Alba/Handl/Müller 1992: 235) – die Frage der Diskriminierung ist also noch nicht letztendlich geklärt. Auch bezüglich der weiteren Entwicklung der ethnischen Ungleichheiten ist mit Vorsicht zu argumentieren – gerade Ergebnisse für die so genannte dritte Generation lassen Zweifel an den hier beobachtbaren Tendenzen einer langsamen Assimilation aufkommen.

Darüber hinaus konnten in den gerade vorgestellten Analysen die interne Heterogenität der jeweiligen Jugendlichen mit einem Migrationshintergrund nicht hinreichend erfasst werden. Aus diesem Grund soll hier noch kurz auf eine weitere Studie eingegangen werden, die diesen Aspekt genauer betrachtet (Kristen 2002).

Datengrundlage bilden hier Informationen von mehr als 3.000 Schülern aus Baden-Württemberg aus dem Zeitraum von 1983 bis 2000, die sich an der Schwelle zum Übergang in die Sekundarstufe I und somit an einer für den weiteren Bildungserfolg ausgesprochen wichtigen Scheidelinie befunden haben. Neben Informationen zum ethnischen Hintergrund sind in diesen Daten vor allem auch Leistungsfaktoren und – ganz im Sinne der oben ausführlich vorgestellten Studie von James S. Coleman – auch einige wichtige Kontextfaktoren enthalten (vgl. Kristen 2002: 538ff.). In einem ersten Schritt werden die Verteilungen der jeweils gewählten Schulform, aber auch Leistungsindikatoren vorgestellt.[81] Hierbei ergibt sich folgendes Ergebnis (vgl. Tabelle 6.5).

Tabelle 6.5: Übergangsraten und Schulleistungen nach Nationalität (in Prozent)

	türkisch	italienisch	jugoslawisch	Aussiedler	deutsch
Übergang					
Hauptschule	75,3	81,7	59,4	37,9	35,4
Realschule	16,2	10,6	19,8	34,0	30,1
Gymnasium	8,6	7,8	20,8	28,2	34,5
Durchschnittsnote					
1,0-2,4	9,1	8,3	22,6	26,9	34,4
2,5-3,0	16,4	10,6	15,1	31,4	28,5
3,1-6,0	74,5	81,1	62,3	41,7	37,1

Quelle: Kristen (2002: 542)

Wenn man sich diese Raten betrachtet, so fällt zuerst der Unterschied im Besuch der weiterführenden Schulen im Vergleich

---

[81] In Baden-Württemberg war die Bildungsempfehlung in diesem Zeitraum nahezu verbindlich und bezog sich hauptsächlich auf die Leistungen in den Fächern Deutsch und Mathematik. Für eine Gymnasialempfehlung sollte die Durchschnittsnote in diesen Fächern besser als 2,5 sein und für eine Realschulempfehlung besser als 3,0 (vgl. Kristen 2002: 539f.). Die Originaltabelle wurde leicht gekürzt. Zudem ist anzumerken, dass es sich bei den Aussiedlern streng genommen um keine eigenständige ethnische Gruppe handelt.

der deutschen Kinder einerseits und der türkischen und italienischen Kindern andererseits auf. Dabei spiegeln sich diese Unterschiede wenig erstaunlich auch gut in dem individuellen Leistungsniveau – gemessen über die durchschnittliche Schulnote – wider. Es kann jedoch gezeigt werden, dass es in multivariaten Modellen auch bei Kontrolle der individuellen Leistungen deutliche Effekte der Nationalität gibt (Kristen 2002: 544). So weisen türkische Kinder eine um über 70 Prozent geringere Chance auf eine weiterführende Schule zu besuchen als ihre deutschen Klassenkameraden. Bei italienischen Kindern sinkt die Chance sogar um mehr als 77 Prozent – und dies trotz der Kontrolle der individuellen Noten.[82] In einem nächsten Analyseschritt werden deshalb einige Kontextfaktoren berücksichtigt.

„Als aggregierte Kontexteigenschaften werden die ethnische Konzentration und das durchschnittliche Leistungsniveau der Schulklasse einbezogen" (Kristen 2002: 546).

Dabei stellt sich heraus, dass vor allem der Anteil an Migranten in einer Schulklasse eine wichtige Einflussgröße darstellt. So verringert etwa ein Anstieg des Migrantenanteils um 10 Prozent in einer Klasse die individuelle Chance, eine weiterführende Schule zu besuchen, um knapp 20 Prozent. Und noch bedeutender: Bei einer Berücksichtigung dieses Kontextmerkmals spielt die individuelle ethnische Zugehörigkeit keine Rolle mehr.

---

[82] Eine Analyse des Unterschieds zwischen Gymnasium und Realschule ergibt übrigens keinen signifikanten Effekt der ethnischen Zugehörigkeit. Die entscheidende Größe ethnisch bestimmbarer sozialer Ungleichheit liegt offensichtlich bei der grundlegenden Frage, ob überhaupt irgendeine weiterführende Schule besucht wird (Kristen 2002: 544).

6.3 „The Shape of the River" oder: Ist die ‚affirmative action' ein Mechanismus zur Verringerung ethnischer Ungleichheiten?[83]

Der oberste Gerichtshof der Vereinigten Staaten hat im Frühsommer 2003 mit einer knappen Mehrheit entschieden, dass das System der so genannten ‚affirmative action' mit der amerikanischen Verfassung vereinbar ist und hat somit eine der wesentlichen Institutionen am Leben erhalten, die die ethnische Ungleichheit im u.s.-amerikanischen Bildungssystem – aber nicht nur dort – dauerhaft verringern soll. Die politische Debatte ist jedoch bei weitem nicht abgeschlossen: In einigen Bundesstaaten wird in der Zwischenzeit diskutiert, die Verfassung zu ändern, um dieses politische Instrument auszuschalten. In Anbetracht der stark politisch dominierten Besetzung der Stellen in der Jurisdiktion in den Vereinigten Staaten ist wohl auch dauerhaft ein Konflikt zu erwarten (vgl. als einen ersten Überblick sowohl über die historischen wie die aktuellen Diskussionslinien die Beiträge in Cahn 2002 und Rubio 2001 sowie als generellen Überblick Harper/Reskin 2005).

Das System der ‚affirmative action' ist dabei keine reine Quotierung der Studienberechtigungen, sondern stellt vielmehr einen Mechanismus dar, der die ethnische Zugehörigkeit beim Zugang zu Colleges und Universitäten berücksichtigt – aber eben keinen Automatismus.[84] Die Ursprünge dieses Systems gehen auf Bemühungen des Dekans der Harvard-Law-School, Erwin Griswold, in den 1960er Jahren zurück, denn

---

[83] Der Titel des in diesem Abschnitt im Mittelpunkt stehenden Buches – „Shape of the River" – bezieht sich auf den Verlauf des Mississippi, der von Mark Twain sowohl als Symbol für die Vereinigten Staaten, wie auch des Fortschritts des Landes gesehen wurde. Ähnlich wie sich die Flussschiffer zur damaligen Zeit von einem Punkt zum nächsten navigieren und den Untiefen und Veränderungen des Flusses anpassen mussten, erinnere gerade die Bildungskarriere farbiger Kinder eher an den Verlauf dieses Flusses als an eine geradlinige Pipeline – eine andere häufig zu findende Metapher für den Bildungsweg (Bowen/Bok 1998: xxi).

[84] Gerade diese Besonderheit hat den Regelungen auch ihr Überleben vor dem Surpreme Court im Jahr 2003 gesichert. Rein mechanische Quotierungen wären als Verstoß gegen die Verfassung gewertet worden (vgl. Süddeutsche Zeitung vom 25. Juni 2003).

Bildung und ethnische Schichtung 175

obwohl das Recht eine immer größere Rolle im gesellschaftlichen Leben und damit eben auch für die farbigen Amerikaner spielte, war so gut wie kein afro-amerikanischer Student an der Harvard-Law-School oder den anderen führenden Einrichtungen der juristischen Ausbildung immatrikuliert.

„In 1965, therefore, he [Erwin Griswold] launched a special summer program for juniors from historically black colleges to interest them in attending law school. One year later, Harvard began admitting black students with test scores far below those of their white classmates. The strategy that Griswold employed was adopted by other law schools, and black enrollment began to rise. (...). As the 1960s progressed, the government's efforts on behalf of blacks grew more determined. A policy of simple nondiscrimination gave way to a requirement that companies contracting with the federal government make deliberate efforts to identify and consider minority applicants for employment. In June 1965, at Howard University, President Johnson delivered his now famous justification for moving beyond nondiscrimination to a more vigorous, affirmative effort to provide opportunities for black Americans: ‚You do not take a person who, for years, has been hobbled by chains and liberate him, bring him up to the starting line in a race and then say, ‚you are free to compete with all the others,‘ and still justly believe that you have been completely fair'" (Bowen/Bok 1998: 5f.).

Als Folge wurden relativ rasch an vielen führenden Colleges und Universitäten Programme initiiert, die sich aktiv um die Rekrutierung von Minderheiten kümmerten, selbst wenn diese schwächere Testergebnisse, so genannte SAT-Scores, aufwiesen als normalerweise für eine Zulassung üblich.[85] Dabei ist zu beachten, dass – wenn man die gesamten Vereinigten Staaten betrachtet – nur sehr wenige Colleges überhaupt über genügend Bewerber verfügen, um eine Auswahl zu treffen. Es wird geschätzt, dass nur etwa 20 Prozent aller Colleges und Universitäten in diese Kategorie fallen: „Nationally, the vast majority of undergraduate institutions accept all qualified candidates and thus do not award special status to any group of applicants, defined by race or on the basis of any other criterion" (Bowen/Bok 1998: 15). Die Begründungen für diese, die ethnische Zugehörigkeit berücksichtigende Politik reicht dabei

---

[85] Die SAT-Scores stellend das Ergebnis des ‚Scholastic Aptitude Test' oder ‚Scholastic Assessment Test' dar, der seit 2005 als so genannten ‚SAT Reasoning Test' firmiert. Dieser Test soll das analytische und Problemlösungsvermögen der high-school-Absolventen erfassen.

von dem Versuch, historische Ungerechtigkeiten auszugleichen bis hin zu dem Argument, dass hierdurch die Ausbildung aller Studierenden bereichert würde, da Verschiedenartigkeit des ethnischen und sozialen Hintergrund den Wissenshorizont erweitere (vgl. hierzu verschiedene Beiträge in Cahn 2002). Zumindest auf den ersten Blick können diese Maßnahmen Erfolge verzeichnen, denn der Anteil afro-amerikanischen Studierenden und Absolventen stieg deutlich an.

Trotzdem ist die Geschichte der ‚affirmative action' seit Beginn durch heftige gesellschaftliche, politische und auch juristische Konflikte geprägt (vgl. Bowen/Bok 1998: 13f.). Wie immer diese Auseinandersetzungen auch ausgehen mögen, bleibt die spannende Frage bestehen, welche auch längerfristigen Konsequenzen eine ‚race sensitive admission policy' besitzt – und genau dies ist Gegenstand der im Folgenden näher zu betrachtenden Untersuchung. Hierbei stehen sehr unterschiedliche Forschungsfragen im Mittelpunkt:

- Wie würde die ethnische Zusammensetzung der berücksichtigten Eliteinstitutionen aussehen, wenn die ethnische Zugehörigkeit keine Rolle spielen würde?
- Wie sieht die universitäre Karriere der mit Hilfe der ‚affirmative action' rekrutierten Studierenden aus? Wie schneiden diese Studierenden vor allem im Vergleich mit den anderen Gruppen ab?
- Welche beruflichen Möglichkeiten eröffnen sich für diese Studierenden im Anschluss an ihr Studium?
- Welche gesellschaftliche Rolle übernehmen diese Studierenden nach ihrem Abschluss?
- Wie wird die Hochschullaufbahn rückwirkend eingeschätzt?

All diese, aber auch weiterführende Fragen werden mit Hilfe eines einzigartigen Datensatzes untersucht, der so genannten „College and Beyond Database" (vgl. für eine ausführliche Darstellung Bowen/Bok 1998: 291-335). In diesem Datensatz wurden verschiedenste Informationen erfasst: die Immatrikulationsinformationen von mehr als 90.000 Studierenden der Jahrgänge 1951, 1976 und 1989 an 28 hoch angesehenen und sehr selektiven Colleges und Universitäten wie etwa Penn State, Stanford, Yale oder das Oberlin College (vgl. Bowen/Bok 1998: 292 für eine vollständige Liste). Darüber hinaus wurden rund 45.000 dieser Studierenden Mitte der 1990er Jahre befragt: „The result is a database containing detailed ‚life histories' of 45,184 individuals, including information on educational and occupational histories, retrospective view of college, personal and household income, civic participation, and satisfaction with life" (Bowen/Bok 1998: 297). Als Kontrollgruppe wurden rund 4.000 weitere Personen befragt, die in ihrer Alterszusammensetzung den beiden jüngeren Immatrikulationsjahrgängen entsprachen. Für diese beiden Jahrgänge – die 1976 und 1989 Immatrikulierten – liegen darüber hinaus noch Informationen des ‚Student Descriptive Questionnaire' des ‚College Entrance Information Board' vor. Nahezu vorbildlich wird die Gewinnung dieser Daten, aber auch mögliche Schwächen und Einschränkungen diskutiert.[86]

Die erste Frage, die verfolgt werden soll, lautet, welche Auswirkungen die ‚affirmative action' auf die Zusammensetzung der Studierendenschaft in den betrachteten hochselektiven Bildungsinstitutionen hat. Hierzu muss man sich etwas genauer die Zulassungskriterien dieser Einrichtungen betrachten. Dabei fällt zuerst auf, dass ein deutlicher Zusammenhang zwischen den SAT-Scores und der Zulassungswahrscheinlichkeit besteht, dass hohe SAT-Werte jedoch nicht automatisch einen Studienplatz in einer dieser Institutionen garantieren. Es wird eine Fülle weiterer Kriterien bei der Zulassung herangezogen wie der persönliche Eindruck, außercurriculare Aktivitäten und teilweise eben auch die ethnische Zugehörigkeit.[87] Es sei jedoch angemerkt, dass es sich schon bei dem Pool der Bewerber um eine höchst selektive und insgesamt auch gut qualifizierte Gruppe handelt. Um nun die

---

[86] Trotzdem findet sich eine Fülle sehr kritischer Arbeiten zu dieser Studie, die unter anderem hervorheben, dass die Daten nicht frei zugänglich sind (vgl. als politisch aber sicherlich nicht neutralen Überblick den Beitrag von Nieli (2004) und die dort zitierten Arbeiten und Studien).

[87] Bowen und Bok (1998) führen die folgenden Charakteristika potentieller Studierender beziehungsweise Kriterien der Auswahl an:„show particular promise of excelling in their studies", „wide diversity of backgrounds, experiences and talents", „attract students who seem especially likely to utilize their education to make valuable or distinctive contribution to their professions and to the welfare of society" sowie schließlich „to respect the importance of long-term institutional loyalties and traditions" (Bowen/Bok 1998: 23f.).

Folgen der ‚affirmative action' abzuschätzen, werden für die farbigen Bewerber einfach die Zulassungsquoten ihrer weißen Mitbewerber mit den gleichen SAT-Werten unterstellt. Es zeigt sich dabei, dass die Zulassungsrate der Farbigen von aktuell knapp 42 Prozent auf 13 Prozent sinken würde und damit ihr Anteil an den Studienanfängern von aktuell 7,1 Prozent auf 2,1 beziehungsweise 3,6 Prozent zurückgehen würde – je nachdem, ob man Mehrfachbewerbungen berücksichtigt. Eine ‚race neutral admission policy' würde also die Zahl farbiger Studierender bestenfalls halbieren oder sie gar um zwei Drittel verringern – ohne dass sich die Chancen der weißen Mitbewerber wirklich deutlich steigern würden.[88] Wenn man – wie die oben vorgestellten Ergebnisse von James Coleman und seinen Kollegen nahe legen – ethnische Diversivität als sinnvoll für das Lernklima insgesamt oder gar für einen Zweck an sich hält, muss man allein deshalb Einschränkungen der ‚affirmative action' sehr kritisch gegenüber stehen.

Wie ist die Kritik an der Berücksichtigung der ethnischen Herkunft jedoch aus der Sicht des Einzelnen oder der ausbildenden Institution zu beurteilen? Sind die mit Hilfe der ‚affirmative action' zugelassenen Studierenden vielleicht überfordert und scheitern an den hohen Ansprüchen? Spiegelt sich dies vielleicht negativ auf die Bildungsinstitution zurück? Um diese Fragen zu beantworten, sollen nun die akademischen Karrieren der Studienanfänger genauer betrachtet werden. Dazu wird zuerst der Frage nachgegangen, wie viele Immatrikulierte schließlich ihr Studium erfolgreich abschließen. „How did these black students perform – including the sizable number who would have been ‚retrospectively rejected' under a race neutral standard" (Bowen/Bok 1998: 54). Als Datenbasis standen die Informationen von rund 62.000 Personen zur Verfügung, darunter rund 4.100 Farbige. In der Tabelle 6.6 finden

---

[88] Bowen und Bok (1998: 36f.) verwenden zum Verständnis dieser Asymmetrie folgende Analogie: „Eliminating the reserved [parking] space [for handicapped people] would have only a minuscule effect on parking options for non-disabled drivers. But the sight of the open space will frustrate many passing motorists who are looking for a space. Many are likely to believe that they would now be parked if the space were not reserved".

sich die Graduierungsraten für die verschiedenen ethnischen Gruppen, wobei unterschieden wird, ob die Immatrikulierten ihren Abschluss an der Institution ablegten, an der sie sich zuerst eingeschrieben hatten oder an einer anderen Bildungseinrichtung.

Tabelle 6.6: Graduierungrate verschiedener ethnischer Gruppen (in Prozent)

	Black	Hispanic	Asian	White
Abschluss an der ersten Hochschule	75	81	88	86
Graduierungsrate insgesamt	79	90	96	94

Quelle: Bowen/Bok (1998: 56)

Auf den ersten Blick fallen zwei Besonderheiten auf: Erstens weisen die Farbigen eine im Vergleich zu den Weißen um 11 beziehungsweise 15 Prozent geringere Rate an Abschlüssen auf und zweitens ist die Erfolgsquote bei den aus Asien immigrierten Personen noch einmal um zwei Prozentpunkte höher als bei den Weißen. Dieses Ergebnis könnte man als Indiz dafür werten, dass doch einige der durch die ‚affirmative action' berücksichtigten Studierenden mit den hohen Ansprüchen der hier untersuchten Colleges und Universitäten überfordert waren. Vergleicht man jedoch die gerade berichteten Zahlen mit den üblichen Graduierungsraten, die etwa für Farbige bei etwa 40 Prozent liegt, scheinen diese Befürchtungen nicht angebracht. „Judged by a national standard, the '89 black matriculants at the C&B colleges and universities graduated in very large numbers" (Bowen/Bok 1998: 59). Die insgesamt geringeren Raten für farbige Studierende können durch sehr unterschiedliche Mechanismen hervorgerufen werden: „more limited financial resources, family backgrounds that are less conducive to high educational attainment, and a variety of difficulties in adjusting to predominantly white campuses" (Bowen/Bok 1998: 58).

Neben diesem Vergleich mit den nationalen Studienabschlussquoten bietet sich jedoch mit den vorhandenen Daten noch ein direkterer Test der so genannten fit- beziehungsweise misfit-Hypothese an. Unter der fit-Hypothese wird die Vermutung verstanden, „that the underlying reason for the lower black graduation rates can be found in a mismatch between the black students' preparation and the academic levels of the schools that admitted them" (Bowen/Bok 1998: 60). Um dies zu überprüfen, sind zwei Möglichkeiten gegeben. In einem ersten Schritt werden die 28 Universitäten und Colleges je nach dem durchschnittlichen SAT-Wert ihrer Studierenden in drei Kategorien der Selektivität eingeteilt (vgl. Bowen/Bok 1998: 339). Danach werden die Graduierungsraten der farbigen Studierenden in Abhängigkeit von ihren eigenen SAT-Werten für die drei Selektivitätsgruppen berechnet. In Tabelle 6.7 finden sich die Ergebnisse.

Tabelle 6.7: Graduierungrate der farbigen Studierenden in Abhängigkeit ihres SAT-Wertes in unterschiedlich selektiven Universitäten und Colleges (in Prozent)

	SEL-1 (höchste Selektivität)	SEL-2	SEL-3 (geringste Selektivität)
SAT < 1000	88	75	65
SAT 1000-1099	81	76	72
SAT 1100-1199	87	79	72
SAT 1200-1299	87	74	83
SAT > 1300	82	81	75

Quelle: Bowen/Bok (1998: 56)

Wenn der fit-Hypothese Gültigkeit zukommen würde, müssten sich die Graduierungsquoten mit abnehmender Selektivität der Universitäten und Colleges erhöhen – dies tun sie jedoch nicht. Die Gruppe farbiger Studierender mit den geringsten SAT-Werten weist im Gegenteil in den selektivsten Bildungseinrichtungen mit 88 Prozent einen deutlich höheren Graduierungsanteil aus als die Personen mit den höchsten SAT-Werten in der Gruppe SEL-3.

Eine zweite Möglichkeit, Bestimmungsgründe für den Abschluss einer akademischen Ausbildung auszumachen, besteht

Bildung und ethnische Schichtung 181

wiederum in der Durchführung einer logistischen Regression. Genau dies wurde für die jüngste der untersuchten Kohorten, die Immatrikulierten des Jahrgangs 1989, getan, wobei verschiedene Kovariate und eben auch die entsprechenden SAT-Werte Berücksichtigung finden. In Tabelle 6.8 sind die exponierten Effekte, die odds-ratios dieser Analysen dargestellt, die sich wiederum als Veränderung der Graduierungswahrscheinlichkeit interpretieren lassen.[89] Wenn man sich zuerst die linke Ergebnisspalte betrachtet, so zeigt sich, dass trotz der Kontrolle wichtiger Variablen – wie beispielsweise dem SAT-Wert oder dem sozioökonomischen Hintergrund – die ethnischen Minderheiten deutlich schlechter abschneiden als ihre weißen Mitstudierenden. Gerade farbige Studierende weisen eine um 40 Prozent geringere Wahrscheinlichkeit auf einen Abschluss zu machen. Innerhalb der ethnischen Minderheiten fallen die so genannten ‚asian americans' auf, deren Graduierungsquote um 13 Prozent über der der Weißen liegt. Personen mit höheren SAT-Werten schließen eher ihr Studium ab und der Studienabschluss hängt in erwarteter Form vom sozioökonomischen Status ab.

---

[89] Als Referenzkategorien dienen folgende Variablenausprägungen: männlich, weiß, SAT-Werte unter 1000 Punkte, die unteren 90 Prozent der high-school-Klasse, ein mittlerer sozioökonomischer Status (SES), die am wenigsten selektiven Institutionen der College and Beyond-Untersuchung (SEL-3) sowie koedukative Einrichtungen.

Tabelle 6.8: Analyse der Graduierungswahrscheinlichkeit (odds ratios)

Variable	Alle	nur Farbige
female	1,32*	1,30*
black	0,60*	
hispanic	0,71*	
asian	1,13*	
other race	0,72*	
SAT > 1299	1,39*	1,14
SAT 1200-1299	1,29*	1,26
SAT 1100-1199	1,42*	1,36*
SAT 1000-1099	1,21*	1,15
SAT not available	0,72*	1,05
top 10% of high school class	1,41*	1,37*
high school class rank not available	0,94	0,94
high SES	1,33*	1,75*
low SES	0,68*	0,74*
SES not available	1,12*	1,03
SEL-1	2,98*	2,04*
SEL-2	1,21*	1,32*
Women's college	0,74*	1,17

*: $p < 0,05$
Quelle: Bowen/Bok (1998: 381)

Bemerkenswert ist jedoch, dass die Graduierungsraten auch bei Kontrolle der hier genannten Variablen in den angesehensten und deshalb selektivsten Bildungsinstitutionen am höchsten sind. Im Vergleich zu der SEL-3-Gruppe weisen Studierende an Universitäten und Colleges der selektivsten Gruppe eine nahezu dreimal so große Wahrscheinlichkeit eines Abschlusses auf.

Interessanter als diese Ergebnisse sind jedoch die Analysen für die farbige Studentenschaft, die ebenfalls in Tabelle 6.8 (rechte Spalte) zu finden sind. Neben dem Effekt des sozioökonomischen Status und dem Ansehen der Universität, findet sich so gut wie kein Effekt der SAT-Werte. Bei der betrachteten – und um es noch einmal zu sagen: natürlich hochselektiven und extrem gut ausgebildeten – Gruppe der farbigen Studierenden hängt die Graduierungswahrscheinlichkeit also nicht mit den SAT-Scores zusammen. Zumindest durch diese Analysen lässt sich eine verstärkte Gewichtung der SAT-Werte beim Prozess der Zulassung für ein Studium keinesfalls begründen. Die von den jeweiligen Auswahlkommissionen berücksichtigten, nicht an SAT-Werten orientierten Faktoren scheinen also gewichtiger zu sein, so dass sich vor dem Hintergrund dieser Ergebnisse eine ‚race sensitive admission policy' und damit eben die ‚affirmative action' durchaus rechtfertigen lässt. Wenn man nun in einem letzten Analyseschritt noch die entsprechenden Abschlussfächer in Betracht zieht, so fällt auch hier so gut wie kein Unterschied zwischen den ethnischen Gruppen und vor allem zwischen Weißen und Farbigen auf. Gerade in den Natur- und Ingenieurswissenschaften finden sich – anteilig – genauso viele farbige wie weiße Studierende beziehungsweise Absolventen (Bowen/Bok 1998: 71).

Das u.s.-amerikanische Bildungssystem zeichnet sich dadurch aus, dass neben einem ersten Abschluss vor allem auch die weitere Qualifikation von großer Bedeutung ist. „An excellent undergraduate education is an enormous advantage in life. But we know that a college degree, by itself, is increasingly seen as inadequate preparation for many careers for which it once sufficed" (Bowen/Bok 1998: 91) – dies gilt beispielsweise für Ärzte, Anwälte, Erzieher und Lehrer und viele andere Berufsbereiche mehr. Aus diesem Grund werden in einem weiteren Schritt dieses ‚advanced study' und die Konsequenzen der ‚affirmative action' darauf untersucht. In einem ersten Schritt werden die Erwartungen der Studienanfänger der Jahrgänge 1976 und 1989 betrachtet – und es zeigt sich, dass der Anteil farbiger Studierender, die eine weiterführende Ausbildung, einen entsprechenden Master, einen Abschluss in Recht oder Medizin beziehungsweise eine Promotion anstreben, genauso hoch ist wie bei ihren weißen Kommilitonen. Es ist aber natürlich von größerem Interesse, nicht nur die Ansprüche, sondern die Realisierung dieser Vorstellungen zu untersuchen, wobei für diese Fragestellung auf Grund der Datenlage sinnvoller Weise nur der Immatrikulationsjahrgang 1976 herangezogen werden kann. Vergleicht man wiederum die zwei im Fokus stehenden ethnischen Gruppen, so ist das Ergebnis recht eindeutig: „Both groups had the same very high propensity to earn advanced degrees. Especially striking are the large fractions receiving professional or doctoral degrees – 40 percent of all black graduates and 37 of all white graduates. ('Professional' degrees are defined here as degrees in law, medicine, or business; 'doctoral' degrees include both PhDs and most other doctorates)" (Bowen/Bok 1998: 97). Allein vor diesem Hintergrund ist das Ergebnis einer logistischen Regression mit der abhängigen Variablen einer weiterreichenden Ausbildung, deren wichtigste Ergebnisse in Tabelle 6.9 dargestellt sind, wenig überraschend. Betrachtet man sich das in der linken Ergebnisspalte dargestellte Resultat, so fällt in dieser multivariaten Betrachtungsweise auf, dass die farbigen Collegeabsolventen – denn ein Collegeabschluss ist ja die Bedingung, überhaupt zur hier interessierenden Grundgesamtheit zu gehören – sogar eine deutlich höhere Wahrscheinlichkeit haben, einen professionellen Titel oder einen Doktorgrad zu erwerben als ihre weißen Mitstudierenden. Dies gilt übrigens auch für hispanischstämmige Amerikaner. Sicherlich muss man bedenken, dass es sich um eine höchst selektive Gruppe handelt, trotzdem ist dieses Ergebnis vor dem Hintergrund der Ausgangsfrage nach den Effekten der ‚affirmative action' ausgesprochen bemerkenswert.

Bildung und ethnische Schichtung 185

Tabelle 6.9: Promotion oder Weiterbildung in einer Profession (exponierte Effekte einer logistischen Regression)[90]

Variable	Alle	nur Farbige
female	0,55*	0,78
black	1,75*	
hispanic	1,54*	
asian	1,27*	
other race	0,84	
SAT > 1299	2,95*	2,28
SAT 1200-1299	2,49*	1,64
SAT 1100-1199	1,89*	1,78*
SAT 1000-1099	1,56*	1,45
SAT not available	1,69*	0,69
top 10% of high school class	1,20*	0,97
high school class rank not available	0,98	0,81
high SES	1,42*	1,19
low SES	0,87	0,76
SES not available	1,20*	1,01
SEL-1	1,48*	1,51*
SEL-2	1,40*	1,45*

*: $p < 0,05$
Quelle: Bowen/Bok (1998: 391)

„The major implication of this part of the analysis for race-sensitive admissions is that many black matriculants who would have been rejected under a strict race-neutral admission policy went on to earn advanced degress, including professional and doctoral degrees" (Bowen/Bok 1998: 110). Diese Interpretation ist dabei auch nicht von der fachlichen Ausrichtung abhängig (vgl. dazu Bowen/Bok 1998: 390) und wird auch durch die Tatsache unterstützt, dass die SAT-Werte bei

---

[90] Es wurden die gleichen Referenzkategorien wie in Tabelle 6.7 verwendet. Darüber hinaus wurde noch für den Aspiration für ein weiterführendes Studium kontrolliert.

den Farbigen im Gegensatz zur Gesamtstichprobe so gut wie keine Rolle spielen (vgl. nochmals Tabelle 6.9).

Wenn man die Analysen noch einen Schritt weiter vorantreibt und sich eben nicht nur den Studienabschluss in seinen Abstufungen betrachtet, sondern den ja letztlich interessierenden Übergang in die Arbeitswelt, so ergeben sich eigentlich schon nicht mehr überraschende Ergebnisse: Wenn man sich zuerst der Frage zuwendet, ob überhaupt einer Erwerbstätigkeit nachgegangen wird, dann sind vor allem die Frauen interessant, da eine Vollzeiterwerbstätigkeit für Männer mehr oder weniger allumfassend gegeben ist.[91] Schon eine einfache deskriptive Analyse ergibt deutliche Unterschiede zwischen farbigen und weißen Absolventinnen. So arbeiten 84 Prozent der farbigen, aber nur 57 Prozent der weißen Absolventinnen des Immatrikulationsjahrgangs 1976 knapp zwanzig Jahre später in einer Vollzeitanstellung. Da vermutet werden kann, dass sich diese Unterschiede vielleicht auf die bekannten Unterschiede etwa im Familienstand (vgl. Tucker/Mitchell-Kernan 1995) oder ähnliche Faktoren zurückführen lassen, findet sich auch an dieser Stelle eine logistische Regression (Bowen/Bok 1998: 393f.). Es zeigt sich dabei, dass auch unter Kontrolle des Familienstandes und anderer Faktoren wie – falls vorhanden – beispielsweise des Einkommens des Ehepartners, die Chancen farbiger Frauen um 60 Prozent geringer sind nicht zu arbeiten als für weiße Frauen.

Betrachtet man nun nicht nur die Frage, ob jemand arbeitet, sondern untersucht, ob Bildung auch den Zugang zu hoch angesehene Arbeitsstellen ermöglicht, bietet es sich an, die Einkommenssituation zu untersuchen (vgl. für eine Diskussion der hier entstehenden methodologischen Probleme Bowen/Bok 1998: 357f.) Selbstverständlich hebt auch eine exzellente Bildung nicht fest gefügte soziale und Einkommensstrukturen auf: „Black graduates earned less than their white classmates, and women earned less than men" (Bowen/Bok 1998: 122f.). Das wichtigste Ergebnis ist jedoch, dass der Einkommenszugewinn durch eine hoch stehende Ausbildung bei Far-

---

[91] Nur 3 Prozent der Männer der Immatrikulationskohorte 1976 gingen im April 1995 – dem hier relevanten Stichtag – keiner Beschäftigung nach und rund 93 Prozent waren vollzeit erwerbstätig.

bigen deutlich höher ausfällt als bei ihren weißen Kommilitonen und die Autoren kommen deshalb auch zu dem Schluss: „Providing opportunities for minority students at high-quality institutions has been a good investment" (Bowen/Bok 1998: 128).[92]

Gerade die in dieser Arbeit untersuchten Bildungsinstitutionen verstehen ihre Aufgabe breiter als in der Vermittlung bestimmten Fachwissens. So spielt beispielsweise soziales Engagement eine Rolle im Auswahlprozess und dieses Engagement ist ebenso ein Wert an sich. Aus diesen Gründen ist es nicht verwunderlich, dass auch das spätere gesellschaftliche Engagement, die ‚civic participation' ein Teil des Untersuchungsgegenstandes dieser Studie ist. 90 Prozent des Jahrgangs 1976 engagierten sich knapp zwanzig Jahre nach ihrem Studium in der ein oder anderen Weise: Beginnend bei der Little League, politische oder religiösen Aktivitäten, Nachbarschaftshilfen bis hin zu kulturellen oder wohlfahrtlichen Aktionen (vgl. Bowen/Bok 1998: 156 für eine ausführlichere Liste). In fast allen Bereichen lag dabei das Engagement der farbigen ehemaligen Studierenden über dem der Weißen (Bowen/Bok 1998: 159). Darüber hinaus gilt: „The number of black men serving as leaders is particularly impressive – especially in the community, social service, youth and school arena" (Bowen/Bok 1998: 160). Eine 'race neutral admission policy' würde also einen schweren Rückschlag für das soziale Leben in vielen Gemeinden darstellen.

Wenn man die bislang vorgestellten Ergebnisse zusammenfasst, so scheint der Erfolg der ‚affirmative action' im Bereich der universitären Ausbildung letztlich unbestreitbar. Ohne derartige Maßnahmen wäre vielen Mitgliedern ethnischer Minderheiten die Chance genommen, an den untersuchten Colleges und Universitäten zu studieren. Sind sie jedoch einmal immatrikuliert, sind ihre Abschlussquoten nur noch unwesentlich schlechter als die ihrer weißen Kommilitonen und ihr weiterer universitärer und beruflicher Werdegang übertrifft sogar die Zahlen für weiße Studierende. Dabei muss man sich aller-

---

[92] Darüber hinaus ergibt sich, dass SAT-Werte nur noch einen relativ geringen Einfluss auf das Einkommen besitzen und eine rein darauf fußende Zulassungspolitik damit auch nicht zu rechtfertigen wäre.

dings immer vor Augen halten, dass die betrachtete Gruppe der farbigen Studierenden eine extreme Auswahl darstellt und dass generelle Quotierungen dadurch nicht begründbar sind – allerdings auch nicht das Gegenteil. Es zeigt sich vielmehr, dass gerade sozial benachteiligte Gruppen einen längeren Zeitraum benötigen, um ihre Qualifikationen entfalten zu können und dass die strikte Anwendung von eventuell nicht ganz fairen Kriterien – wie eben beispielsweise der SAT-Scores – zu letztlich unerwünschten Ergebnissen führt.

Wie häufig bei empirischen Studien kann man auch kritische Punkte anführen, die eventuell die Gültigkeit der Schlussfolgerungen zweifelhaft erscheinen lassen. So beruhen etliche der oben geschilderten Ergebnisse vor allem auf den Daten der 1976 Immatrikulierten. Es ist eine hier nicht zu klärende Frage, inwieweit die Schlussfolgerungen durch historische Veränderungen beeinflusst werden könnten. Bei aller Vorsicht, die sicher angebracht ist, liefert ‚The Shape of the River' jedoch einen wichtigen Beitrag zu einer nun schon nahezu dreißig Jahre andauernden Diskussion. Es zeigt sich dabei wieder einmal, dass sozialpolitisch relevante Evaluationsstudien eben manchmal eine gewisse Zeit benötigen, bis sie die wichtigen Ergebnisse produzieren – und es ist eine an dieser Stelle nicht zu diskutierende und vor allem auch nicht zu klärende Frage, ob das politische Klima am Ende eines derartigen Forschungsprozesses überhaupt noch so ist, dass diese Ergebnisse gehört oder gar umgesetzt werden.

Gerade im Bereich der Bildungspolitik sind tagesaktuelle Schwankungen nur schwer mit dem Anspruch an eine methodisch fundierte und dadurch sinnvolle quantitative Sozialforschung in Einklang zu bringen. Politische Entscheidungsträger zeichnen sich in der Regel nicht dadurch aus, dass sie die Geduld und den langen Atem mitbringen, den ordentliche empirische Forschung eben benötigt. Dass eine derartige Forschung möglich ist und dann auch zu sinnvollen und begründbaren, aber auch zu kritisierbaren Ergebnissen kommt, wird vor allem bei den letztgenannten Studien deutlich.

7. Nachbemerkung

Bildung ist ein Thema, das häufig im Mittelpunkt des öffentlichen Interesses steht und in vielen Tageszeitungen finden sich regelmäßige Rubriken unter den Stichworten Bildung, Schule oder Hochschule. In manchen modischen Gesellschaftsanalysen befinden wir uns in einer Wissens- oder Bildungsgesellschaft. In entwicklungstheoretischen Überlegungen stellt Bildung und Wissenschaft eine der funktionalen Requisiten der Moderne dar und bei aller Diskussion über die Rolle meritokratischer Prinzipien oder des Einflusses so genannter feiner Unterschiede, die Rolle formaler Bildungsabschlüsse wird dabei nie in Frage gestellt – mindestens als notwendige, wenn schon nicht als hinreichende Bedingung einer guten sozialen Platzierung.

Trotz dieser scheinbaren Allgegenwart des Bildungsthemas ist die Bedeutsamkeit oder zumindest öffentliche Wahrnehmung der Bildungssoziologie selbst großen Schwankungen unterworfen. Ein Ziel dieser Einführung war es aufzuzeigen, dass immer wieder empirische Studien im Mittelpunkt des öffentlichen Interesses an Bildungssoziologie standen und dass der Reiz dieses Bereiches auch in dieser starken empirischen Orientierung besteht. Insgesamt lassen sich drei unterschiedliche Schwerpunkte einer solchen Herangehensweise unterscheiden:

- Erstens finden sich eine Fülle von historisch orientierten Arbeiten, die für die verschiedensten heute diskutierten institutionellen Charakteristika des Bildungssystems zeigen, dass sich diese Eigenarten aus weit zurückreichenden, aber eben immer noch aktuelle Interessengegensätzen erklären lassen. So wurden Studien vorgestellt, die mit Bezug auf den unterschiedlichen Charakter von Volks- und Elitenbildung im Spätmittelalter zeigen, dass sich diese Strukturen in der getrennten Lehrerausbildung in Deutschland bis ins 21. Jahrhundert hinein widerspiegeln. Gekoppelt mit dem damit verbundenen unterschiedlichen Besoldungssystem ist es verständlich, dass beispielsweise die berufsständischen Vertretungen der Gymnasiallehrer kein allzu großes Interesse an der Aufhebung des gegliederten Schulsystems besitzen können. Ohne ein Verständnis dieser historischen Bedingtheit moderner Institutionen ist aber auch die politische Veränderung kaum möglich.
- Einen zweiten Schwerpunkt bilden Arbeiten, die sich mit der Ungleichheit von Bildungschancen auseinander setzen, wobei zumindest in

der Bundesrepublik drei Phasen zu unterscheiden sind: erstens die Feststellung der so genannten Bildungskatastrophe in den 1960er Jahren etwa durch Dahrendorf (1965a; 1965b) oder Peisert (1967), zweitens Untersuchungen zur Veränderungen der sozialen Bildungsungleichheit nach dem Ausbau der Bildungseinrichtungen wie sie etwa Müller und Haun (1994) für Deutschland oder Shavit und Blossfeld (1993) im internationalen Vergleich vorgelegt haben und schließlich die Feststellung eines neuen, nun ethnischen Cleavages, wie es in der Arbeit von Alba, Müller und Handl (1994) oder den PISA-Studien nachzulesen ist. Zwar erzeugen diese Arbeiten in schöner Regelmäßigkeit eine gewisse öffentliche und fachinterne Aufmerksamkeit, es ist jedoch kaum zu erwarten, dass sich außer der Wiederholung dieser Befunde weitere Entwicklungen beobachten lassen.

- Drittens sind schließlich Arbeiten zu nennen, die sich bemühen, politische Maßnahmen oder institutionelle Regelungen genauer zu untersuchen, die diese Ungleichheitsrelationen ändern sollen. Dabei sind die Arbeiten von James S. Coleman, die Untersuchungen zu Gesamtschulprojekten oder zur ‚affirmative action' zu nennen. Alle drei Studien versuchen, bildungspolitische Maßnahmen wissenschaftlich zu evaluieren und bilden durch ihren Bezug zur politischen und alltäglichen Praxis vielleicht den interessantesten Teil der Bildungssoziologie.

Allein aus wissenschaftstheoretischen Gesichtspunkten heraus sind Prognosen über die weitere Entwicklung eines Forschungsgebietes mit viel Skepsis zu begegnen.[93] Dennoch kann vermutet werden, dass die Zukunft der Bildungssoziologie wohl eher bei der letztgenannten Art von Forschungsarbeiten liegen wird. Warum könnte das so sein und welche Bedingungen sind notwendig, um dabei ertragreiche Ergebnisse zu erzielen?

Wie die gerade skizzierte Zusammenfassung der in dieser Einführung vorgestellten Forschungsergebnisse noch einmal gezeigt hat, lassen sich die institutionellen Rahmenbedingungen des Bildungsbereiches auf teilweise weit zurückreichende

---

[93] Es ist eine aus logischen Gründen unlösbare Aufgabe, Entdeckungen prognostizieren zu wollen und somit sind auch Thesen über die Entwicklung eines Wissenschaftsgebietes nicht wirklich begründbar. Darüber hinaus werden theoretische Entwicklungen nicht weiter berücksichtigt. Eventuell hätte man ein ähnliches Urteil auch in der Familiensoziologie vor den Überlegungen der new home economics (Becker 1976; 1981) treffen können und damit bedeutsame Entwicklungen für die Familienforschung, aber auch für die allgemeine Soziologie schlicht und einfach übersehen.

Interessenkonstellationen und -konflikte zurückführen. Die wichtigsten Bereiche scheinen dabei schon behandelt zu sein. Auch der erneute Beleg, dass in einzelnen Bereichen soziale, geschlechtsspezifische, regionale oder ethnische Unterschiede festzuhalten sind, mag zwar in Anbetracht der vorherrschenden Rhetorik je nach Mentalität Kopfschütteln oder Verzweiflung hervorrufen, jedoch zumindest innerhalb der wissenschaftlichen community keine sonderlich große Überraschung.

Die wichtigste Aufgabe der Bildungssoziologie wird es wohl sein, die vielfältigen praktischen Vorschläge und Entwicklungen im Bildungsbereich systematisch zu untersuchen und dann auch zu evaluieren. Gerade im Anschluss an die PISA-Diskussion findet sich eine Unzahl von Politikvorschlägen und konkreten Maßnahmen. In einigen Bundesländern wurde das gymnasiale Ausbildungssystem geändert, das Abitur soll nun nach acht statt bislang neun Jahren abgelegt werden. Zeitgleich lässt sich ein Ausbau des Ganztagesangebots beobachten sowie die Einführung von klassenübergreifenden Lernkonzepten in einigen Grundschulen. Gerade die Problematik von Personen mit Migrationshintergrund wird immer wieder diskutiert und führt zu Empfehlungen, Sprach- und Integrationskurse einzurichten. Die Aufzählung derartiger Empfehlungen, Maßnahmen und Veränderungen könnte, vor allem wenn man weiter und tiefer in den Alltag der Schulen und der dort vermittelten Prozesse blickt, nahezu unendlich fortgesetzt werden. Studien über die seit Jahren stattfindenden Umbauprozesse in den Hochschulen – es seien nur die Stichworte Bologna-Prozess, Modularisierung oder die Exzellenzinitiativen genannt – fehlen im nahezu vollständig und wären dringend erforderlich.

Auch wenn in diesem Bereich globalisierende Urteile unangebracht sind und man dadurch im Einzelfall wohl immer ungerecht ist, sind viele dieser Maßnahmen nicht hinreichend untersucht und werden auch nicht in genügendem Maße evaluativ begleitet, sondern entstehen wieder einmal als Kompromiss verschiedener Interessenlager und – trotz aller Rhetorik hinsichtlich der Wichtigkeit von Bildung – meist sogar unter dem Gebot der Kostenneutralität. Dies ist zwar – wie oben mit Verweis auf die konkreten Untersuchungen gezeigt wurde –

verstehbar, wenn man jedoch ein Interesse an der Veränderung der jetzigen Bildungssituation hat, und auch dafür gibt es viele gute Gründe, wenig akzeptabel. Zukünftige bildungssoziologische Arbeiten bedürfen eben nicht nur einer weit entwickelten theoretischen und empirischer Phantasie auf Seiten der Forschung, sondern auch der Einsicht der entsprechenden Verantwortlichen in Schulen, Verwaltung und der Politik. Dabei muss die Bildungspolitik, aber auch die dazu gehörende Forschung, von ihrer an kurzfristigen und populären Trends und Diskussionen orientierten Vorgehensweise abgehen und den Mut finden, auch längerfristig angelegte Forschungsvorhaben zu unterstützen. Dies impliziert auch die ernsthafte Evaluation der dann angestrebten Maßnahmen, wobei diese Ernsthaftigkeit die Langfristigkeit der Unternehmen berücksichtigt und nicht entweder vorab schnelle Ergebnisse sehen will oder die dann erzielten Forschungsergebnisse wie beispielsweise im Bereich der Gesamtschulen einfach nicht ernst nimmt, weil sie in den dann aktuellen politischen Diskursen nicht mehr beachtet werden. Gute Forschung braucht neben Können und Phantasie eben auch Zeit. Weitere und tiefergehende Arbeit zu PISA, vor allem aber das 2009 gestartete so genannte Bildungspanel geben Hoffnung, dass diese Einsicht auch in einer kurzfristig orientierten Politik Platz gewonnen hat. Ob dies so ist, wird die Zukunft weisen.

Literatur

Alba, Richard D., Handl, Johann, Müller, Walter, 1994: Ethnische Ungleichheiten im deutschen Bildungssystem. Kölner Zeitschrift für Soziologie und Sozialpsychologie 46: 209-237.
Arbeitsgruppe Bildungsbericht am Max Planck-Institut für Bildungsforschung, 1994: Das Bildungswesen in der Bundesrepublik Deutschland. Strukturen und Entwicklungen im Überblick. Vollständig überarbeitete und erweiterte Neuausgabe. Reinbek: Rowohlt.
Allmendinger, Jutta, Aisenbrey, Silke, 2002: Soziologische Bildungsforschung. S. 41-60 in: Rudolf Tippelt (Hg.): Handbuch Bildungsforschung. Opladen: Leske + Budrich.
Allmendinger, Jutta, Dietrich, Hans, 2004: PISA und die soziologische Bildungsforschung. S. 201-210 in: Dieter Lenzen, Jürgen Baumert, Rainer Watermann, Ulrich Trautmann (Hg.): PISA und die Konsequenzen für die erziehungswissenschaftliche Forschung. Beiheft 3/2004 der Zeitschrift für Erziehungswissenschaft. Wiesbaden: VS Verlag.
Artelt, Cordula, Stanat, Petra, Schneider, Wolfgang, Schieferle, Ulrich, 2001: Lesekompetenz: Testkonzeption und Ergebnisse. S. 69-137 in: Deutsches PISA-Konsortium (Hg.): PISA 2000. Basiskompetenzen von Schülerinnen und Schülern im internationalen Vergleich. Opladen: Leske + Budrich.

Baethge, Martin, 2008: Das berufliche Bildungswesen in Deutschland am Beginn des 21. Jahrhunderts. S. 541-597 in: Kai S. Cortina, Jürgen Baumert, Achim Leschinsky, Karl Ulrich Mayer, Luitgard Trommer (Hg.): Das Bildungswesen in der Bundesrepublik Deutschland. Strukturen und Entwicklungen im Überblick. Reinbek: Rowohlt.
Balnis, Peter, 2003: Leben und Lernen in der Schule. Gasnztagesschule als bildungsreformerisches Gesamtprogramm. S. 241-251 in: Hans Georg Herrlitz, Dieter Weiland, Klaus Winkel (Hg.): Die Gesamtschule. Geschichte, internationale Vergleiche, pädagogische Konzepte und politische Perspektiven. Weinheim/München: Beltz.
Banks, Olive, 1968: The Sociology of Education. London: Batsford.
Baumert, Jürgen, 1991: Langfristige Auswirkungen der Bildungsexpansion. Unterrichtswissenschaft 19: 333-349.
Baumert, Jürgen, Artelt, Cordula, 2003: Bildungsgang und Schulstruktur. Einheitlichkeit und Individualisierung. PädF [Pädagogische Führung] 14 [4/2003]: 188-192.
Baumert, Jürgen, Cortina, Kai S., Leschinsky, Achim, 2008: Grundlegende Entwicklungen und Strukturprobleme im allgemeinbildenden Schulsystem. S. 53-130 in: Kai S. Cortina, Jürgen Baumert, Achim Leschinsky, Karl Ulrich Mayer, Luitgard Trommer (Hg.): Das Bildungswesen in der Bundesrepublik Deutschland. Strukturen und Entwicklungen im Überblick. Reinbek: Rowohlt.

Baumert, Jürgen, Schümer, Gundel, 2001: Familiäre Lebensverhältnisse, Bildungsbeteiligung und Kompetenzerwerb. S. 323-407 in: Deutsches PISA-Konsortium (Hg.): PISA 2000. Basiskompetenzen von Schülerinnen und Schülern im internationalen Vergleich. Opladen: Leske + Budrich.
Baumert, Jürgen, Stanat, Petra, Demmrich, Anke, 2001: PISA 2000: Untersuchungsgegenstand, theoretische Grundlagen und Durchführung der Studie. S. 15-68 in: Deutsches PISA-Konsortium (Hg.): PISA 2000. Basiskompetenzen von Schülerinnen und Schülern im internationalen Vergleich. Opladen: Leske + Budrich.
Baumert, Jürgen, Stanat, Petra, Watermann, Rainer (Hg.), 2006: Herkunftsbedingte Disparitäten im Bildungswesen. Vertiefende Analysen im Rahmen von PISA 2000. Wiesbaden: VS Verlag.
Becker, Gary S., 1971: The Economics of Discrimination. 2nd edition. Chicago: University of Chicago Press.
Becker, Gary S., 1975: Human Capital. A theoretical and empirical analysis, with special reference to education. 2nd edition. Chicago/London: University of Chicago Press.
Becker, Gary S., 1976: The Economic Approach to Human Behavior. Chicago/London: University of Chicago Press.
Becker, Gary S., 1981: A Treatise on the Family. Cambridge/London: Harvard University Press.
Becker, Michael, Trautwein, Ulrich, Lüdtke, Oliver, Cortina, Kai S., Baumert, Jürgen, 2006: Bildungsexpansion und kognitive Mobilisierung. S. 63-89 in: Andreas Hadjar, Rolf Becker (Hg.): Die Bildungsexpansion. Erwartete und unerwartete Folgen. Wiesbaden: VS Verlag.
Becker, Rolf (Hg.), 2009: Lehrbuch der Bildungssoziologie. Wiesbaden: VS Verlag.
Becker, Rolf, Lauterbach, Wolfgang (Hg.), 2008: Bildung als Privileg. Erklärungen und Befunde zu den Ursachen der Bildungsungleichheit. 3. Auflage. Wiesbaden: VS Verlag.
Berger, Johannes, 2005: „Über den Ursprung der Ungleichheit unter den Menschen". Zur Vergangenheit und Gegenwart einer soziologischen Schlüsselfrage. Zeitschrift für Soziologie 33: 354-374.
Berk, Richard A., Western, Bruce, Weiss, Robert E, 1995a: Statistical Inference for Apparent Populations. Sociological Methodology 25: 421-458.
Berk, Richard A., Western, Bruce, Weiss, Robert E,, 1995b: Reply to Bollen, Firebaugh and Rubin. Sociological Methodology 25: 481-485.
Bernstein, Basil, 1959: A Public Language: Some Sociological Implications of a Linguistic Form. The British Journal of Sociology 10: 311-326.
Bernstein, Basil, 1972: Studien zur sprachlichen Sozialisation. Düsseldorf: Pädagogischer Verlag Schwann.
Bertram, Hans, 1976: Probleme einer sozialstrukturell orientierten Sozialisationsforschung. Zeitschrift für Soziologie 5: 103-117.
Blau, Peter M., Duncan, Otis Dudley, 1967: The American Occupational Structure. New York: Free Press.
Blaug, Mark, 1976: The Empirical Status of Human Capital Theory: A Slightly Jaundiced Survey. Journal of Economic Literature 14: 827-855.

Blossfeld, Hans-Peter, 1993: Changes in Educational Opportunities in the Federal Republic of Germany. A Longitudinal Study of Cohorts Born Between 1916 and 1965. S. 51-74 in: Yossi Shavit, Hans-Peter Blossfeld (Hg.): Persisting Inequality: Changing Educational Stratification in Thirteen Countries. Boulder: Westview Press.
Blossfeld, Hans-Peter, Rohwer, Götz, 1995: Techniques of Event History Modeling. New Approaches to Causal Analysis. Mahwah: Lawrence Erlbaum.
Blossfeld, Hans-Peter, Shavit, Yossi, 1993a: Persisting Barriers: Changes in Educational Opportunities in Thirteen Countries. S. 1-24 in: Yossi Shavit, Hans-Peter Blossfeld (Hg.): Persisting Inequality: Changing Educational Stratification in Thirteen Countries. Boulder: Westview Press.
Blossfeld, Hans-Peter, Shavit, Yossi, 1993b: Dauerhafte Ungleichheiten. Zur Veränderung des Einflusses der sozialen Herkunft auf die Bildungschancen in dreizehn industrialisierten Ländern. Zeitschrift für Pädagogik 39: 25-52.
Bohnen, Alfred, 2000: Handlungsprinzipien oder Systemgesetze. Über Traditionen und Tendenzen theoretischer Sozialerkenntnis. Tübingen: Mohr Siebeck.
Bollen, Kenneth A., 1995: Apparent And Nonapparant Significance Tests. Sociological Methodology 25: 459-468.
Boudon, Raymond, 1974: Education, Opportunity, and Social Inequality. Changing Perspective Prospects in Western Societies. New York: Riley.
Boudon, Raymond, 1979: Widersprüche sozialen Handelns. Darmstadt/Neuwied: Luchterhand.
Boudon, Raymond, 1980: Die Logik des gesellschaftlichen Handelns. Neuwied/Darmstadt: Luchterhand.
Bourdieu, Pierre, 1982: Die feinen Unterschiede. Kritik der gesellschaftlichen Urteilskraft. Frankfurt: Suhrkamp.
Bourdieu, Pierre, Passeron, Jean-Claude, 1971: Die Illusion der Chancengleichheit. Untersuchungen zur Soziologie des Bildungswesens am Beispiel Frankreich. Stuttgart: Klett.
Bowen, William G., Bok, Derek, 1998: The Shape of the River. Long-Term Consequences of Considering Race in College and University Admissions. Princeton: Princeton University Press.
Bowlby, John, 1975: Bindung. Eine Analyse der Mutter-Kind-Beziehung. München: Kindler.
Bowles, Samuel, Gintis, Herbert, 1976: Schooling in Capitalist America: Educational Reform and the Contradictions of Economic Life. New York: Basic Books.
Bowles, Samuel, Gintis, Herbert, 2000: Does Schooling Raise Earnings by Making People Smarter? S. 118-136 in: Kenneth Arrow, Samuel Bowles, Steven Durlauf (Hg.): Meritocraty and Economic Inequality. Princeton: Princeton University Press.
Bowles, Samuel, Levin, Henry M., 1968: The Determinants of Scholastic Achievement – An Appraisal of Some Recent Evidence. The Journal of Human Ressources 3: 3-24.

Breen, Richard, Goldthorpe, John H., 1997: Explaining Educational Differentials. Towards a Formal Rational Choice Theory. Rationality and Society 9: 275-305.

Breen, Richard, Johnsson, Jan O., 2000: Analyzing Educational Careers: A Multinomial Transition Model. American Sociological Review 65: 754-772.

Brookover, Wilbur B., 1959: Entwicklungstendenzen in der Soziologie der Erziehung. S. 173-200 in: Peter Heintz (Hg.): Soziologie der Schule. Sonderheft 4 der Kölner Zeitschrift für Soziologie und Sozialpsychologie. Opladen: Westdeutscher Verlag.

Brüsemeister, Thomas, 2008: Bildungssoziologie. Einführung in Perspektiven und Probleme. Wiesbaden: VS Verlag.

Cahn, Steven M. (Hg.), 2002: The Affirmative Action Debate. 2nd edition. New York/London: Routledge.

Cain, Glen G., Watts, Harold W., 1970: Problems in Making Policy Inferences from the Coleman Report. American Sociological Review 35: 228-242.

Carver, Ronald P, 1975: The Coleman Report: Using Inappropriatly Designed Achievement Tests. American Educational Research Journal 12: 77-86.

Clayton, Obie Jr. (Hg.), 1996: An American Dilemma Revisited. Race Relations in A Changing World. New York: Russell Sage Foundation.

Clift, Virgil A., 1966: Educating the American Negro. S. 360-395 in: John Preston Davis (Hg.): The American Negro. Reference Book. Englewood Cliffs: Prentice-Hall.

Coleman, James S., 1968: Equality of Educational Opportunity: Reply to Bowles and Levin. The Journal of Human Ressources 3: 237-246.

Coleman, James S., 1978: Beneficial Desegregation v. Destructive Desegregation. The Washington Post, December 8th, 1978: A 19.

Coleman, James S., 1990: Equality and Achievement in Education. Boulder: Westview Press.

Coleman, James S., 1990a (zuerst 1972): The Evaluation of Equality of Educational Opportunity. S. 134-154 in: James S. Coleman: Equality and Achievement in Education. Boulder: Westview Press.

Coleman, James S., 1990b (zuerst 1968): The Concept of Equality of Educational Opportunity. S. 17-30 in: James S. Coleman: Equality and Achievement in Education. Boulder: Westview Press.

Coleman, James S., Kelley, Sara D., Moore, John A., 1990 (zuerst 1973): Trends in School Segregation, 1968-1973. S. 169-197 in: James S. Coleman: Equality and Achievement in Education. Boulder: Westview Press.

Coleman, James S., Schneider, Barbara, Plank, Stephen, Schiller, Kathryn S., Shouse, Roger, Wan, Huayin, Lee, Seh-Ahn, 1997: Redesigning American Education. Boulder: Westview Press.

Coleman, James, et al., 1966: Equality of Educational Opportunity. Washington: U.S. Government Printing.

Collins, Randall, 1971: Functional and Conflict Theories of Educational Stratification. American Sociological Review 36: 1002-1019.
Collins, Randall, 1977: Some Comparative Principles of Educational Stratification. Harvard Educational Review 47: 1-27.
Collins, Randall, 1979: The Credential Society. An Historical Sociology of Education and Stratification. New York: Academic Press.
Cortina, Kai S., Baumert, Jürgen, Leschinsky, Achim, Mayer, Karl Ulrich Trommer, Luitgard (Hg.), 2008: Das Bildungswesen in der Bundesrepublik Deutschland. Strukturen und Entwicklungen im Überblick. Reinbek: Rowohlt.

Dahrendorf, Ralf, 1962: Eine neue deutsche Oberschicht? Die neue Gesellschaft 9: 18-31.
Dahrendorf, Ralf, 1965a: Arbeiterkinder an deutschen Universitäten. Tübingen: Mohr Siebeck.
Dahrendorf, Ralf, 1965b: Bildung ist Bürgerrecht. Plädoyer für eine aktive Bildungspolitik. Hamburg: Nannen-Verlag.
Davis, Kingsley, Moore, Wilbert E., 1945: Some Principles of Stratification. American Sociological Review 10: 242-249.
Deutsches PISA-Konsortium (Hg.), 2001: PISA 2000. Basiskompetenzen von Schülerinnen und Schülern im internationalen Vergleich. Opladen: Leske + Budrich.
Deutsches PISA-Konsortium (Hg.), 2002: PISA 2000 - Die Länder der Bundesrepublik Deutschland im Vergleich. Opladen: Leske + Budrich.
Diefenbach, Heike, Klein, Michael, 2002: „Bringing Boys Back In". Soziale Ungleichheit zwischen den Geschlechtern im Bildungssystem zuungunsten von Jungen am Beispiel der Sekundarabschlüsse. Zeitschrift für Pädagogik 48: 938-958.
Diekmann, Andreas, Mitter, Peter, 1984: Methoden zur Analyse von Zeitverläufen. Stuttgart: Teubner.
Dilger, Bernhard (Hg.), 1986: Vergleichende Bildungsforschung. DDR, Osteuroopa und interkulturelle Perspektiven. Berlin: Dietz.
Dobischat, Rolf, Düsseldorf, Karl, 2002: Berufliche Bildung und Berufsbildungsforschung. S.314-331 in: Rudolf Tippelt (Hg.): Handbuch Bildungsforschung. Opladen: Leske + Budrich.
Dreeben, Robert, 2000: Structural Effects in Education. A History of an Idea. S. 107-135 in: Maureen T. Hallinan (Hg.): Handbook of the Sociology of Education. New York/Boston: Kluwer Academic.
Durand, Jorge, Massey, Douglas S., 1995: Miracles on the Border: Retablos of Mexican Migrants to the United States. Tucso/London: University of Arizona Press.

Eaton, Susan E., 2001: The Other Boston Busing Story. What's Won and Lost Across the Boundary Line. New Haven/London: Yale University Press.

Enstrom, Elmer Jr., 1998: Busing - not Integrating - Opposed. Invoke Our Color-Blind Constitution to End It. Newport Beach: Graphic Publisher.
Erlinghagen, Karl, 1965: Katholisches Bildungsdefizit. Freiburg/Basel: Herder.
Esser, Hamut, 2006: Sprache und Integration. Die sozialen Bedingungen und Folgen des Spracherwerbs von Migranten. Frankfurt/New York: Campus.

Faulstich-Wieland, Hannelore., 1991: Koedukation – enttäuschte Hoffnungen? Darmstadt: Wissenschaftliche Buchgesellschaft.
Feld, Scott L., 1981: The Focused Organization of Social Ties. American Journal of Sociology 86: 1015-1035.
Fend, Helmut, 1982: Gesamtschule im Vergleich. Bilanz der Ergebnisse des Gesamtschulversuchs Weinheim/Basel: Beltz.
Fend, Helmut, 1990: Bilanz der empirischen Bildungsforschung. Zeitschrift für Pädagigik 36: 687-709.
Fend, Helmut, 1998: Qualität im Bildungswesen. Schulforschung zu Systembedingungen, Schulprofilen und Lehrerfolgen. Weinheim/München: Juventa.
Fend, Helmut, 2006a: Neuere Theorie der Schule. Einführung in das Verstehen von Bildungssystemen. Wiesbaden: VS Verlag.
Fend, Helmut, 2006b: Geschichte des Bildungswesens. Der Sonderweg im europäischen Kulturraum. Wiesbaden: VS Verlag.
Fend, Helmut, 2008: Schule gestalten. Systemerneuerung, Schulentwicklung und Unterrichtsqualität. Wiesbaden: VS Verlag.
Firebaugh, Glenn, 1995: Will Bayesian Inference Help? A Skeptical View. Sociological Methodology 25: 469-472.
Flora, Peter, 1972: Die Bildungsentwicklung im Prozeß der Staaten- und Nationenbildung. S. 294-319 in: Peter Christian Ludz (Hg.): Soziologie und Sozialgeschichte. Aspekte und Probleme. Sonderheft 16 der Kölner Zeitschrift für Soziologie und Sozialpsychologie. Opladen: Westdeutscher Verlag.
Fraser, Steven (Hg.), 1995: The Bell Curve Wars. Race, Intelligence, and the Future of America. New York: Basis Books.
Fried, Johannes, 2001: Aufstieg aus dem Untergang. Apokalyptisches Denken und die Entstehung der modernen Naturwissenschaft im Mittelalter. München: Beck.
Fuhrmann, Manfred, 2002: Bildung. Europas kulturelle Identität. Stuttgart: Reclam.

Gambetta, Diego, 1987: Were They Pushed or Did They Jump? Individual Decision Mechanisms in Education. Cambridge/London: Cambridge University Press.
Geiger, Theodor, 1930: Erziehung als Gegenstand der Soziologie. Die Erziehung 5: 405-426.

Geißler, Rainer, 2006: Die Sozialstruktur Deutschlands. Zur gesellschaftlichen Entwicklung mit einer Bilanz der Vereinigung. 4. überarbeitete und aktualisierte Auflage. Wiesbaden: VS Verlag.
Goldberger, Arthur S., Manski, Charles F., 1995: Review Article: The Bell Curve by Herrnstein and Murray. Journal of Economic Literature 33: 762-776.
Grant, Gerald, 1973: Shaping Social Policy: The Politics of the Coleman Report. Teachers College Record 75: 17-54.
Grimm, Susanne, 1966: Die Bildungsabstinenz der Arbeiter. Eine soziologische Untersuchung. München: Johann Ambrosius Barth.
Grimm, Susanne, 1987: Soziologie der Bildung und Erziehung. Eine Einführung und kritische Bilanz. München: Ehrenwirt.

Hacker, Andrew, 1995: Two Nations. Black and White, Separate, Hostile, Unequal. New York: Ballantine.
Hadjar, Andreas, 2006: Bildungsexpansion und Wandel von sozialern Werten. S. 205-230 in: Andreas Hadjar, Rolf Becker (Hg.): Die Bildungsexpansion. Erwartete und unerwartete Folgen. Wiesbaden: VS Verlag.
Hadjar, Andreas, Becker, Rolf (Hg.), 2006a: Die Bildungsexpansion. Erwartete und unerwartete Folgen. Wiesbaden: VS Verlag
Hadjar, Andreas, Becker, Rolf, 2006b: Politisches Interesse und politische Partizipation. S. 179-204 in: Andreas Hadjar, Rolf Becker (Hg.): Die Bildungsexpansion. Erwartete und unerwartete Folgen. Wiesbaden: VS Verlag.
Hallinan, Maureen T. (Hg.), 2000a: Handbook of the Sociology of Education. New York/Boston: Kluwer Academic.
Hallinan, Maureen T., 2000b: Introduction. Sociology of Education at the Threshold of the Twenty-First Century. S. 1-12 in: Maureen T. Hallinan (Hg.): Handbook of the Sociology of Education. New York/Boston: Kluwer Academic.
Halsey, A. H., Floud, Jean, Anderson, C. Arnold (Hg.), 1961: Education, Economy, and Society. A Reader in the Sociology of Education. New York: Free Press.
Handl, Johann, 1985: Mehr Chancengleichheit im Bildungssystem. Erfolg der Bildungsreform oder statistisches Artefakt? Kölner Zeitschrift für Soziologie und Sozialpsychologie 37: 698-722.
Hanushek, Eric A., Kain, John K., 1972: On the Value of Equality of Educational Opportunity as a Guide to Public Policy. S. 116-145 in: Frederick Mosteller, Daniel P. Moynihan (Hg.): On Equality of Educational Opportunity. New York: Random House.
Harris, Marvin, 1988: Wohlgeschmack und Widerwille. Die Rätsel der Nahrungstabus. Stuttgart: Klett-Cotta.
Harper, Shannon, Reskin, Barbara, 2005: Affirmative Action at School and on the Job. Annual Review of Sociology 31: 357-379.
Hartmann, Michael, 2002: Der Mythos von den Leistungseliten: Spitzenkarrieren und soziale Herkunft in Wirtschaft, Politik, Justiz und Wissenschaft. Frankfurt/New York: Campus.

Hartmann, Michael, 2004: Elitesoziologie. Eine Einführung. Frankfurt/New York: Campus.
Hartmann, Michael, Kopp, Johannes, 2001: Elitenselektion durch Bildung oder durch Herkunft? Promotion, soziale Herkunft und der Zugang zu Führungspositionen in der deutschen Wirtschaft. Kölner Zeitschrift für Soziologie und Sozialpsychologie 53: 436-466.
Hecken, Anna Etta, 2006: Bildungsexpansion und Frauenerwerbstätigkeit. S. 124-155 in: Andreas Hadjar, Rolf Becker (Hg.): Die Bildungsexpansion. Erwartete und unerwartete Folgen. Wiesbaden: VS Verlag.
Heintz, Peter (Hg.), 1959: Soziologie der Schule. Sonderheft 4 der Kölner Zeitschrift für Soziologie und Sozialpsychologie. Opladen: Westdeutscher Verlag.
Henecka, Hans Peter, Wöhler, Karlheinz, 1978: Schulsoziologie. Eine Einführung in Funktionen, Strukturen und Prozesse schulischer Erziehung. Stuttgart: Kohlhammer.
Henz, Ursula, 1997: Der Beitrag von Schulformwechseln zur Offenheit des allgemeinbildenden Schulsystems. Zeitschrift für Soziologie 26: 53-69.
Henz, Ursula, Maas, Ineke, 1995: Chancengleichheit durch die Bildungsexpansion? Kölner Zeitschrift für Soziologie und Sozialpsychologie 47: 605-633.
Herrlitz, Hans-Georg, 2003: Einleitung. S. 9-20 in: Hans-Georg Herrlitz, Dieter Weiland, Klaus Winkel (Hg.): Die Gesamtschule. Geschichte, internationale Vergleiche, pädagogische Konzepte und politische Perspektiven. Weinheim/München: Beltz.
Herrlitz, Hans-Georg, Hopf, Wulf, Titze, Hartmut, 1998: Deutsche Schulgeschichte von 1800 bis zur Gegenwart. Eine Einführung. 2. ergänzte Auflage. Weinheim/München: Juventa.
Herrlitz, Hans-Georg, Weiland, Dieter, Winkel, Klaus (Hg.), 2003: Die Gesamtschule. Geschichte, internationale Vergleiche, pädagogische Konzepte und politische Perspektiven. Weinheim/München: Beltz.
Herrnstein, Richard J., Muray, Charles, 1994: The Bell Curve. Intelligence and Class Structure in American Life. New York: Free Press.
Hill, Paul Bernhard, 2002: Rational-Choice-Theorie. Bielefeld: transcript.
Hirsch, Fred, 1980: Die sozialen Grenzen des Wachstums: eine ökonomische Analyse der Wachstumskrise. Reinbek: Rowohlt.
Hoffmeyer-Zlotnik, Jürgen 2000: Wanderungen: Formen und Vorkommen. S. 916-957 in: Ulrich Mueller, Bernhard Nauck, Andreas Diekmann (Hg.): Handbuch der Demographie. Band 2: Anwendungen. Berlin: Springer.
Holtappels, Heint Günter, 2002: Schulische Bildung. S. 293-314 in: Rudolf Tippelt (Hg.): Handbuch Bildungsforschung. Opladen: Leske + Budrich.
Hopf, Diether, 1987: Herkunft und Schulbesuch ausländischer Kinder. Eine Untersuchung am Beispiel griechischer Schüler. Studien und Berichte. Band 44. Berlin: Max-Planck-Institut für Bildungsforschung.
Horkheimer, Max, 1934: Dämmerung. Zürich: Oprecht & Helbling.
Horstkemper, Marianne, 2002: Bildungsforschung aus der Sicht pädagogischer Frauen- und Geschlechterforschung. S. 409-423 in: Rudolf Tippelt (Hg.): Handbuch Bildungsforschung. Opladen: Leske + Budrich.

Hradil, Stefan, 1994: Sozialisation und Reproduktion in pluralistischen Wohlfahrtsgesellschaften. S. 89-119 in: Heinz Sünker, Dieter Timmermann, Fritz-Ulrich Kolbe (Hg.): Bildung, Gesellschaft, soziale Ungleichheit. Internationale Beiträge zur Bildungssoziologie und Bildungstheorie. Frankfurt: Suhrkamp.
Hunt, Morton, 1991: Die Praxis der Sozialforschung. Reportagen aus dem Alltag einer Wissenschaft. Frankfurt/New York: Campus.
Hurrelmann, Klaus, 1998: Einführung in die Sozialisationstheorien. Über den Zusammenhang von Sozialstruktur und Persönlichkeit. 6. Auflage. Weinheim/Basel: Beltz.

Jacoby, Russell, Glauberman, Naomi (Hg.), 1995: The Bell Curve Debate. History, Documents, Opinions. New York: Times Books.
Joas, Hans (Hg.), 2001: Lehrbuch der Soziologie. Frankfurt/New York: Campus.

Kahlenberg, Richaard D., 2001: Learning from James Coleman. Public Interest 144: 54-73.
Kerber, Harald, Schmieder, Arnold (Hg.), 1994: Spezielle Soziologien. Reinbek: Rowohlt.
Kern, Horst, Schumann, Michael, 1985: Das Ende der Arbeitsteilung? Rationalisierung in der industriellen Produktion. München: Beck.
Kincheloe, Joe L., Steinberg, Shirley R., Gresson III, Aaron D. (Hg.), 1996: Measured Lies. The Bell Curve Examined. New York: St. Martin's Press.
Kleinbaum, David G., 1996 Survival Analysis. A Self-Learning Text. New York/Berlin: Springer.
Klemm, Klaus, 2000: Bildung. S. 145-165 in: Jutta Allmendinger, Wolfgang Ludwig-Mayerhofer (Hg.): Soziologie des Sozialstaats. Gesellschaftliche Grundlagen, historische Zusammenhänge und aktuelle Entwicklungstendenzen. Weinheim/München: Juventa.
Kocka, Jürgen, 1981: Die Angestellten in der deutschen Geschichte: 1850-1980. Vom Privatbeamten zum angestellten Arbeitnehmer. Göttingen: Vandenhoeck und Ruprecht.
Köhler, Helmut, 1992: Bildungsbeteiligung und Sozialstruktur in der Bundesrepublik. Zu Stabilität und Wandel der Ungleichheite von Bildungschancen. Studien und Berichte, Band 53. Berlin: Max-Planck-Institut für Bildungsforschung.
Köller, Olaf, 2008: Gesamtschule – Erweiterung statt Alternative. S. 437-465 in: Kai S. Cortina, Jürgen Baumert, Achim Leschinsky, Karl Ulrich Mayer, Luitgard Trommer (Hg.): Das Bildungswesen in der Bundesrepublik Deutschland. Strukturen und Entwicklungen im Überblick. Reinbek: Rowohlt.
König, René, 1958: Soziologie. Das Fischer-Lexikon. Frankfurt: Fischer.
Kracauer, Siegfried, 1980 (zuerst 1929): Die Angestellten. Aus dem neuesten Deutschland. Frankfurt: Suhrkamp.

Krais, Beate, 1994: Erziehungs- und Bildungssoziologie. S. 556-576 in: Harald Kerber, Arnold Schmieder (Hg.): Spezielle Soziologien. Reinbek: Rowohlt.
Krais, Beate, 2003: Perspektiven und Fragestellungen der Soziologie der Bildung und Erziehung. S. 81-93 in: Barbara Orth, Thomas Schwietring, Johannes Weiß (Hg.): Soziologische Forschung: Stand und Perspektiven. Ein Handbuch. Opladen: Leske + Budrich.
Krappmann, Lothar, Oswald, Hans, 1995: Alltag der Schulkinder. Beobachtungen und Analysen von Interaktionen und Sozialbeziehungen. Weinheim/München: Juventa.
Krecker, Lothar, 1988: Beiträge zur Bildungssoziologie. Pfaffenweiler: Centaurus.
Kristen, Cornelia, 1999: Bildungsentscheidungen und Bildungsungleichheit – ein Überblick über den Forschungsstand. Arbeitspapiere – Mannheimer Zentrum für Europäische Sozialforschung (MZES) 5. Mannheim.
Kristen, Cornelia, 2002: Hauptschule, Realschule oder Gymnasium? Ethnische Unterschiede am ersten Bildungsübergang. Kölner Zeitschrift für Soziologie und Sozialpsychologie 54: 534-552.

Lenhardt, Gero, 2001: Bildung. S. 311-334 in: Hans Joas (Hg.): Lehrbuch der Soziologie. Frankfurt/New York: Campus.
Lenski, Gerhard, 1973: Macht und Privileg. Eine Theorie der sozialen Schichtung. Frankfurt a.M.: Suhrkamp.
Lenski, Gerhard, Lenski, Jean, 1987: Human Societies. An Introduction to Macrosociology. 5th edition. New York: McGraw-Hill.
Leschinskay, Achim, 2008: Die Hauptschule – von der Be- zur Enthauptung. S. 377-406 in: Kai S. Cortina, Jürgen Baumert, Achim Leschinsky, Karl Ulrich Mayer, Luitgard Trommer (Hg.): Das Bildungswesen in der Bundesrepublik Deutschland. Strukturen und Entwicklungen im Überblick. Reinbek: Rowohlt.
Lewis-Beck, Michael S. (Hg.), 1993: Regression Analysis. International Handbook of Quantitative Applications in the Social Sciences, Vol. 2. London: Sage.
Lindenberg, Siegwart, 1989: Social Production Functions, Deficits and Social Revolutions. Prerevolutionary France and Russia. Rationality and Society 1: 51-77.
Löw, Martina, 2006: Einführung in die Soziologie der Bildung und Erziehung. Einführungstexte Erziehungswissenschaft Band 8. Opladen/Farmington Hills: Verlag Barbara Budrich.
Luhmann, Niklas, 1982: Liebe als Passion. Zur Codierung von Intimität. Frankfurt: Suhrkamp.
Lutz, Burkart, 1983: Bildung und soziale Ungleichheit. Eine historisch-soziologische Skizze. S. 221-245 in: Reinhard Kreckel (Hg.): Soziale Ungleichheiten. Soziale Welt. Sonderband 2. Göttingen: Schwartz.

Mangold, Wener, 1978: Zur Entwicklung der Bildungssoziologie in der Bundesrepublik. S. 209-265 in: Karl Martin Bolte (Hg.): Materialien aus der soziologischen Forschung. Verhandlungen des 18. Deutschen Soziologentages vom 28. September bis 1. Oktober 1976 in Bielefeld. Darmstadt:/Neuwied: Luchterhand.
Mare, Robert D., 1980: Social Background and School Continuation Decisions. Journal of the American Statistical Association 75: 295-305.
Marsden, Peter V., 2005: The Sociology of James S. Coleman. Annual Review of Sociology 31: 1-24.
Mayer, Karl Ulrich, 1997: James Colemans Untersuchungen zum amerikanischen Bildungswesen und ihr Verhältnis zu seiner Handlungs- und Gesellschaftstheorie. Berliner Journal für Soziologie 7: 347-356.
Mayer, Karl Ulrich, 2008: Das Hochschulwesen. S. 599-645 in: Kai S. Cortina, Jürgen Baumert, Achim Leschinsky, Karl Ulrich Mayer, Luitgard Trommer (Hg.): Das Bildungswesen in der Bundesrepublik Deutschland. Strukturen und Entwicklungen im Überblick. Reinbek: Rowohlt.
Meier, Artur, 1997: 25 Jahre Bildungssoziologie – ein Stück 'oral history of science'. Berliner Journal für Soziologie 7: 357-363.
Meier, Christian, 1978: Fragen und Thesen zu einer Theorie historischer Prozesse. S. 11-66 in: Karl-Georg Faber, Christian Meier (Hg.): Theorie der Geschichte. Band 2: Historische Prozesse. München: dtv.
Merton, Robert K., 1968: Social Theory and Social Structure. Enlarged Edition. New York: Free Press.
Meusburger, Peter, 1998: Bildungsgeographie. Wissen und Ausbildung in der räumlichen Dimension. Heidelberg/Berlin: Spektrum.
Meyer, John W., Ramirez, Francisco O, Soysal, Yasemin Nuhoglu, 1992: World Expansion of Mass Education, 1870-1980. Sociology of Education 65: 128-149.
Michael, Robert T., Becker, Gary S., 1973: On The New Theory of Consumer Behavior. Swedish Journal of Economics 75: 378-395.
Miethe, Ingrid, 2007: Bildung und soziale Ungleichheit in der DDR. Möglichkeiten und Grenzen einer gegenprivilegierenden Bildungspolitik. Opladen: Verlag Barbara Budrich.
Moynihan, Daniel Patrick, 1965: The Negro Family: The Case for National Action. Washington D.C.: Department of Labor, Office of Policy Planning and Research.
Müller, Walter, 1998: Erwartete und unerwartete Folgen der Bildungsexpansion. S. 83-112 in: Jürgen Friedrichs, Rainer M. Lepsius, Karl Ulrich Mayer (Hg.): Die Diagnosefähigkeit der Soziologie. Sonderheft 38 der Kölner Zeitschrift für Soziologie und Sozialspychologie. Opladen: Westdeutscher Verlag.
Müller, Walter, Haun, Dietmar, 1994: Bildungsungleichheit im sozialen Wandel. Kölner Zeitschrift für Soziologie und Sozialpsychologie 46: 1-42.
Musgrave, P. W., 1965: The Sociology of Education. London: Methuen.

Nieli, Russell K., 2004: The Changing Shape of the River: Affirmative Action and Recent Social Science Research. Academic Questions 17: 7-59.

Nisbet, Robert A., 1966: The Sociological Tradition. New York: Basis Books.

Oelkers, Jürgen, 2006: Gesamtschule in Deutschland. Eine historische Analyse und ein Ausweg aus dem Dilemma. Weinheim/Basel: Beltz.
Olzak, Susan, Shanahan, Suzanne, West, Elisabeth, 1994: School Desegregation, Interracial Exposure, and Antibusing Activity in Comtemporary Urban America. American Journal of Sociology 100: 196-241.
Orfield, Gary, 1978: Must We Bus? Segregated Schools and National Policy. Washington D. C.: Brookings Institution.

Parsons, Talcott, 1975: Gesellschaften. Evolutionäre und komparative Perspektiven. Frankfurt: Suhrkamp.
Parsons, Talcott, 1979: Evolutionäre Universalien der Gesellschaft. S. 55-74 in: Wolfgang Zapf (Hg.): Theorien des sozialen Wandels. 4. Auflage. Königstein/Ts.: Athenäum.
Pettigrew, Thomas F., Green, Robert L., 1976: School Desegregation in Large Cities: A Critique of the Coleman "White Flight" Thesis. Harvard Educational Review 46: 1-53.
Peisert, Hansgert, 1967: Soziale Lage und Bildungschancen in Deutschland. München: Piper.
PISA-Konsortium Deutschland (Hg.), 2004: PISA 2003. Der Bildungsstand der Jugendlichen in Deutschland - Ergebnisse des zweiten internationalen Vergleichs. Münster: Waxmann.
PISA-Konsortium Deutschland (Hg.), 2005: PISA 2003. Der zweite Vergleich der Länder in Deutschland. Was wissen und können Jugendliche? Münster/New York: Waxmann.
Prengel, Annedore, 2003: Soziales Lernen. S. 217-228 in: Hans Georg Herrlitz, Dieter Weiland, Klaus Winkel (Hg.): Die Gesamtschule. Geschichte, internationale Vergleiche, pädagogische Konzepte und politische Perspektiven. Weinheim/München: Beltz.
Prenzel, Manfred, Baumert, Jürgen (Hg.), 2009: Vertiefende Analysen zu PISA 2006. Sonderheft 10 (2008) der Zeitschrift für Erziehungswissenschaft. Wiesbaden: VS Verlag.

Reuter, Lutz R., 2002: Politik- und rechtswissenschaftliche Bildungsforschung. S. 169-181 in: Rudolf Tippelt (Hg.): Handbuch Bildungsforschung. Opladen: Leske + Budrich.
Ringer, Fritz K., 1979: Education and Society in Modern Europe. Bloomington/London: Indiana University Press.
Rippl, Susanne, 2006: Die Abnahme von Fremdenfeindlichkeit – ein Effekt der Bildungsexpansion. S. 231-249 in: Andreas Hadjar, Rolf Becker (Hg.): Die Bildungsexpansion. Erwartete und unerwartete Folgen. Wiesbaden: VS Verlag.
Robinson, William. S., 1950: Ecological Correlations and the Behavior of Individuals. American Sociological Review 15: 351-357.

Rohwer, Götz, 2000: Beschreibungen und Modellierungs von Verweildauerverteilungen. S. 562-588 in: Ulrich Mueller, Bernhard Nauck, Andreas Diekmann (Hg.): Handbuch der Demographie. Band 1: Modelle und Methoden. Berlin: Springer.
Rolff, Hans-Günter, 1997 [zuerst 1967]: Sozialisation und Auslese durch die Schule. Überarbeitete Neuausgabe. Weinheim/München: Juventa.
Rossell, Christine H., 1990: The Carrot or the Stick for School Desegregation Policy. Philadelphia: Temple University Press.
Rossi, Alice S., Rossi, Peter H., 1990: Of Human Bonding. Parent-Child Relations Across the Life Course. New York: de Gruyter.
Rubin, Donald B., 1995: Bayes, Neyman, and Calibration. Sociological Methodology 25: 473-479.
Rubio, Philip F., 2001: A History of Affirmative Action 1619-2000. Jackson: University Press of Mississippi.

Sanderson, Stephen K., 1988: Macrosociology. An Introduction to Human Societies. New York: Harper & Row.
Schäfers, Bernhard, Kopp, Johannes (Hg.), 2006: Grundbegriffe der Soziologie. 9. Auflage. Wiesbaden: VS Verlag.
Schimpl-Neimanns, Bernhard, 2000: Soziale Herkunft und Bildungsbeteiligung. Empirische Analysen zu herkunftsspezifischen Bildungsungleichheiten zwischen 1950 und 1989. Kölner Zeitschrift für Soziologie und Sozialpsychologie 52: 636-669.
Schneider, Reinhart, 1982: Die Bildungsentwicklung in den westeuropäischen Staaten 1870-1975. Zeitschrift für Soziologie 11: 207-226.
Schriewer, Jürgen, 1984: Vergleichend-historische Bildungsforschung: Gesamttableau oder Forschungsansatz. Ein methodenkritischer Kommentar aus Anlaß neuerer Arbeiten Zeitschrift für Pädagogik 30: 323-342.
Schultz, Theodore W., 1961: Investment in Human Capital. American Economic Review 51: 1-17.
Schultz, Theodore W., 1986: In Menschen investieren. Tübingen: Mohr.
Shavit, Yossi, Blossfeld, Hans-Peter (Hg.), 1993: Persisting Inequality: Changing Educational Stratification in Thirteen Countries. Boulder: Westview Press.
Sommerkorn, Ingrid N., 1997: Soziologie der Bildung und Erziehung. S. 29-55 in: Herrmann Korte, Bernhard Schäfers (Hg.): Einführung in die Praxisfelder der Soziologie. 2. Auflage. Opladen: Leske + Budrich.
Spellerberg, Annette, 2006: Bildung und Lebensstile – Ein Fließgleichgewicht auf Modernisierungskurs. S. 251-276 in: Andreas Hadjar, Rolf Becker (Hg.): Die Bildungsexpansion. Erwartete und unerwartete Folgen. Wiesbaden: VS Verlag.
Stegmüller, Wolfgang, 1983: Probleme und Resultate der Wissenschaftstheorie und der Analytischen Philosophie. Berlin/Heidelberg: Springer.
Stigler, George J., Becker, Gary S., 1977: De Gustibus Non Est Disputandum. American Economic Review 67: 76-90.

Strzelewicz, Willy, 1979: Bildungssoziologie. S. 85-237 in: René König (Hg.): Handbuch der empirischen Sozialforschung, Band 14: Religion, Bildung, Medizin. 2. Auflage. Stuttgart: Enke.
Sünker, Heinz, Timmermann, Dieter, Kolbe, Fritz-Ulrich, 1994: Bildung, Gesellschaft, soziale Ungleichheit. Internationale Beiträge zur Bildungssoziologie und Bildungstheorie. Frankfurt: Suhrkamp.
Szydlik, Marc, 2000: Lebenslange Solidarität? Generationenbeziehungen zwischen erwachsenen Kindern und Eltern. Opladen: Leske + Budrich.

Teichler, Ulrich, 2001: Alle wollen die Gesamthochschulidee, niemand will die Gesamthochschule. Hochschulentwicklung (HSW) 49: 102-107.
Teichler, Ulrich, 2002: Hochschulbildung. S. 349-370 in: Rudolf Tippelt (Hg.): Handbuch Bildungsforschung. Opladen: Leske + Budrich.
Tenorth, Heinz-Elmar, 2002: Historische Bildungsforschung. S. 123-139 in: Rudolf Tippelt (Hg.): Handbuch Bildungsforschung. Opladen: Leske + Budrich.
Tillmann, Klaus-Jürgen, 2000: Sozialisationstheorien. Eine Einführung in den Zusammenhang von Gesellschaft, Institution und Subjektwerdung. 10. erweiterte und überarbeitete Auflage. Reinbek: Rowohlt.
Timmermann, Dieter, 2002: Bildungsökonomie. S. 83-122 in: Rudolf Tippelt (Hg.): Handbuch Bildungsforschung. Opladen: Leske + Budrich.
Tippelt, Rudolf (Hg.), 2002: Handbuch Bildungsforschung. Opladen: Leske + Budrich.
Torres, Carlos Alberto, Mitchell, Theordore R. (Hg.), 1998: Sociology of Education. Emerging Perspectives. Albany: State University of New York Press.
Treiman, Donald J., 1970: Industrialization and Social Stratification. S. 207-234 in: Edward O. Laumann (Hg.): Social Stratification: Research and Theory for the 1970s. Indianapolis/New York: Bobbs-Merrill.
Treiman, Donald J., Yip, Kam-Bor, 1989: Educational and Occupational Attainement in 21 Countries. S. 373-394 in: Melvon L. Kohn (Hg.): Cross-National Research in Sociology. Newbury Park: Sage.
Tucker, M. Belinda, Mitchell-Kernan, Claudia, 1995: The Decline in Marriage Among African Americans. Causes, Consequences, and Policy Implications. New York: Russell Sage Foundation.

vbw – Vereinigung der Bayerischen Wirtschaft (Hg.), 2009: Geschlechterdifferenzen im Bildungssystem. Jahresgutachten 2009. Wiesbaden: VS Verlag.
Voland, Eckart, 2007: Die Natur des Menschen. Grundkurs Soziobiologie. München: Beck.
von Carnap, Roderich, Edding, Friedrich, 1962: Der relative Schulbesuch in den Ländern der Bundesrepublik 1952-1960. Frankfurt: Hochschule für Internationale Pädagogische Forschung.

von Friedeburg, Ludwig, 1983: Zur Einführung: Konjunkturphasen öffentlichen Interesses an Bildungspolitik und Bildungssoziologie. Zeitschrift für Sozialisationsforschung und Erziehungssoziologie 3: 157-164.
von Friedeburg, Ludwig, 1986: Bildung als Instrument etatistischer Gesellschaftsorganisation. Notizen zur Geschichte des deutschen Bildungssystems. Zeitschrift für Sozialisationsforschung und Erziehungssoziologie 6: 173-191.
von Friedeburg, Ludwig, 1992: Bildungsreform in Deutschland. Geschichte und gesellschaftlicher Wandel. Frankfurt: Suhrkamp.

Weiland, Dieter, Ratzki, Anne, 2003: Umrisse einer künftigen Gesamtschul-Pädagogik. S. 287-323 in: Hans Georg Herrlitz, Dieter Weiland, Klaus Winkel (Hg.): Die Gesamtschule. Geschichte, internationale Vergleiche, pädagogische Konzepte und politische Perspektiven. Weinheim/München: Beltz.
Weishaupt, Horst, 2002: Bildung und Region. S. 185-200 in: Rudolf Tippelt (Hg.): Handbuch Bildungsforschung. Opladen: Leske + Budrich.
Wenzler, Ingrid, 2003: Bundesrepublik Deutschland. Die Gesamtschule: Kräfte und Gegenkräfte im bildungspolitischen Konflikt. S. 65-86 in: Hans Georg Herrlitz, Dieter Weiland, Klaus Winkel (Hg.): Die Gesamtschule. Geschichte, internationale Vergleiche, pädagogische Konzepte und politische Perspektiven. Weinheim/München: Beltz.

Zapf, Wolfgang (Hg.), 1979: Theorien des sozialen Wandels. 4. Auflage. Königstein/Ts.: Athenäum.
Zapf, Wolfgang, 1991: 25 Jahre bildungssoziologische Forschung in Konstanz. Soziologie 20: 232-251.
Zapf, Wolfgang, 1996: Die Modernisierungstheorie und unterschiedliche Pfade der gesellschaftlichen Entwicklung. Leviathan 24: 63-77.
Zedler, Peter, 2002: Erziehungswissenschaftliche Bildungsforschung. S. 21-39 in: Rudolf Tippelt (Hg.): Handbuch Bildungsforschung. Opladen: Leske + Budrich.

Sach- und Stichwortverzeichnis

Abitur 31, 35, 43, 48, 83, 112, 115ff., 121, 126, 130, 169, 191
affirmative action 21, 174ff.
ALLBUS 113ff.
Angestellte 33
Anomie 57
Apokalypse 25
Arbeiter 33
Arbeiter- und Bauern-Fakultät (ABF) 83
Assimilation 165, 171
attachment 13
Aussiedler 164, 172

bedingte Chancengleichheit
    vgl. Chancengleichheit
bell-curve-debate 8f., 155
Begabungsgerechtigkeit 98ff.
Begabungsreserve
    vgl. Bildungsreserve
beruflicher Erfolg 134ff.
Berufsausbildung mit Abitur (BmA) 83
Bildungsaspiration 43, 183
Bildungsdichte 45ff.
Bildungsempfehlung 79, 172
Bildungsexpansion 85ff., 109
Bildungskatastrophe 17, 39ff.
Bildungsnähe 51, 68, 75
    vgl. auch Sprachcodes
Bildungspanel 192
Bildungspolitik 88, 106ff., 109, 151ff., 189ff.
Bildungsrat 91f.
Bildungsreserve 45, 54, 101
Bologna-Prozess 89, 191
Bürgerrechtsbewegung 149
Bürgertum 29, 134ff.
Bus-Boykott 152
busing 162

ceiling-Effekt 64, 111, 120
Chancengleichheit 99ff., 110

Charles Brown 187
civil rights act 151
Coleman-Report 151ff.
College and Beyond 176ff.
competing-risk-Modell 146
creaming 104

DDR 11, 82ff., 91
Definition von Bildungs-
    soziologie 11ff.
Definitionen 150
deferred gratification pattern 75
Desegregation 161ff.
Destinktionsstrategie 145ff.
Diskriminierung 143ff., 149ff., 165
dritte Generation 171
duales System 17
Durchlässigkeit von Schulsystemen 95ff.

Effekte ethnischer Zugehörigkeit 164f.
Einheitsschule
    siehe Gesamtschule
    vgl. auch Grundschule
Einreisealter 170
Einstellungen 71, 74f., 90, 105, 153f., 157, 165f.
Elite 72, 134ff.
Eliteuniversität 9, 89
eloborierter Code
    siehe Sprachcodes
Empirismus 60
Entwicklung des Bildungswesens 23ff., 38ff., 81ff., 189ff.
Ethnie, ethnische Gruppen 149ff.
Ereignisdaten, Ereignisdatenanalyse 57, 140f., 146

Erfahrungen aus zweiter Hand
53f.
Erklärungen und
Geschichtswissenschafen 34
Erklärungen und Theoriebezug
24f., 62
erweiterte Oberschule (EOS)
83ff.
Erziehung; Erziehungs-
soziologie 10, 12ff.
ethnische Schichtung 149ff.
Evaluationsstudien
82, 90ff., 151ff., 188
Evaluationskriterien 93, 176
Evolutionsbiologie 48, 74
Exzellenzcluster 89, 191

Familie 118ff., 134ff., 157ff., 179
Familiennachzug 164
familialer Hintergrund
siehe Familie
FDJ 84
feine Unterschiede
20, 61; 71ff., 134ff.
Filter-These 66
fit-Hypothese 179ff.
Föderalismus 37ff., 83, 95
vgl. auch Länderhoheit
Freunde 9f.
siehe auch peer group

Generation 42
Gesamthochschule 91
Gesamtschule 90ff., 166
vgl. auch Grundschule
geschlechtsspezifische Ungleichheit 20, 143ff.
Goldthorpesche Klassenschema
114
grounded theory 60
Großbürgertum 134ff.
Grundschule 34, 36, 90, 191

Gymnasium 19, 31ff., 40ff.,
49, 72, 86ff., 90ff., 109ff., 167f.
172, 189ff.

Habitus 72, 134ff.
Hauptschule 19, 43, 86ff., 92,
99ff., 110ff., 115, 124,
130ff., 167ff.
historische Bildungsforschung
17, 23ff.
Hochschule 24
Hochschulabschluss 134ff., 179
Humankapital 18, 64ff.

individuelle Lernprofile 97ff.
Ingenieurwissenschaften 134ff.
Integration 29, 90, 161ff., 191
Intelligenz, Intelligenzquotient
(IQ) 98ff.

Jungen 20, 88f.
vgl. auch Mädchen
Jura 134ff.

Kapitel und Arbeit 54
Kanones 25f.
klassenspezifische Ungleichheiten
19, 100ff.
Klosterschulen 26
Koedukation 8f., 20, 83
kognitive Mobilisierung 54, 90
Kohorte 122ff.
Konferenz der Kultusminister
40f.
Kontexteffekte 157ff., 173ff.
kulturelles Kapital
61, 67, 71ff., 115, 134ff.
kulturelle Reproduktion 61, 71

Länderhoheit 17
vgl. auch Föderalismus
Lebensverlauf 57, 97, 177
Lehrerausbildung 33

Sach- und Stichwortverzeichnis

Liebe als Passion 118
lineare Regression 121
Little League Baseball 187
logistische Regression
 123ff, 168ff., 181f.

Mädchen, Mädchenbildung
 20f., 35ff., 48ff., 74, 84,
 88ff, 105
Meritokratie 55, 63, 70ff., 100,
 102, 134, 148
Messung von Bildungs-
ungleichheit 63f., 114, 120
methodische Probleme
 94f., 104, 132, 153, 158, 186f.
Migration, Migrationshintergrund
 108, 132, 149ff., 163ff.
Mikrozensus 165
Milieu 112, 114, 145, 168
Minderheiten 151ff.
Modernisierung, -stheorie
 16f, 62ff.

napoleonische Kriege 32
Nationalsozialismus 37ff.
Naturwissenschaften
 27, 25, 83, 131, 157

odds-ratio 124, 169
vgl. auch logistische Regression
OECD 131ff.
ökologischer Fehlschluss 49
OLS-Regression
 vgl. lineare Regression
Opportunitätskosten 65

Pädagogik 13ff.
Patenbrigade 83f.
peer-group 77, 93, 157ff.
PISA-Studien 8, 20, 130ff.; 149
political correctness 150
polytechnische Oberschule
 (POS) 83ff.
Positionsgüter 71f.

positive Diskriminierung 84
 vgl. auch affirmative action
primäre Effekte der
Schichtzugehörigkeit 67f.
Professur 146ff.
Promotion 135ff.

Quasiexperimente 82, 94
Quotierung 151, 174ff.

race-sensitivity 176ff.
rational-choice-Ansatz 60, 64ff.
Realschule 33, 43, 72, 88, 94, 98,
 100ff., 110, 117,
 121, 167ff, 172
Realgymnasium 33f.
Regelstudienzeit 142ff.
regionale Unterschiede
 42ff., 154
Religionserziehung 32
repräsentative Chancengleichheit
 vgl. Chancengleichheit
Restauration 32, 40
restringierter Code
 siehe Sprachcodes
Revolutionen 27f., 32
Risikoaversion 69
Rückkehrorientierung
 165, 170ff.

SAT 153, 175ff.
Schichtung, soziale 19, 100ff.
schichtspezifische Ungleichheiten
 vgl. klassenspezifische
 Ungleichheiten
schichtspezifische Sozialisation
Schließung, soziale 28f., 57, 70ff.
scholastic assessment test
 vgl. SAT
Schullaufbahn 19
Schulsystem, dreigliedriges
 90ff., 133
Schulversuche 90ff.
 vgl. auch Evaluationsstudien

screening-These
    vgl. Filterthese
Segregation 149ff., 152
sekundäre Effekte der
Schichtzugehörigkeit 67f.
self-efficiency 75f., 105, 160, 165
SES   siehe sozioökonomischer
    Status
Sozialcharakter 75ff.
soziale Zusammensetzung
    157ff., 173, 174ff.
soziales Engagement 187
Sozialisation 75, 165
Sozialistengesetze 33
Sozialromantik 127
sozioökonomischer Status
    56, 59, 63, 67ff., 120ff., 150,
    164, 170f., 181f.
sozioökonomisches Panel
(SOEP) 113ff., 120, 166ff.
Sprachcodes 76ff.
Spracherwerb 150, 168, 191
Statusvererbung 122
streaming 97f.
surpreme court 174

Twain, Mark 174

Übergang in den Beruf
    15, 56, 134ff., 186ff.
Übergänge 19, 109ff.
Ungleichheit, soziale
    15ff., 99ff., 109ff.
Universalien 16, 18
Universitäten 24ff.
Unterschichtung 164
Untertanenerziehung 29, 32f.

Vererbung von Berufen 55
Volksbildung 27, 32, 36
Volksschule 32, 34f., 42, 121ff.

Werte   vgl. Einstellungen
white flight 162

Wirtschaftselite 134ff.
Wirtschaftswissenschaft 134ff.
Wissen 54

Zirkelthese 77f.
Zünfte 34, 55

MIX
Papier aus verantwortungsvollen Quellen
Paper from responsible sources
FSC® C105338

If you have any concerns about our products,
you can contact us on
ProductSafety@springernature.com

In case Publisher is established outside the EU,
the EU authorized representative is:
**Springer Nature Customer Service Center GmbH
Europaplatz 3, 69115 Heidelberg, Germany**

Printed by Libri Plureos GmbH
in Hamburg, Germany